Wim Martin
Babylon Cam

Wim Martin studierte Literaturwissenschaft und Philosophie an der Heinrich-Heine-Universität in Düsseldorf und machte dann Karriere als weltweit erfolgreiches Fotomodell. Bereits im Studium Veröffentlichung von Gedichten und Kurzgeschichten in diversen Literaturzeitschriften und Anthologien, u.a. bei Rowohlt. Nach dem Ende der Modellkarriere Wieder-aufnahme der schriftstellerischen Arbeit. Im Hummelshain Verlag erschien 2018 sein erster Roman *Das schlagende Herz*, 2019 der Gedichtband *Nahe Engel, von fern: Musik.*

Alle Figuren des Romans sind ausschließlich meiner Fantasie entsprungen. Sämtliche Ähnlichkeiten mit lebenden oder toten Personen wären daher rein zufällig.

W.M.

2020 Hummelshain Verlag, Essen
ISBN: 978-3-943322-17-0
Umschlagbild: Wim Martin *De divina proportione* (Ausschnitt)

Wim Martin

Babylon Cam

Roman

Hummelshain Verlag

By the rivers of Babylon
We sat and wept
When we remembered Zion

Psalm No. 137

Inhalt

1

Das Penthouse

Wenn es zu spät wurde in der Nacht, was gelegentlich vorkam, fuhr er nicht mehr heim, sondern schlief dann auch im Penthouse. Die luxuriöse Einrichtung, die durch Hochglanz und ausgesuchte Eleganz bestach, aber doch auch gediegene Kälte ausstrahlte und ihn zu Beginn noch sehr befremdet hatte, nahm er inzwischen nicht mehr wahr. Es war die Macht der Gewohnheit. Trotz des Mangels an wohnlicher Wärme schlief er gut hier an seinem Arbeitsplatz, und ähnlich wie er ein Licht anmachte, vermochte er es, wie durch Umlegen eines Schalters, sich einen Kokon von Privatsphäre selbst in einer ihm kaum sonderlich behagenden Umgebung zu erschaffen.

Manche Kunden buchten diese späten Termine. Die Erfahrung lehrte ihn, dass es oft die Einsamen waren, Alleinstehende oder Durchreisende, die nicht nur seine Dienste in Anspruch nahmen, sondern vor allem Gesellschaft suchten, weil sie die unweigerlich sie überfallende Schwermut der Nachtstunden fürchteten. Eigens für diese Klientel war sein Barschrank mit ausgesuchten Spirituosen bestückt, obwohl der Alkohol für gewöhnlich ihr Selbstmitleid bestärkte und sie zu trübsinnigen Monologen verleitete, welche, was ihm nicht ungelegen kam, oft genug seine eigentliche Dienstleistung in den Hintergrund schoben.

Andere wiederum, erfolgreiche Geschäftsleute meist, hatten einen derart straffen Tagesablauf, dass sie keine Zeit zu früheren Verabredungen fanden. Sie gaben sich nicht mit Geplänkel ab, weder vorher noch nachher, und mit ihm einen Drink zu nehmen zählte dazu. Wenn sie schließlich aufbrachen, wechselte David, noch bevor er duschte, sogleich die Bettwäsche, denn er verabscheute diese auch in den teuren, mercerisierten Baumwollfasern noch haftenden Gerüche. Es waren nicht einmal die säuerlichen Ausdünstungen der Körpersäfte, die ihn störten, sondern die schweren Parfüms, die sich auf die Atemwege legten wie ein Knebel, und der jedem Besucher aus den Poren strömende, eigene Duft, der schweißig sein konnte oder schal oder von einer strengen, abstoßenden Wildheit. Er nahm das alles wahr mit dem ihm angeborenen feinen Geruchssinn und musste sich eingestehen, dass es diese Gerüche waren, die ihm seinen Beruf am meisten verleideten.

Das Penthouse auf der Inselstraße, in einer der bevorzugten und daher teuersten Wohnlagen von Düsseldorf, hatte vom Tag seines Einzuges ein Vermögen an Miete verschlungen, aber mit den Einnahmen der ersten drei Kundenbesuche war sie für den jeweiligen Monat bezahlt. Vor einiger Zeit dann hatte Slobodan die Immobilie gekauft und später mit David eine Übereinkunft getroffen, nach welcher er die Miete mit seinen Dienstleistungen einfordern konnte, was er in unregelmäßigen und seinen Mieter kaum jemals übervorteilenden Abständen in Anspruch nahm.

Ein eigens der Wohnung zugeordneter Aufzug führte aus dem Parterre direkt hinein. Der kühne Entwurf von schwarzem Basalt und von außen nicht einsehbaren, weil goldbedampften Glasfronten wurde in unzähligen Lifestyle-Magazinen abgebildet. Für die Einrichtung hatte einer der angesagtesten Innenarchitekten der Stadt gesorgt. Die von David bei Anmietung mit einem Bankkredit finanzierte, für seine damaligen Verhältnisse immense Investition jedoch rechnete sich in jeder Hinsicht: seitdem er in diesem exklusiven Ambiente seiner Arbeit nachging, hatte er die Preise mehr als verdreifacht, und seine ohnehin solventen Kunden zahlten anstandslos und ohne zu murren, was er verlangte.

Von der riesigen Dachterrasse konnte man den gesamten Hofgarten überblicken und im Westen, gar nicht weit entfernt, den Rhein sehen. Ein Skulpturenpark bevölkerte das wie ein gläsernes Labyrinth gestaltete Areal, alles Werke von Meisterschülern der nahen Kunstakademie. Slobodan kannte Gott und die Welt und hatte ein Abkommen mit einigen Professoren, die ihm Gemälde und Plastiken ihrer versprechendsten Zöglinge empfahlen, welche er oft direkt von den jungen Künstlern erwarb, ohne die überteuerte Vermittlung durch Galeristen bezahlen zu müssen.

David hegte den Verdacht, dass Slobodan in ihn verliebt war, sich selbst das jedoch nicht eingestehen wollte. Er war ein überaus interessanter Typ, ehemals Kampftaucher der Bundeswehr, danach eine Zeitlang, bis er dort ausgestiegen war, Präsident der örtlichen Hells Angels. Eine Mitgliedschaft in dem Verein war prinzipiell nicht kündbar, sondern wurde erst mit dem Tod beendet, doch Slobodans Erscheinung verbreitete einen solchen Respekt, dass niemand seiner Mitbrüder es wagte, ihm den Austritt zu verweigern. Als in allen gängigen Kampfsportarten zu Ruhm gelangter Meister war es ihm ein Kinderspiel, einen Angreifer mit einem Handkantenschlag oder Fußtritt auf der Stelle zu töten. Er war einen Kopf größer als David, hatte einen Stiernacken, Oberarme wie junge Eichenstämme und Pranken, um die ihn jeder Grizzlybär beneidet hätte. Einmal hatte er vor Davids ungläubigen Augen eine Kokosnuss zwischen seinen Händen zerquetscht. Trotz seiner schieren Kraft aber war Slobodan ein zartbesaiteter, ja feinsinniger Gemütsmensch mit einem ausgeprägten Hang zu Kunst und den angenehmen Dingen des Lebens.

Von seinem früh verstorbenen Vater hatte er ganze Häuserzeilen in Düsseldorf geerbt, deren Mieteinnahmen ihm ein nicht nur sorgenfreies, sondern luxuriöses Leben ermöglichten. Er hatte das Haus auf der Inselstraße gekauft und bewohnte die Etage unter David, in welcher ursprünglich zwei Wohnungen zu einer umgestaltet worden waren. Slobodan lebte allein auf zweihundertfünfzig Quadratmetern. In der Tiefgarage standen ein Morgan Aero 8, ein Cobra 247, ein Bentley und zwei Harleys. Gegen diesen exquisiten Fuhrpark nahm sich Davids Maserati aus wie ein koreanisches Billigmodell.

Die Dienste seines Mieters nahm Slobodan nur sehr sporadisch in Anspruch, als wollte er der Gefahr einer für beide Seiten nicht akzeptablen emotionalen Bindung von vornherein einen Riegel vorschieben. Wenn er aber gelegentlich ins Penthouse kam, überschüttete er David mit einer alle Dämme brechenden Zärtlichkeit, dass der sich unwillkürlich fragte, wer von ihnen der Dienstleister und wer der Empfänger war.

Eben war Dorothea, Chefin eines großen Kosmetikkonzerns und ohne Abstriche seine Lieblingskundin, gegangen. David schaute auf die Wanduhr, einem Designerstück, das in vier Sprachen die Zeit per Leuchtbuchstaben anzeigte. Es ist *ZEHN NACH ZWÖLF* sagte das Display. Er beschloss endgültig, hier zu übernachten. Sich jetzt noch anziehen, mit dem Aufzug hinab in die Tiefgarage und dem Maserati quer durch die halbe Stadt bis nach Kaiserswerth in seine Wohnung fahren, machte keinen Sinn mehr.

Die anthrazitfarbene Seidenbettwäsche, die er immer nur für Dorothea aufzog, weil sie deren kühle und ihren Körper umschmeichelnde Textur mochte, roch nach ihrem Parfüm. Es war ein Unikatsduft, der von einem Parfümeur in Grasse exklusiv für sie hergestellt wurde. Sie hatte auf ausschließlich organischen Ingredienzien bestanden, wie sie David erklärt hatte, und eine Rezeptur unter Beigabe von synthetischen Komponenten kategorisch abgelehnt. Für diese Einzigartigkeit bezahlte sie eine astronomische Summe, die im Vergleich dazu Davids Honorar lächerlich erscheinen ließ. Im Gegensatz zu den meist abstoßenden Parfüms seiner anderen Kunden mochte David diesen Duft, weil er zu Dorothea gehörte. Bevor sie gegangen war, hatte sie ihm wie immer vier

Fünfhunderteuroscheine unter die *Lalique*-Vase gelegt. Als seine Entdeckerin und Mentorin erhielt sie Sonderkonditionen, denn Davids übliches Honorar betrug inzwischen dreitausendfünfhundert Euro.

- Schätzchen, du bist jeden einzelnen Cent wert, sagte sie noch und wischte mit dem Zeigefinger über das Display ihres Mobiltelefons, während die Aufzugtüre leise surrend vor ihre Gestalt glitt.

Er holte sein eigenes Bettzeug aus dem Schlafzimmerschrank und richtete es auf der breiten Couchlandschaft im Empfangszimmer. Dann ging er ins Bad und stellte die Regendusche an. Aus einer quadratmetergroßen Deckenarmatur fluteten unzählige Wasserfäden über seine bronzefarbene Muskulatur. Die integrierten LED-Leuchten gossen zudem einen diffusen Lichtkegel um ihn, eine Mischung aus Spotlight und Aureole. Aus der in der Wand eingelassenen Musikanlage ertönte der von peitschender Perkussion unterlegte Live-Mitschnitt eines David-Gray-Konzertes. David verteilte Duschgel auf seiner Brust und sang leise mit:

Let go of your heart
Let go of your head
And feel it now
Babylon

Er war guter Laune, wie immer nach den Treffen mit Dorothea. Morgen konnte Imelda das Bett im Schlafzimmer abziehen.

Pünktlich wie an jedem Morgen trat seine Putzfrau um acht Uhr aus dem Aufzug. Sie war außer seinem Vermieter Slobodan die einzige, die noch einen Schlüssel für seine Geschäftsräume besaß. Imelda sah ihn auf der Couch liegen und bemühte sich leise zu sein, um ihn nicht zu wecken. Wie eine Schleichkatze huschte sie ins Schlafzimmer und begann dort ihre Arbeit.

Um halb neun brachte sie eine Tasse Kaffee, gebrüht aus dem Siebträgerautomaten. David bevorzugte ihn als doppelten Espresso. Die Bohnen stammten aus der Rösterei Nannini in Siena, der Familie der Rocksängerin. Eine Zeitlang hatte er ausschließlich *Kopi Luwak* getrunken, den sündhaft teuren Kaffee, dessen Bohnen zuvor von asiatischen Meerkatzen verdaut wurden, doch dann empfand er das selbst für seine bisweilen exaltierte Lebensführung als zu dekadent.

Der Duft des frisch gebrühten Trankes erfüllte den Raum und überlagerte die Restspuren von Dorotheas Parfüm. Imelda war eine Perle. Sie hatte ein intuitives Gespür für seine Wünsche, noch bevor er etwas überhaupt begehrte. Diskret schwieg sie über seine in ihren katholischen Augen kaum rühmliche Tätigkeit. Niemals wäre eine Rüge über ihre Lippen gekommen, nicht weil sie die Hand, die sie fütterte, nicht beißen wollte, sondern begründet in ihrer unendlichen christlichen Toleranz. Ohnehin hatte sie als Asiatin einem Europäer nur schwer verständliche Moralvorstellungen. Sie war gebürtige Philippinin, nach der Frau des langjährigen Diktators benannt und hatte sich im Jahre 1977 als

Krankenschwester für Deutschland anwerben lassen. Seit ihrem Eintritt in den Ruhestand arbeitete sie als Putzfrau, denn sie langweilte sich und war viel zu vital für das Nichtstun. David pries den Tag, an dem er sie beschäftigt hatte.

Morgens brauchte er für gewöhnlich eine Zeitlang, bis er seine Betriebstemperatur erreichte. Sophie, seine Partnerin in heute lange verflossen scheinenden Studententagen, hatte ihn immer einen notorischen Morgenmuffel genannt, weil er sich gleich nach dem Aufwachen nicht auf der Stelle hemmungslos nach ihr verzehrt hatte. Sie dagegen kriegte niemals genug von seiner Nähe, was ihn während der gesamten Zeit ihrer Beziehung überfordert hatte. Ihr permanentes Bedürfnis nach Zärtlichkeit war ein ständiger Streitpunkt zwischen ihnen gewesen. Chronische Gefühlskälte lautete ihr Vorwurf an ihn, was er nicht nachvollziehen konnte, denn er liebte sie doch, oder zumindest glaubte er das damals, aber schließlich hatte sie sich, nach einem halben Jahr emotionaler Achterbahnfahrt, von ihm getrennt. Sein Bedauern hielt sich in Grenzen, und allmählich gelangte er zu der Erkenntnis, dass Sophie intuitiv erfasst hatte, was er sich niemals eingestanden hatte. Ihre Gefühle für ihn waren ungleich stärker gewesen als seine Gefühle für sie.

Sein Telefon meldete sich mit dem Klingelton von Mozarts *Eine kleine Nachtmusik*. Er war nur einem einzigen Anrufer zugeordnet. Es bedeutete, dass Prinz Rashid im

Hotel angekommen war und ihn erwartete. David drückte im Display auf Annahme und begrüßte ihn auf Englisch:

- Willkommen zurück in Düsseldorf, mein Freund. Gib mir bitte eine Stunde, dann bin ich bei dir.

2

Der Sand der Heimat

Wenn der Prinz in der Stadt weilte, legte er den allergrößten Wert auf Davids uneingeschränkte -was bedeutete: vierundzwanzigstündige- Verfügbarkeit. Seine Hoheit Prinz Rashid Ibn Abdel Malik al Naqbi kam zweimal im Jahr, blieb beide Male vier Wochen und zahlte ihm in dieser Zeit ein Honorar von achtzigtausend Euro. Freimütig hatte David seine Stammkunden über die ungewöhnliche Anstellung informiert, trotz der Gefahr, den einen oder anderen wegen seiner einen vollen Monat andauernden Abwesenheit zu verlieren.

Die meisten regelmäßigen Kunden nahmen seine Dienste zweimal im Monat in Anspruch und hatten Verständnis für die Exklusivität, die solch ein lukratives Arrangement verlangte, zumal für sie dann lediglich ein Treffen mit David ausfiel. Soweit er wusste, suchten sie in der Zeit auch keinen seiner Kollegen auf. Ohnehin gab es in seiner Preisklasse niemand anderen in der Stadt.

Allein Albert, der als Abgeordneter für die Christdemokraten im Landtag saß, maulte, wenn er Davids Dienste nicht jede Woche mindestens einmal in Anspruch nehmen konnte.

- Jaja, der Prinz kütt, beschwerte er sich halb verärgert, halb belustigt.

Albert war vierundfünfzig und hatte den sexuellen Appetit eines Zwanzigjährigen. Seine Besuche im

Penthouse dauerten zwei bis drei Stunden, während derer er nicht weniger als vier Orgasmen hatte. Er war streng katholisch, verheiratet mit der Alleinerbin eines Tee-Tycoons, hatte fünf Kinder, die allesamt studierten, und trieb mit seiner Unersättlichkeit seine Frau in den Wahnsinn. David kannte keinen anderen Mann, der mehr als dreißig Maßanzüge besaß, seine Schuhe in London von Hand anfertigen ließ und ohne wöchentliche Maniküre melancholisch wurde. Seine Hände waren sorgsam gepflegt, er benutzte kein Eau de Toilette, sondern ein englisches Talkum, aber seine Haut verströmte diesen Geruch von feuchten Kartoffeln, vor dem sich David ekelte. Nur ein Satyr, dem die Überproduktion von Spermien aus allen Poren rann, konnte so riechen, dachte er.

Wenn Albert wegen des Prinzen auf seine wöchentliche Visite verzichten musste, vergnügte er sich in den Pornokinos am Hauptbahnhof, wo man für zehn Euro Eintritt in die Niederungen anonymer Erlebnisse steigen konnte. Zwischen diesen extremen Welten pendelte er nahtlos hin und her, als stünde das in keinem Konflikt mit seinem bigotten Katholizismus.

Der Prinz selber war ein Glücksfall in David Karriere. Er gehörte zu den mehr als zehntausend Mitgliedern der königlichen Familie, von denen die meisten wie schmarotzende Parasiten im Pelz der saudischen Monarchie saßen. Ihnen allen standen nahezu ohne Einschränkung schier unermessliche Geldmittel zur Verfügung. Rashid hatte achtzehn Brüder und weit über zwanzig Schwestern, die aus einer der vielen Seitenlinien des Herrschers hervorgegangen waren. Einer seiner unzähligen Vettern zweiten Grades war Minister, ein Onkel Botschafter. Bei seinen Aufenthalten in Düsseldorf belegte Rashid mit einer Entourage von mehr als hundert Personen zwei Etagen des Nobelhotels *Breidenbacher Hof*. In der dem ersten Hotel am Platz seit einigen Jahren angegliederten Klinik ließ er sein Übergewicht behandeln, meist durch halbherzige Diätkuren, zweimal aber auch durch eine operative Verkleinerung des Magens, wobei er sich einen Ballon in den Verdauungstrakt einsetzen ließ, um seinen Appetit zu bremsen.

Seine sieben Frauen begleiteten ihn auf allen seinen Reisen. Vermutlich nahmen sie jede Gelegenheit wahr, dem von absurden Vorschriften geregelten Alltag einer saudischen Frau zu entfliehen. Sie trugen Vollverschleierung und gingen nur in Gruppen aus, deren fremdländische Erscheinung selbst im weltoffenen Düsseldorf für Aufsehen sorgte. Die Farbe ihrer Kreditkarten war schwarz, und wenn sie in Begleitung zweier Bodyguards die Läden der Königsallee betraten, schlossen die Inhaber hinter ihnen ab, um sich allein ihnen widmen zu können. David wusste nicht, warum ein strenggläubiger Wahhabit wie Rashid mehr als vier Frauen haben durfte, doch er schätzte, es war nur eine Frage des Geldes, und nicht der Koran, sondern seine finanzielle Allmacht diktierte seine zumindest in dieser Hinsicht libertinöse Lebensweise.

Trotz seines Harems hatte der Prinz keine eigenen Kinder, und David konnte sich den Grund lebhaft vorstellen. Rashid war ein Koloss mit einem Lebendgewicht von dreihundertundfünfzehn Kilo, seine Gestalt hätte jedes Walross vor Neid erblassen lassen, und ein Fortpflanzungsorgan bei ihm zu entdecken, erforderte Expeditionen in gänzlich unerforschtes Neuland. Verborgen unter sich überlappenden Kaskaden von Fettschürzen vermutete David durchaus ein rudimentäres Relikt von Männlichkeit, doch ob seine Ehefrauen jemals bis dorthin vorgedrungen waren, blieb ihr Geheimnis.

Aufgrund dieser Tücken seiner Anatomie, die sich selbst mit findiger Akrobatik schwer überlisten ließen, sah sich der Prinz vermutlich kaum in der Lage, den Geschlechtsakt geschweige denn eine Zeugung zu vollziehen. Für David war er ein überaus angenehmer Kunde, denn er verlangte niemals sexuelle Handlungen, sondern bestand allein auf seiner Gegenwart. Aber Rashid empfand einen außerordentlichen Spaß beim Kitzeln und forderte David immer wieder auf, seinen voluminösen Leib an diversen Stellen zu kraulen. Die dröhnend gekicherten Lackattacken, die dann seine Fettmassen schüttelten, lösten in der Hotelsuite kleine Erdbeben aus. Manchmal stellte sich David vor, wie seine sieben Ehefrauen den Prinzen kitzelten, je zwei an Händen und Füßen, eine, die seine Wangen kraulte, eine, die rittlings auf ihm saß und die Achselhöhlen traktierte, und eine, die sich umständlich seiner kryptischen Mitte erbarmte.

Seltsamerweise hatte dieses monströse Ungetüm von einem Mann einen für Davids empfindlichen Geruchssinn angenehmen körpereigenen Duft. Morgens wurde er von einem Heer mitgereister Dienerinnen ausnahmslos pakistanischer Herkunft mit einer Lotion gesalbt, der jedoch keinerlei Parfümstoffe zugesetzt waren und die anscheinend seine Haut zur Produktion dieses Wohlgeruchs anregte. Es war ein überaus zarter, nur von einer feinen Nase wahrnehmbarer Duft, der entfernt an frisches Brioche und ein Kräuterbeet im Regen erinnerte. David mochte Rashid, nicht weil er ihn fürstlich entlohnte, sondern aus einem Gefühl sowohl von Mitleid wie auch von stetig wachsender Freundschaft und Respekt.

Das verstörende Äußere des Prinzen täuschte ihn niemals darüber hinweg, dass sich dahinter ein messerscharfer Verstand verbarg. Rashid war ein erfolgreicher Geschäftsmann, dessen globales Wirtschaftsimperium mit Milliarden operierte, ganze Firmen oder Beteiligungen kaufte und verkaufte, Börsengänge begleitete, weltweit Premium-Immobilien sein eigen nannte und dessen Name in allen bedeutenden Wirtschaftsgazetten ehrfürchtig zitiert wurde. Er besaß ein unbestechliches Auge für die zwischenmenschlichen Dinge sowie ein Achtung gebietendes Urteilsvermögen, und David fühlte sich durch die ihm von einem derart scharfsinnigen Mann entgegen gebrachte Wertschätzung sehr geschmeichelt.

Eine übermenschliche Anstrengung erforderte es jedes Mal, wenn der Prinz seine Kingsize-Bettstatt verließ. Manchmal speiste er sogar im Liegen, nur das bewegliche

Kopfteil des Bettes hochgestellt. Er konnte unfassbare Mengen an Nahrung zu sich nehmen, die seine vier saudischen Leibköche in einer eigens für sie vom Hotel zur Verfügung gestellten Küche zubereiteten. Dreimal am Tag schaute der Chefarzt der *Breidenbacher Klinik* bei ihm vorbei, der niemals ein Wort über den unnatürlichen Appetit Rashids verlor. In seinem Gefolge wuselte ein Rattenschwanz von Weißkitteln, deren einzige Aufgabe darin bestand, dem königlichen Patienten das Gefühl einer vorrangigen und allgegenwärtigen Behandlung zu vermitteln.

Auch wenn nicht allein Fresssucht, sondern ebenso ein grundlegend gestörter Stoffwechsel die Ursache für seine schier unvorstellbare Fettleibigkeit war, forderte die unentwegte Nahrungsaufnahme des Prinzen ihr Recht. Für diese Situation besaß er eine chemische Toilette aus massivem Gold, die auf feststellbaren Rädern bewegt werden konnte. Ein Diener schob ihm die zentnerschwere Apparatur hin, und Rashid hob nur sein Gewand hoch und setzte sich ächzend darauf, wobei er die Toilette unter dem weiten Stoff seines Qamis verbarg. Es schien ihm überhaupt nicht peinlich zu sein, im Beisein anderer zu verdauen. David saß ihm fassungslos gegenüber, als er zum ersten Mal Zeuge dieser Verrichtung war, doch keinerlei unangenehme Gerüche breiteten sich in der Suite aus, denn das Klo verfügte über einen Absorber, einen vollautomatischen Wasserstrahl zur Reinigung und eine Warmluftdüse zum Trocknen.

Vor etwa sechs Jahren hatte Rashid ihn erstmals kontaktiert, als Davids Internetauftritt eben fertig gestellt war. Sein Zwillingsbruder Julian, der an der Hochschule in Konstanz Kommunikationsdesign unterrichtete, hatte die Seite auf seine Bitte hin gestaltet und ein Profifotograf die Bilder dazu aufgenommen. Nach Davids genauen Vorstellungen war so eine wahrhaft exquisite Selbstpräsentation entstanden und schließlich online, die Julian mehrere Preise für Webdesign eingebracht hatte. Offenbar zählten bei den Juroren nicht Inhalte, sondern allein die Art, wie sie transportiert wurden. In den ersten Wochen wurde die Seite mehr als zehntausendmal angeklickt, vermutlich ausschließlich von Studenten der Fachrichtung Webdesign, worauf David sich entschloss, dass Besucher sich registrieren mussten und seine Homepage nur über einen per Mail zugesandten Zugangscode aufrufen konnten. Das Büro des Prinzen hatte ihm damals geschrieben, Seine Königliche Hoheit würde Düsseldorf besuchen und wünsche Gesellschaft für vier Wochen. Das Honorar betrüge zwanzigtausend Euro für eine Woche, ob er den Auftrag übernehmen könnte. Natürlich hatte er ein derartiges Angebot nicht abgelehnt. Seither zählte Rashid zu Davids Stammkunden und war mit Abstand für seinen größten Jahresumsatz verantwortlich.

Hinter dem bedauernswerten Erscheinungsbild dieses Ungetüms, das eher an einen voluminösen Meeressäuger gemahnte als ein menschliches Wesen, verbarg sich neben seinem scharfen Verstand eine weitere Vielzahl ungeahnter Facetten. Rashid verstand es, ganz in der Manier eines orientalischen Märchenerzählers, seine Zuhörer mit einer schier unerschöpflichen Fantasie zu fesseln. David war fasziniert, wenn er des Prinzen reichhaltigem Fundus an magischen Geschichten lauschte, als würden die Märchen aus tausendundeiner Nacht leichthin von ihm fortgeführt.

Rashid erzählte von dem Sand seiner Heimat, dem vielgestaltigen und nicht zu fassenden, der die Farben des Lichtes entweder schluckte oder auf sich trug wie eine arabische Braut das Henna auf ihren Händen. Den Beduinen war der schneeweiße Sand bekannt, der wie Perlmutt über die Hügel gebreitet lag, aber auch Sand, dessen Blutrot die Kinder erschreckte, weil ihn die Abendsonne zur Ader ließ. Sorgsam vermied jedermann den trügerischen Sand, der sich listig tarnte, um den arglosen Wanderer zu verschlingen. Es gab einen Sand im Herzen der Wüste, da wo die Sonnenglut die Pforten der *Jehenna* öffnete, jenen Sand, der entbrannt in Liebe die Hitze als Morgengabe an die Luft verehrte, und die Luft dankte es ihm durch flirrende Spiegelungen vor dem Horizont. Der Sand, der im Ramadan den Namen *Allahs Tränen* trug, hieß im Rest des Jahres *Allahs Freude*. Wehe dem aber, der in den Samum geriet, den unerbittlichen Sturm, welcher den Sand ergriff und ihn auftürmte zu Wänden höher noch als die Minarette der Umayyaden-Moschee zu Damaskus. Ein Sand, genannt *der stumme Flüsterer*, war ein vieldeutiges Orakel, ohne Unterlass in Bewegung, den Tag anzukünden, an dem der Prophet kommen würde, um zu richten, und allein die Zunft der Hellsichtigen vermochte ihn zu lesen. Mit dem feinen Sand zerfallener Muscheln befüllten die Imame ihre Stundengläser, denn sie wussten, einst war die Wüste ein Ozean, und das Werden im Vergehen rann unaufhaltsam durch die bauchigen Gefäße der Zeit. In den Dünentälern sammelte sich der eitle Sand, hochnäsig wie die erste Frau des Sultans und stets erpicht auf schöne Komplimente und hohle Schmeicheleien. Feinkörnig wie Mehl war der ockerfarbene Sand der Oasen, aus dem, vermischt mit Stutenmilch, die Nomadenfrauen Teigfladen bereiteten und so die Manneskraft ihrer Gebieter stärkten. Ein anderer Sand duftete nach Orangenblüten und Moschus, und niemand wusste eine Erklärung. In den würzigen, mit Kameldung vermischten Sand des Nilufers gruben die Skarabäen geheime Gänge, die geradewegs zum Mittelpunkt der Erde führten. Gefürchtet war auch der Sand, der bei Mondfinsternissen vom Himmel fiel wie Starkregen und ganze Städte unter sich begrub. Vom vorwitzigen Sand, einem unberechenbaren Schelm, erzählten die Flöten an den Lagerfeuern aller Wüstenstämme, der nicht allein den Lebenden unter die Lider fuhr, sondern auch den Toten, selbst wenn längst nur noch ihre bleichen Knochen von der Vergänglichkeit kündeten. Ein Sand verstand es, sich leichter als die Wolken zu geben, worauf sie ihn als Gefährten mit sich nahmen auf ihrer Reise in ferne Länder, hin nach Europa und ins geheimnisvolle Indien. Weithin berühmt war der goldene Sand des Kalifen, der nirgends als im Garten seines Palastes in Bagdad zu finden war. Dem im Wind tanzenden Sand der saudischen Wüste nahe Mekka schauten die achtundzwanzig Frauen des Königs die

Schritte ab, um ihren Beherrscher mit der Anmut der himmlischen Huris zu betören. Auch vernahmen die Vögel unter dem Himmel bisweilen die Elegie der großen Sahara, die in sternenklaren Nächten ihrem treulosen Geliebten, dem wogenden Meer, ein trauriges Lied sang, denn sie weinte um ihn, der sich vor Millionen von Jahren grausam zurückgezogen hatte von ihr. Viele waren dem zweigesichtigen Sand Syriens begegnet, dem Bruder des Janus, einem zärtlichen Gesell, den, wenn man ihn in die Brise warf, die von Nord nach Süd blies, die Bani Khalid *den Liebkosenden* nannten. Warf man ihn jedoch in den Wind, der von Ost nach West wehte, so gebärdete er sich als Wüterich und hieß bei den Alqattan *die neunschwänzige Katze*, denn er peitschte die Haut und hinterließ blutige Striemen. Wer immer konnte, der umging den brodelnden Sand, welcher wie die Geysire der nördlichen Erde himmelhohe Säulen empor schleuderte. Die Alten indes wussten noch vom eilenden Sand zu berichten, der Verderben bringend und marodierend über das Land zog, dass die Falkner ihm ihre pfeilschnellen Vögel nachschickten, um ihn als Beute zu schlagen. Dem quarzhaltigen Sand vor den Toren des alten Babylon ging ein schlimmes Reizklima voraus, welches Tobsucht, Fehlgeburten und Anorexie erzeugte und der Überlieferung nach die Stadt zu Fall gebracht hatte. Die Korangelehrten in den Medresen ferner warnten vor dem Gaukelwerk des trickreichen Sandes, der schwarz wie Kohlenstaub war, sich auf Fotos und in Filmen jedoch das Aussehen frisch gefallenen Schnees gab. *Sandsand* schließlich bedeutete im Dialekt der östlichen Dschazira den Ursprung allen Sandes, er galt als Inbegriff der Reinheit, und es war bei Todesstrafe verboten, ihn mit Adjektiven zu schmücken.

Das alles erzählte Rashid in den Stunden ihres Beisammenseins, und David hing gebannt an seinen Lippen. Auch von sich erzählte er einmal, wie er im Alter von acht Jahren, begleitet im nebenher fahrenden Jeep von seiner Amme und dem Haushofmeister seines Vaters, auf seinem Lieblingskamel, einer sanften Stute von der Farbe wilden Safrans, in der Wüste ausgeritten war und wie sie plötzlich mit den Vorderbeinen in tückischem Treibsand stecken blieb, strauchelte, sich überschlug und ihren Reiter abwarf.

Rashid war unversehrt im weichen Sand gelandet, doch vom Sturz lag er eine Weile betäubt und erwachte erst, als ein Skorpion ihn in den Fuß gestochen hatte. Die Ärzte seines Vaters schnitten ihm die Fußsohle auf, um das Gift abzulassen, und träufelten Pflanzensaft in die Wunde, doch das Böse kreiste bereits in seinem Körper. Eine Woche lang rang er mit dem Tod, und als er schließlich genesen war, geriet sein Stoffwechsel für alle Zeit aus den Fugen.

Im Tausch für das Leben seines Sohnes hatte sein Vater Allah zwei andere Leben geschenkt: mit dem Säbel schlug er dem Haushofmeister eigenhändig den Kopf ab, und dann befahl er den Frauen seines Hauses, die Amme zu steinigen, weil sich beide der ihnen aufgetragenen Obhut Rashids als unwürdig erwiesen hatten.

David war immer wieder verzaubert von der Poesie und der anrührenden Schönheit, die in Rashid schlummerten. Seine Hülle mochte für das Auge eine Abscheu erregende Zumutung sein, tief in seinem Inneren aber verbargen sich ein hellwacher Geist und eine Seele voller Reichtümer, und so genoss David jeden Tag der während seines Aufenthalts gemeinsam verbrachten Zeit, die scheinbar stets wie im Flug verging. Am Ende kam es ihm fast unanständig vor, bei des Prinzen Abreise für die auch ihm reichlich zuteil gewordene Kurzweil noch achtzigtausend Euro Honorar entgegen zu nehmen.

3

Konstanz

Julian öffnete die Tür und umarmte ihn zur Begrüßung. Seine Augen strahlten, wie immer, wenn sich die Brüder sahen. Er war sechzehn Minuten älter als David und leitete daraus, halb scherzhaft, halb im Ernst, eine beinah väterliche Verantwortung für ihn ab. Zwischen ihnen war, wie bei allen eineiigen Zwillingen, ein Band der besonderen Art. Nicht nur ihre verblüffende Ähnlichkeit verwirrte Außenstehende, auch ihre Fähigkeit zu telepathischer Verständigung, welche sie manchmal, ohne sich abgesprochen zu haben, staunenden Zuschauern demonstrierten. Durch das seiner Profession geschuldete Bodybuilding war David athletischer und muskulöser, während Julian als begeisterter Jogger schlanker, aber nicht minder durchtrainiert wirkte.

Es war Anfang Juni, Prinz Rashid war vor drei Tagen aus Düsseldorf abgereist, und Davids Safe im Penthouse quoll von Bargeld über. Auch in den Monaten zuvor hatte er außergewöhnliche Einnahmen verbuchen können, sein Geschäft florierte wie nie zuvor. Also hatte er einige Verpflichtungen telefonisch verschoben, einen kleinen Koffer für drei Tage gepackt und war, wie er es einmal im Quartal aus gutem Grund zu tun pflegte, nach Liechtenstein gefahren. Er nahm die A3 bis zum Mönchhofdreieck, wechselte dann auf die A5 und bei

Karlsruhe auf die A8, bevor er auf die A81 Richtung Bodensee und Schweiz abbog. Wenn er morgens in aller Frühe um vier Uhr losfuhr und nicht in einen Stau geriet, schaffte er es, noch am Vormittag in Vaduz zu sein. Dort verfügte er über ein nicht ganz legales Schließfach in einem überaus diskreten Bankhaus, in welchem er nicht einmal seinen Namen angeben musste, sondern sich per Laserscan seiner Iris legitimierte. Dieses Mal hatte er dort seine letzten Einnahmen von etwa zweihunderttausend Euro deponiert, was seine augenblicklichen Barreserven auf runde zwei Millionen anschwellen ließ.

Die Banken in Liechtenstein hatten schnell reagiert, als Mitarbeiter von Schweizer Geldinstituten brisante Kundendaten an deutsche Steuerbehörden verhökerten. Es war nahezu unmöglich, die Identität eines nur per Laserscan legitimierten Kunden zu ermitteln. Dazu bedurfte es seiner leibhaftigen Person. David fühlte sich mit diesem neuartigen Verfahren sicher vor Entdeckung. Für alle Fälle legte er Baseballkappe und eine getönte Brille an, bevor er Liechtenstein erreichte, und ließ auch den Maserati mit Düsseldorfer Kennzeichen im österreichischen Bregenz stehen, von wo aus er ein Taxi nach Vaduz nahm. Die Fahrt kostete ihn jedes Mal zweihundert Euro, doch schien ihm der kleine Aufwand angemessen, um der Eventualität vorzubeugen, von den versteckten Kameras deutscher Steuerscouts durch sein Autokennzeichen oder eine der Gesichtserkennung dienenden Software identifiziert zu werden.

Wie immer wurde er in der Bank vom Abteilungsleiter Herrn Hürlimann, einem schmächtigen Endvierziger mit Brillantohrring, empfangen. Die Nadelstreifen seines dunkelblauen Anzugs waren für Davids Geschmack eine Spur zu breit, ebenso wie er zu viel von seinem penetranten Eau de Toilette aufgetragen hatte. Während er einen Schritt hinter ihm ging, musterte er ihn unauffällig und bemerkte erstmals die Neigung zum Buckel, die Herr Hürlimann jedoch unter dem exquisiten Schnitt seines Maßanzuges weitgehend kaschierte. Sie stiegen die Treppe zum Kellergeschoss hinab zu einer stählernen Tresortür, neben der sich der Laserscan befand. Herr Hürlimann führte eine mit einer Kette an seinem Gürtel befestigte *key card* in einen Schlitz neben der Türe und wartete darauf, dass nach dem Scan von Davids rechtem Auge die Tür sich öffnete. Die Schließfächer waren durch den parallelen Einschub zweier *key cards* zu entriegeln. David schob die in seinem Besitz befindliche Karte in den linken Schlitz von Fach 218, am rechten Schlitz verfuhr Herr Hürlimann mit der bankeigenen *key card* ebenso. Dann trat er diskret zurück und überließ die an drei Wänden mit nummerierten Schließfächern verkleidete Räumlichkeit seinem Besucher.

Als David unter dem von Wolken verhangenen Himmel des frühen Nachmittags das Bankhaus in Vaduz verließ, sah er auf der gegenüberliegenden Straßenseite eine junge Frau, in der er im ersten Moment Sophie zu erkennen glaubte, doch war es lediglich eine kurze Sekunde, wo er den Blick auf ihr Halbprofil werfen konnte, bevor sie in eine Seitenstraße einbog und seinen Augen entschwand.

Die Frau hatte, so viel hatte er noch sehen können, mit ihrem Handy die von prachtvollen alten Häusern und kunstvoll beschnittenen Platanen gesäumte Straße und wohl auch den Eingang des Bankhauses gefilmt, was eine plötzliche Beklemmung in ihm aufkommen ließ.

Alles in ihm weigerte sich zu glauben, soeben von einer unliebsamen Zeugin bei seinen illegalen Aktivitäten beobachtet worden zu sein. Es erschien ihm bei genauerer Überlegung doch als ein allzu großer Zufall, dass Sophie sich ausgerechnet zum jetzigen Zeitpunkt hier in Vaduz aufhielt, als eine mehr als unwahrscheinliche Koinzidenz. Damals nach ihrer Trennung, die keineswegs reibungslos und ohne nachmalige Ressentiments verlaufen war, hatte David lange Zeit ein kaum definierbares Unbehagen verspürt und sich nie des leisen Verdachts erwehren können, dass sie nur auf eine passende Gelegenheit zur Rache wartete, um Vergeltung üben zu können für das Scheitern ihrer Beziehung, welches sie allein ihm angelastet hatte. Aber dass sie ihm nach all den Jahren gezielt nachspürte, was ein erhebliches Maß an psychopathischer Energie und Obsession voraussetzte, wies er doch entschieden von sich.

Immer noch seltsam beunruhigt fuhr mit dem Taxi zurück nach Bregenz, setzte sich dort in seinen Wagen und besuchte, wie er es nach seinen hiesigen Bankgeschäften stets zu tun pflegte, Julian und Hannah in ihrer Eigentumswohnung im Herzen von Konstanz. Sein Bruder hatte in der Liebe mehr Glück gehabt als er mit Sophie, denn Hannah, seine Frau, war mit Gold nicht aufzuwiegen, die Eine unter Millionen, die nur für ihn bestimmt war. Ihr Lachen klang wie die Kirchenglocken vom nahen Münster, ihre Augen trugen auf sich das Azur des Sees im Abendlicht, und ihre natürliche Warmherzigkeit brachte Gletscher zum Schmelzen. Vor zwei Jahren hatte beider Glück einen herben Dämpfer erhalten, als nach einer Mammographie bei Hannah Brustkrebs diagnostiziert worden war. Seitdem bemühte sich Julian, die ihn unentwegt peinigenden Sorgen weder seiner Frau noch seinem Bruder anmerken zu lassen, doch die beiden kannten ihn zu gut und durchschauten seinen vorgespielten Optimismus. Nach ihrer Operation vor gut einem Jahr, bei der man ihr beide Brüste entfernt hatte, ging er wie ein Besessener jeden Tag joggen. David hatte den Verdacht, dass er die Qualen des Langstreckenläufers suchte, um sich von der Angst um seine Frau abzulenken.

Julian und Hannah hatten eine Tochter, Lisa. Sie war sechs Jahre, ein jedermann entzückendes Kind, und ihre Eltern lasen ihr jeden Wunsch von den Augen ab. Natürlich vergötterte Lisa Onkel David. Manchmal schaute sie ihn versonnen an und schien die Natur nicht zu begreifen, die ein so getreues Ebenbild ihres Vaters erschaffen hatte. Im Kofferraum des Maserati hatte David eine zum Bersten gefüllte Schultüte, die Lisa am Tag ihrer Einschulung bekommen sollte. Sie brannte darauf, endlich die Schule besuchen zu können, denn den Kindergarten fand ihr unstillbarer Wissensdurst langweilig.

Konstanz war eine atemberaubende Stadt, das lebendig pulsierende Zentrum am See. Im Sommer voller Touristen, die oft in Bussen kamen und nur ein paar Stunden blieben, kehrte spätestens im November, wenn ein mehr als drei Monate währender Nebel Wasser und Land verhüllte, eine fast meditative Stille ein, die nur für kurze Zeit durch den weithin berühmten Weihnachtsmarkt und den Karneval durchbrochen wurde. Es schien, als schlafe die Stadt in dieser Zeit, um Kraft zu schöpfen für den erneuten Ansturm ihrer Millionen Besucher. Samstags kamen die Autokolonnen der grenznah wohnenden Schweizer, die Läden und Supermärkte leer kauften, denn trotz der für Deutschland überteuerten Preise war hier alles deutlich billiger als in der Schweiz.

Die Wohnung von Julian und Hannah lag in der Kanzleistraße, inmitten der Fußgängerzone. Gleich neben der von hohen Stuckdecken gesäumten Altbaumansarde gelangte man durch eine steile Treppe und einen nicht ausgebauten Speicher auf eine Dachterrasse, die David ohne zu zögern gegen seine eigene eingetauscht hätte. Umgeben von unzähligen historischen Giebeln lag sie eingebettet in eine verwunschene Märchenlandschaft aus gediegen alter Architektur hoch über der hier nur gedämpft lärmenden Stadt. Im Norden, nicht mehr als zweihundert Meter Luftlinie entfernt, leuchtete der See. Rings befanden sich die Dachterrassen der Nachbarn, begrünt mit Topfpflanzen und weit genug entfernt, um ungestörte Privatsphäre zu genießen.

Während Hannah in der Küche das Abendessen bereitete, saßen Julian und David auf der mit Tropenholzdielen belegten Terrasse und tranken ein Glas Hagnauer Burgstall, einen halbtrockenen Bacchus, den David liebte und von dem sein Bruder immer einige Flaschen im Haus hatte, wenn er zu Besuch kam. Möwen kreisten fern über dem See, das Horn eines in den Hafen einfahrenden Schiffes der Bodenseeflotte erfüllte den sonnigen Abend, und von der Straße tief unter ihnen drangen dumpfe Geräusche wie eine Fahrradklingel und Rufe herauf. David seufzte und sagte:

- Ich beneide dich manchmal wirklich um dein Leben. Du hast alles: eine tolle Frau, eine wunderbares Kind, Erfolg in einem begehrten Job, und obendrein wohnst du in einer der schönsten Gegenden, die ich kenne. Ich dagegen habe meine Heimat verlassen, gehe einem äußerst fragwürdigen Beruf nach, und die Liebe schlägt einen großen Bogen um mich.
- Bei Hannahs Nachuntersuchung sind Metastasen entdeckt worden, erwiderte Julian abrupt.
- Ach du Scheiße, meinte David erschrocken und verfluchte sich im gleichen Moment für diese unbedachte Reaktion.
- Wir haben einen Termin bei einem Spezialisten in Zürich, zunächst nur für eine möglicherweise alternative Diagnose, und entscheiden danach, was genau zu tun ist.

Auf der Treppe ließen sich Schritte vernehmen, und Hannah rief gut gelaunt:

- Essen kommt!
- Essen kommt! echote Lisa.
- Kein Wort darüber, raunte Julian David noch zu, bevor seine Frau und seine Tochter aus der Tür zum Speicher auftauchten.

Hannah trug ein Tablett mit einer randvollen Salatschüssel, frischen Eglifilets, selbst gebackenem Focaccia und einem Teller kleiner Hors d'oeuvres. Den Gasgrill hatte Julian bereits vorgeheizt. David wunderte sich, dass sie Fisch aßen, denn sie waren beide strenge Vegetarier. Hannah hatte sogar einen, wie er fand, leicht übertriebenen Hang zu Bioprodukten. Sie kaufte grundsätzlich nur Dinge, von deren gesundheitlicher Unbedenklichkeit sie überzeugt war. Dass ausgerechnet sie mit ihrer bewussten Lebensführung an einer Krebserkrankung litt, war wie der Hohn des Schicksals.

- Wie, bei euch gibt es Fisch? scherzte David, der insgeheim gegrillten Tofu befürchtet hatte.
- Hannah hat eine neue Studie gelesen, die besagte, dass Fisch eine Vielzahl für den Körper wichtiger Stoffe enthält. Und der aus dem See ist Wildfang und garantiert sauber, antwortete Julian.

Das Essen war einfach und köstlich. Lisa bestand darauf, von Onkel David ins Bett gebracht zu werden. Er las ihr eine Gutenachtgeschichte vor, von den Schelmenstreichen der Waldelfen und einer guten Fee, die artigen Kindern drei Wünsche erfüllte.

Später saßen sie zu dritt bis Mitternacht beisammen. David vermied es, Hannah auf ihre Krankheit anzusprechen. Auf seine Bitte erzählte sie von ihren letzten Projekten. Sie arbeitete als Visagistin und Stylistin bei Film, Fernsehen und Werbeproduktionen von Stuttgart bis Zürich, manchmal auch bis hinüber nach Salzburg. In Tägerwilen, gleich hinter der Schweizer Grenze, hatte sie eine kleine Lagerhalle gemietet, wo sich ihr umfangreicher Fundus an Kleidung und Utensilien aus acht Jahrzehnten befand. Um ihn weiter zu vervollständigen, war sie rastlos auf Flohmärkten und Internetauktionen unterwegs. Hannah konnte sich vor Buchungen kaum retten, denn die Personalunion von Styling und Visagistin hatte sich als cleveres Geschäftsmodell entpuppt, da die Kunden zwei Dienstleistungen für den Preis von einer bekamen. Zuletzt hatte sie an einem Fernsehkrimi für das SRF mitgewirkt, der in Luzern gedreht worden war. Sie erzählten bis weit nach Mitternacht, bevor David sich schließlich ins Gästezimmer zurückzog und nach diesem endlos scheinenden Tag schlief wie ein Murmeltier.

Am nächsten Morgen wollte Julian wie an jedem Tag joggen, und David, der viel zu lange nicht gelaufen war, beschloss sich seinem Bruder anzuschließen. Im Sportdress gingen sie durch die Menschenmassen die Kanzleistraße hinab, nahmen die Gleisunterführung bis zum See, wandten sich dann nach rechts und liefen los, vorbei an Hafen und *Sea Life*, über die Grenze und auf der

Schweizer Seite immer am Wasser entlang. Der Kreuzlinger Seeburgpark mit seiner spektakulären Sicht auf den See lag in der wärmenden Morgensonne, ein prachtvolles Juwel von Menschenhand geordneter Natur. Ein einsamer Schwarzmilan kreiste über den Weiden, der Duft frisch gemähten Grases mischte sich in die klare Luft, und eine Schulklasse lauschte dem Vortrag ihres Lehrers, der sie im Kanufahren unterwies. Die Kinder, vielleicht zwölf Jahre alt und von disziplinierter Aufmerksamkeit, saßen in Einerkajaks und bildeten nicht weit vom Ufer einen Halbkreis vor dem Lehrer.

Weiter führte die Strecke, vorbei an Bootswerften und Seerestaurants, dem Yachthafen und dem von Maschendraht eingezäunten Schwimmbad bis zur kleinen Marina von Bottighofen. Dort drehte Julian um. Er hatte die ganze Zeit geschwiegen, und David wartete ab, dass sein Bruder das Gespräch von gestern Abend wieder aufnahm. Doch Julian lief nur verbissen neben ihm her und schwieg. Auf dem Rückweg legten sie im Seepark noch eine Extrarunde vorbei an den Tiergehegen ein.

Mittags kehrten sie mit Hannah und Lisa zurück an den See, um zu schwimmen. Der Frühsommer war ungewöhnlich warm, und der See hatte schon angenehme Temperatur. Sie lagerten auf Decken im Ufergras und tapsten ungelenk über die großen Kiesel ins Wasser. Wenn in der Mitte des Sees eine der großen Fähren oder der schnelle, mit Passagieren beladene Katamaran vorüber fuhren, schwappten nach einer Weile Wellen an Land. Ein Graureiher erhob sich schwerfällig von einem der Pfeiler mit den Verkehrszeichen für Bootsführer. Beim Flug legte er seinen schlangengleichen Hals eng an den Körper, eine bizarre Haltung, dachte David bewundernd, denn andere Vögel streckten Hals und Kopf in der Luft. Auf der gegenüberliegenden Seite der Bucht glänzten die mondänen Villen der Konstanzer Seestraße im gleißenden Licht. Dutzende von Schwänen schwammen davor wie weiße Tupfer auf dem See, der den Rhein in seinem Schoß barg und den Himmel auf sich spiegelte.

Lisa, bis zu den Knien im Wasser, jauchzte an der Hand ihres Vaters. Später setzte David sie auf seinen Rücken und schwamm mit ihr hinaus bis zu einer Boje, welche die Fahrtrinne für die Schiffe markierte.

Am Nachmittag aßen sie Marmorkuchen und Apfelschnitze aus Vorratsdosen. Hannah zauberte aus der Kühltasche eine Flasche Hagnauer Bacchus. Lisa trank stilles Wasser. David konnte sich nicht erinnern, wann er zuletzt einen so unbeschwerten Nachmittag mit seiner Familie verlebt hatte, und dennoch hing über allem spürbar das Damoklesschwert von Hannahs Erkrankung.

Die Gelegenheit ungestört mit Julian zu sprechen kam, als Hannah und Lisa eine halbe Stunde auf dem See Tretboot fuhren. Getrieben von einem vagen Instinkt, den er sich nicht recht erklären konnte, weihte er seinen Bruder in seine Liechtensteiner Aktivitäten ein und instruierte ihn für den Fall der Fälle mit genauen Anweisungen.

Als er sich nach drei Tagen wie im Paradies von allen verabschiedete, sagte er nur:

- Danke für die schöne Zeit! Ihr wisst hoffentlich, ich bin immer für euch da!

Auf der Rückfahrt nach Düsseldorf machte er kurzentschlossen einen Umweg über Bottighofen und stellte den Maserati auf dem zur dortigen Marina gehörenden Parkplatz ab. Unterhalb des am See entlang führenden Pfads kannte er eine kleine Stelle, wo in einer versteckten Bucht ein schmaler Sandstreifen den ansonsten weithin von Kieseln bedeckten Strand säumte. David füllte ein wenig von dem Ufersand in eine kleine Tüte. Er musste an Rashid denken, dem er die wunderbare Geschichten über den Sand seiner Heimat zu verdanken hatte, und gedachte, geleitet von diesem spontanen Einfall, ihm bei seinem nächsten Besuch den Sand aus seiner Heimat als Geschenk zu überreichen.

4

Gigolo

Auf der Fahrt über die an ihrem südlichen Ausläufer wenig befahrene A81 suchten David unwillkürlich trübe Gedanken heim. Malerisch lagen die Kegel der Hegau-Vulkane in sich nur langsam lichtenden, morgendlichen Nebelbänken, linkerhand weiter vorn erstreckten sich die dunkelgrünen Höhenzüge des Schwarzwalds, doch die Schönheit der Natur um ihn herum drang in seiner gedrückten Stimmung nicht bis zu ihm vor. Er spürte große Traurigkeit, wenn er an Hannah dachte, beklagte die Grausamkeit, dass einen so liebenswerten Menschen ein solches Schicksal ereilte. Alles hätte er daran gesetzt, ihr zu helfen, doch letztlich spürte er nur lähmende Ohnmacht, dass er so gar nichts für sie zu tun vermochte.

Mechanisch schaltete er das Radio ein. Ein Lied wurde gespielt, das Sophie immer gehört hatte:

So tell me how to fill this emptiness inside
Without love, what is life

Gegen seinen Willen lenkte dieses Lied die Erinnerung von Hannah und Julian zurück zu Sophie. Vielleicht spukte auch die kurze Begegnung mit der jungen Frau vor dem Bankhaus in Liechtenstein, in welcher er einen Moment lang sie zu erkennen geglaubt hatte, noch in seinem Unterbewusstsein. Die Beziehung zu Sophie war vor mehr als sieben Jahren zu Ende gegangen. Dennoch saß der Stachel bei ihr immer noch tief, was sie Julian bei einem Treffen vor nicht langer Zeit, bei dem sie ihn über seinen Bruder aushorchen wollte, eingestanden hatte. Im Nachhinein musste David sich eingestehen, dass er sie nicht wirklich geliebt hatte, aber nicht nur ihr, auch sein Ego war angekratzt, weil sie die Beziehung beendet hatte und nicht er. Sophie war kaum als umwerfende Schönheit zu bezeichnen, sondern verkörperte allenfalls solides Mittelmaß, ein eher unscheinbares Wesen ohne die geringste Ausstrahlung. Ihre endlos langen Beine trugen einen fast aufgepfropft wirkenden und viel zu kurzen Oberkörper mit winzigen Brüsten, ihre Haltung war krumm nach vorn gebeugt, sie trug eine Brille, die ihre Pupillen wie mit einem Brennglas vergrößerte und sie mehr entstellte als kleidete, und ihre Miene schien als Folge einer existenziellen Unzufriedenheit chronisch verkniffen. Als sie sich kennenlernten, schrieb Sophie im Fach Kulturwissenschaft der Antike gerade an ihrer Bachelorarbeit über die Hängenden Gärten der Semiramis und war daher in fortdauernder Anspannung.

David verstand heute nicht mehr, was ihn damals bewogen hatte, auf ihre hartnäckigen Avancen einzugehen. Sie hatte ihn in einer Studentenkneipe in der Niederburg unentwegt mit ihren Dackelaugen fixiert, bis er sich trotz seines nicht eben überbordenden Interesses und obendrein eines inneren Warnsignals überwand, sie anzusprechen. Zu der Zeit arbeitete er in zwei Jobs gleichzeitig und organisierte nebenher noch sein Studium der Wirtschaftswissenschaft an der Universität Konstanz, was zu einem handfesten Erschöpfungszustand geführt und ihn für jedwede Form tröstender Zuwendung anfällig gemacht hatte. Sophie hatte sich um ihn gekümmert wie die Leimrute um die Fliege und sich mit klebrigem Instinkt unentbehrlich zu machen gesucht. Bereitwillig gab er die gemeinsame Studentenbude mit Julian auf und zog bei ihr ein. Lange Zeit hatte sie nicht begriffen, aus welchen kaum nachvollziehbaren Gründen ein Adonis wie David ihr ins Netz gegangen war, und diese permanenten Zweifel verdunkelten den Triumph ihn eingefangen zu haben. Und in der Tat mussten sich beide an einem Punkt ihrer Beziehung unweigerlich eine sich langsam einschleichende Ernüchterung eingestehen. Das Feuer der Begierde hatte nie hellauf gelodert in ihm, und nach nicht einmal einem Jahr ihres Zusammenlebens verspürte David nur noch Leere, ein Zustand, den sie mit scharfem Instinkt längst erfasst hatte.

Sophie begann, als dieses Vögelchen ihr zu entgleiten drohte, einen perfiden Feldzug. Geschickt streute sie hier und da einen kleinen Verdacht gegen die Menschen, die David nahestanden. Julian, der damals Leistungsschwimmer in der Universitätsmannschaft war und sich, um den Wasserwiderstand zu minimieren, vor Wettkämpfen die Beine zu rasieren pflegte, verdächtigte sie, ein Doppelleben als Transvestit zu führen. Als er einmal Hannahs fünfjährigem Neffen die Rotznase putzte, meinte Sophie zu David, ob er schon einmal daran gedacht hatte, dass sein Bruder ein Pädophiler sein könnte. Und Hannah war laut ihrem unanfechtbaren Zeugnis dafür verantwortlich, dass David einen in Aussicht stehenden Auftrag als Fotomodell für ein Schweizer Bankhaus nicht bekommen hatte, denn seine intrigante Schwägerin wollte angeblich seine Karriere torpedieren.

Alle diese Vorwürfe waren von einer kaum zu überbietenden Absurdität, aber Sophie brachte sie zunächst eher spaßhaft, schließlich aber mit vollem Ernst vor und wiederholte sie gebetsmühlenartig, dass David irgendwann aus Bequemlichkeit geneigt war, ihr zu glauben. Als Folge ihrer rachsüchtigen Intrigen hatte er eine ganze Weile nahezu keinen Kontakt zu seinem Bruder. Auch wenn sie gemeinsam Feste besuchten, saß Sophie in gewollt stoischer Schweigsamkeit in einer Ecke, nur um sich später bei David zu beschweren, dass keiner seiner Freunde es für nötig gehalten hatte, ein Wort mit ihr zu wechseln.

Heute war ihm bewusst, wie unglaublich naiv es damals von ihm gewesen war, ihr all diese Ausgeburten ihres kranken Hirns abzukaufen. Sophie war gebürtig in Davos, ein Kind des Gebirges, verschlossen, wortkarg und emotional retardiert. Ihr Vater war Schweizer, ihre Mutter Österreicherin. Sie telefonierte jeden Abend eine Stunde mit ihr und schien dann nicht sie selbst zu sein, denn sie lachte, scherzte und redete wie ein Wasserfall. Ihren Vater dagegen hasste sie. Sie konnte nicht vergessen, dass er in ihrer Kindheit unentwegt grausame Strafen gegen sie verhängt hatte, wie das Verbot mit den anderen Kindern im Heu zu schlafen oder den Entzug von Fleisch und der von ihr geliebten süßen Nachspeisen. Niemals aber hatte sie ihm verziehen, dass er ihrem geliebten Wellensittich, um ihm Leiden zu ersparen, vor ihren Augen den Hals umgedreht hatte, als der an einer unheilbaren Vergrößerung der Schilddrüse erkrankt war.

Nicht lange nach dem Beginn ihrer Beziehung zu David hatte Sophie bei einem auf der Schwäbischen Alb ansässigen Pharmazieunternehmen angeheuert, welches Naturmedizin produzierte. Sie hatte ihr Examen in Kulturwissenschaft nicht bestanden und war erleichtert, die ständige Überforderung durch ihr Studium beendet und diesen Job gefunden zu haben, in dem sie als Referentin in der Schweiz unterwegs war. Nachdem die Beziehung zwischen ihnen beendet war, hatte ein ehemaliger Kommilitone aus Konstanz David erzählt, dass er Sophie einmal auf einem Autobahnparkplatz bei Winterthur beobachtet hatte, wie sie sich in der Fahrerkabine eines Lastwagens von zwei polnischen Fernfahrern durchvögeln ließ. Bei dem Versuch einer zeitlichen Rekonstruktion fiel das ziemlich genau in den Anfang ihrer Affäre.

Die von Beginn so ungleiche Verbindung hielt vor allem deshalb so lange, weil Sophie im Bett eine unersättliche Schlampe war. Alles drehte sich ausschließlich um Sex. David war ausgehungert, sowohl nach Erlebnissen wie auch nach romantischem Beiwerk. Seinen Liebschaften mit Studentinnen hatte es stets an Verbindlichkeit gefehlt, was ihm nie genügte. Jetzt trat da eine zugegeben nicht eben atemberaubend schöne, doch ihn glühend begehrende Frau in sein Leben, und er ließ sich blenden von ihrer Anbetung, ohne jemals wirklich tiefere Gefühle für sie zu empfinden.

Als bei ihm nach einiger Zeit die in bloßen Affären obligatorische Ermüdung eintrat, und David den Sex schließlich ganz einstellte, blieb er aus Bequemlichkeit und purer Gewohnheit bei Sophie. Außerdem war inzwischen Hannah in Julians Wohnung eingezogen, und die beiden hatten geheiratet, so dass David sich bei einer Trennung von Sophie eine eigene Bleibe hätte suchen müssen.

In diese verfahrene Situation war eines Tages Dorothea geplatzt. Sie besuchte das Inselhotel in Konstanz für einen einwöchigen Kurzurlaub. In ihrer Begleitung waren ihr dementer und vierzig Jahre älterer Ehemann, der im Rollstuhl saß, ein rotlivrierter Chauffeur und eine Krankenschwester. Dorothea war keine Frau, die mit langatmigen Einleitungen Zeit verschwendete. Als sie auf dem Hotelparkplatz dem Fond ihres dunkelblauen Rolls entstieg und den in diesem Moment über die Rheinbrücke kommenden David vorübergehen sah, rief sie ihm zu:

- Junger Mann, auf ein Wort bitte!

Ebenso amüsiert wie gleichzeitig von ihrer Direktheit befremdet trat er näher, und Dorothea erklärte ihm ohne Umschweife, sie benötige für ihren Aufenthalt einen ortskundigen Guide, der ihr zudem bei den Mahlzeiten Gesellschaft leistete. Davids Ehrgeiz war angestachelt, und seine Neugier wuchs ins Unermessliche.

Am Abend empfing sie ihn in einem extravaganten Haute-Couture-Kleid in der Hotelhalle. Nach dem wirklich superben Dinner auf der malerisch gelegenen Terrasse mit Blick auf den See landeten sie im Bett ihrer Suite, während Dorotheas hinfälliger Gemahl im Nebenzimmer unruhig schnarchte. Als David sich frühmorgens um zwei Uhr verabschiedete, steckte sie ihm einen Fünfhunderteuroschein in die Reverstasche seines Sakkos und sagte:

- Sei bitte morgen früh um elf Uhr hier, wir müssen dringend etwas für deine Garderobe tun.

Am nächsten Tag fuhren sie mit dem Rolls hinüber nach Kreuzlingen in ein großes Designer-Outlet. Dort kleidete Dorothea ihn mit unnachahmlichem Geschmack ein. Sie kaufte ihm sechs Anzüge mit passenden Hemden, Krawatten und Schuhen, ebenso viele Freizeitgarnituren und bezahlte alles lässig mit ihrer Kreditkarte.

- Ich komme mir vor wie ein Gigolo, meuterte David halbherzig, aber er fühlte sich geschmeichelt von ihrer kompromisslosen Souveränität.
- Schätzchen, Du bist jetzt ein Gigolo, denn schließlich bezahlt die Mutti für alles. Aber wenn es dich tröstet, du bist ein Gigolo von großer Klasse, wie ich feststellen durfte, antwortete Dorothea mit ihrer verruchten Altstimme und fasste ihn im Fond des Rolls ungeniert in den Schritt.
- Diese Mutti ist gerade mal neun Jahre älter als ich, und erhält, wie sie gerade bestätigt hat, für ihr

zweifellos überwältigendes Engagement durchaus adäquate Gegenleistung, sagte David, ihren Hals küssend, was sie, wie er in der letzten Nacht herausgefunden hatte, verrückt machte.

Die Woche verging wie im Flug. Als Chefin des Börsenschwergewichts und bedeutendsten Düsseldorfer Konzerns hatte sie tagsüber manchmal Videokonferenzen, dann trafen sie sich erst zum Dinner. David trug jeden Tag einen anderen seiner neuen Anzüge. Sophie hatte er über die Herkunft seiner Garderobe die haarsträubende Geschichte erzählt, er sei ein in der Mensa rekrutierter Tester für Textilien, der die Strapazierfähigkeit innovativer Fasern bewerten sollte. Sie zog ein zweifelndes Gesicht, schien ihm letztlich aber zu glauben. Auch dass er spät nachts erst heimkam, erklärte er als einwöchiges Projekt seiner Fakultät.

Am Abend vor Dorotheas Abreise rief er sie an und teilte ihr mit, dass er das heutige Abendprogramm zu gestalten gedachte. Er würde sie um sieben Uhr abholen, sie sollte legere Kleidung tragen und bequeme Schuhe. Dorothea lachte heiser am Telefon, was er als Zeichen leichter Irritation deutete, und meinte verwundert:

- Will das Kälbchen etwa zum Stier werden?

Sie sah bezaubernd aus in ihrer weißen Leinenhose, einem altrosa Polohemd und einem lässig über die Schultern geworfenen Pullover, dessen Ärmel sie vor der Brust verknotet hatte. Hinter den halbdunklen Gläsern ihrer Sonnenbrille blitzten ihre Augen vergnügt über das unberechenbare Abenteuer. Hand in Hand wie ein Liebespaar gingen sie vorbei an den Hafenhallen von Konstanz, durch den Seeburgpark in Kreuzlingen bis hin zum Hafen in Bottighofen, einem Ort, den David seit vielen Jahren für die beschauliche Stille liebte, in welcher er versunken lag wie in einem schönen Schlaf.

Es war Juni, der Tag der Sommersonnenwende, und das Abendlicht schien nicht kampflos weichen zu wollen. Auf dem See in seinem unergründlichen Blau lag eine wogende Decke wie von Quecksilber. Blesshühner dümpelten auf den sanften Wellen, und über ihnen kreisten schwerelos die Möwen. David führte Dorothea zu einer von einer Platane beschirmten Bank am Kai, und auf seinen Wink brachte der Kellner aus dem wenige Meter gegenüber liegenden und weithin berühmten Restaurant *Schlößli* zwei Gläser mit Champagner hinaus. Falls Dorothea beeindruckt war, ließ sie es sich nicht anmerken.

- Woher weißt du, welches mein Lieblingschampagner ist? fragte sie und nahm lächelnd noch einen Schluck.
- Ich habe deinen Chauffeur gefragt, antwortete David.
- Und ganz zufällig haben sie den hier auf der Karte?
- Lass es mich so ausdrücken: eventuelle Vakanzen auf der Karte füllt das *Schlößli* durch zuvorkommenden Service auf, schmunzelte David.

Später saßen sie auf der Terrasse an einem Tisch unmittelbar am Wasser. Die Brise spielte mit Dorotheas goldblonden Haaren, eine Handvoll schneeweißer Yachten ankerte in der sanften Dünung, auf der immer noch die Blesshühner schaukelten, und am Himmel verfärbte sich allmählich die Sonne. In der Ferne auf der gegenüber liegenden Seite des Sees funkelten die Häuser von Meersburg im roten Widerschein des sinkenden Gestirns. David sah, wie Dorothea sich dem Zauber widersetzen wollte, der gegen ihren Willen langsam von ihr Besitz ergriff. Sie setzte zu einer ironischen Bemerkung an, doch David legte ihr den Finger auf die Lippen.

- Heute wirst du ein sehr artiges Mädchen sein, bis ich dir das Gegenteil sage, verlangte er mit schalkhaftem Befehlston.
- Und wann wird das sein? ging sie auf die kleine Komödie ein.
- Sobald Daddy dich auf deine Suite gebracht hat, sagte David.
- Dieser Daddy ist neun Jahre jünger als ich, wie kann er da einer gestandenen Frau Vorschriften machen wollen? fragte Dorothea in gespielter Empörung.
- Weil diese gestandene Frau bedeutend jünger aussieht und weil dieser Daddy heute bezahlt, antwortete er bestimmt.

Als David sich um zwei Uhr in der Früh unter nicht endenden Küssen von ihr verabschiedete, steckte sie ihm keinen Geldschein, sondern ihre Visitenkarte in seine Hemdtasche.

Vier Wochen später eröffnete Sophie ihm mit Grabeskälte, sie halte ihre Beziehung für beendet und gäbe ihm genau zwei Wochen Zeit, um sich eine neue Bleibe zu suchen. David war erleichtert und getroffen zugleich. Er führte einige Telefonate, rief zunächst Julian an und dann das Sekretariat der Universität, bevor er zögernd die Nummer auf Dorotheas Visitenkarte wählte. Nochmals eine Woche später fuhr er mit Sack und Pack in seinem alten Polo nach Düsseldorf, wo sie im Ortsteil Holthausen ein den Angestellten ihres Konzerns bereitgestelltes, möbliertes Apartment für ihn hatte herrichten lassen, in welchem er bis auf weiteres mietfrei wohnen konnte.

Und genau an diesem Tag hatte sein neues Leben begonnen.

5

Hollywood Chambermaid

Sämtliche Angestellten des *Breidenbacher Hofes* kannten David zwar nicht als dort übernachtenden Stammgast, aber doch als regelmäßigen Besucher, und behandelten seine häufige Anwesenheit im Hotel mit Diskretion und der dem Personal exklusiver Hotellerie eigenen, zuvorkommenden Art. Der Wagenmeister parkte seinen Maserati, die Portiers begrüßten ihn mit Namen, und selbst der Manager schüttelte ihm beflissen die Hand, wenn er seinen Weg kreuzte. Wie die meisten im Hotel Beschäftigten hatten sie allesamt einen scharfen Blick, was Damen des horizontalen Gewerbes betraf, welche Hotelgäste auf ihren Zimmern aufsuchen wollten, und fingen Callgirls bereits in der Lobby ab, um sie des Hauses zu verweisen. David machte sich keine Illusionen über ihre Einschätzung seiner Profession, aber Prinz Rashid brachte dem Hotel einen jährlichen Millionenumsatz und erfreute sich in jeder Hinsicht eines Sonderstatus, und der Strahl seiner illustren Hoheit fiel auch auf David. Ohnehin genossen Top-V.I.P.s in den Luxushotels uneingeschränkte Narrenfreiheit, denn sie verbürgten außer einem astronomischen Umsatz auch eine exzellente Werbung für das Haus.

Zurück von dem Kurztrip nach Liechtenstein und Konstanz, erreichte ihn auf seiner Homepage eine

Anfrage, welche einen Termin für einen Hotelbesuch im *Breidenbacher Hof* vereinbaren wollte. Das Management eines Mr. Priestley bat David, sich zunächst mit ihm in Verbindung zu setzen, da es aufgrund der Berühmtheit des Gastes gelte, vor einem Treffen eine Verschwiegenheitsklausel zu unterschreiben. David kannte keinen berühmten Mr. Priestley, nahm aber an, dass es ein von Prominenten bei Reisen durchaus gebräuchliches Pseudonym war, um dem üblichen medialen Zirkus zu entgehen.

Er rief das Hotel an, ohne seinen Namen zu nennen, und sagte nur, das Management von Mr. Priestley hätte ihn kontaktiert und um seinen Rückruf gebeten. Die Telefonistin stellte ihn durch. Offenbar bestand für das Umfeld der Berühmtheit keine limitierte Anruferliste. Eine Frauenstimme meldete sich, sie klang jung und dynamisch. David erklärte den Grund seines Anrufes, und natürlich wusste sie auf der Stelle, wer er war.

- Können Sie heute gegen einundzwanzig Uhr ins Hotel kommen? fragte sie auf Deutsch.
- Das lässt sich selbstverständlich einrichten, antwortete er höflich.
- Gut! Ich bin für die Zeit von Mr. Priestleys Aufenthalt sein *German assistant.* Sie melden sich bitte bei mir, ich gebe der Rezeption Anweisung, dass Sie erwartet werden.

Am Abend kleidete sich David mit der üblichen Sorgfalt. Er wählte Jackett, Hemd und Hose von Prada, dazu seine handgefertigten *penny loafers* aus Cordovan. In nichts unterschied sich sein Äußeres von dem eines erfolgreichen Unternehmers. Vor dem Hotel händigte er wie immer seinen Autoschlüssel dem Wagenmeister aus und gab ihm ein üppig bemessenes Trinkgeld fürs Parken.

In der Lobby begrüßte Herr Herleß, der General Manager, ein soeben ankommendes Ehepaar, offensichtlich Stammgäste des Hauses. Als er David erblickte, winkte er einen Pagen heran, wie ihn an, sie aufs Zimmer zu begleiten, und kam unverzüglich auf ihn zu.

- Ich grüße Sie, begann er mit leicht säuerlichem Gesichtsausdruck.
- Guten Abend, ich freue mich, Sie zu sehen, antwortete David höflich.
- Mit Bedauern muss ich feststellen, dass Seine Hoheit Prinz Rashid zurzeit nicht in unserem Haus weilt. Darf ich fragen, welche Angelegenheit Sie heute zu uns führt, fragte der Direktor ziemlich unverblümt.

David hob die Brauen leicht an, um angesichts solchen Aushorchens sein Unbehagen zu demonstrieren.

- Mr. Priestley, der Gast in ihrem Hotel ist, bat mich um einen Termin, sagte er dann und schaute dem Manager herausfordernd in die Augen.
- Und darf ich fragen, welcher Art dieser Termin ist? begehrte der Direktor unbeeindruckt zu wissen.

Seine dreist zur Schau getragene Unverschämtheit entlockte David ein Lächeln. Laut fragte er, nicht ohne eine leichte Schärfe in seiner Stimme:

- Ich kann nicht umhin, mich doch etwas zu wundern über das Maß Ihrer Anteilnahme. Finden Sie nicht, das geht hinaus über ein übliches Interesse am Wohlergehen Ihrer Gäste?
- Nun, Sie werden sicher verstehen, dass der Direktor eines so untadeligen Hauses, wie es der *Breidenbacher Hof* ist, stets darauf bedacht sein muss, diesen Ruf wahren, entgegnete Herr Herleß beharrlich.
- Ich bin nicht ganz sicher, ob ich Ihre Andeutung richtig interpretiere, also bitte haben Sie die Güte mich aufzuklären, sagte David, und mit Genugtuung bemerkte er, dass seine weltgewandte Wortwahl nicht ohne Eindruck blieb.

Herr Herleß zögerte mit der Antwort. David zog ein Etui aus Sterlingsilber aus seiner Jackentasche und überreichte ihm daraus eine für derartige Fälle stets bei sich geführte Visitenkarte.

Medusa Financial Consulting
David R. Beckett
Chief Executive Officer

- Mein Unternehmen operiert weltweit exklusiv für Klienten, die diskrete Anlagemöglichkeiten zu schätzen wissen, und als bekennender Anhänger solch angesprochener Diskretion befinde ich mich offiziell heute gar nicht in Ihrem so untadeligen Hause. Sollten Sie jemals nach derartigen Anlagen suchen, dürfen Sie mich selbstverständlich jederzeit kontaktieren, sagte David mit fester Stimme.

Herr Herleß schien mit sich zu Rate zu gehen. Die in seiner Position übliche professionelle Entschlossenheit schien ihm in diesem Moment abhanden gekommen.

- Allerdings muss ich Ihnen sagen, dass die Benchmark unserer Tätigkeit bei einem Anlagevolumen von nicht unter zehn Millionen liegt, und aufgrund der in unseren Unternehmensstatuten festgeschriebenen Geschäftsbedingungen kann ich sogar als CEO keinerlei Ausnahmen zulassen, fügte David noch an.
- Ich…eh…ich glaube, ich muss…suchte Herr Herleß die richtigen Worte, doch David schaute demonstrativ auf seine Uhr und unterbrach ihn kurzerhand.
- Sie entschuldigen mich, ich habe einen Termin mit dem Management von Mr. Priestley und möchte nur ungern zu spät kommen.

Dieses Terrain, so hoffte er, wäre ein für alle Mal von Hürden befreit, als er den Rezeptionisten bat, seine Ankunft zu melden.

Die Assistentin von Mr. Priestley holte David in der Hotelhalle ab und fuhr im Aufzug mit ihm in die oberste Etage. Sie stellte sich als Sabrina vor und strahlte eine zwanghafte Hyperaktivität aus. Ihrem Verhalten nach vermutete er, dass sie unter der Bürde ihres Amtes der

Versuchung aufputschender Substanzen erlegen war. In ihrem Zimmer unterschrieb David zunächst einen drei Seiten langen Vertrag, den er flüchtig durchlas und der unter anderem bei einer Verletzung der Stillschweigepflicht mit Regressansprüchen in dreistelliger Millionenhöhe drohte. Dann gab ihm Sabrina detaillierte Anweisungen für den Ablauf seines Treffens mit Mr. Priestley.

Als er in ihrer Begleitung die ihm vertrauten Räumlichkeiten betrat, die Prinz Rashid bei seinen Besuchen zu bewohnen pflegte, bat sie ihn, sich einen Drink zu nehmen und vor dem eingeschalteten Fernseher zu warten, bis Mr. Priestley erschien. David hatte immer noch nicht die geringste Ahnung, welche *top celebrity*, so Sabrinas Worte, er treffen würde. Sie überreichte ihm eine lederne Maske, die dem Kopf eines Dobermanns nachgebildet war, und wies ihn an, sie überzuziehen.

- Ansonsten befolgen Sie einfach die Kommandos, die er Ihnen gibt. Ihr Honorar erhalten Sie im Anschluss von mir, sagte sie noch, bevor sie die Suite verließ.

David entkleidete sich gemäß ihrer Vorgabe bis auf seine Shorts und zog die Dobermann-Maske über. Sie hatte Öffnungen für Nase und Augen, so dass Atmung und Orientierung möglich waren. Er war außergewöhnliche Wünsche seiner Kunden gewohnt, und es gab selten etwas, das ihn noch irritierte. Dennoch wuchs seine Spannung. Mit halber Konzentration schaute er auf den Fernseher. Dort lief ein Politmagazin, das einen

Enthüllungsbeitrag über die in einen Riesenskandal verwickelte, größte Biomarktkette Europas brachte. Die Journalisten hatten in langwieriger und akribischer Detailarbeit aufgedeckt, dass das Unternehmen angeblich großflächigen und systematischen Betrug mit dem Biosiegel betrieben hatte. Bei etlichen Stichproben waren in Lebensmitteln, Kosmetik, Textilien und weiteren Produkten Pestizide, Herbizide, als sogenannte Weichmacher bekannte Phtalate und andere Chemikalien nachgewiesen worden, von denen die Mehrzahl als gesundheitlich bedenklich und einige sogar in höchstem Maße als krebserregend galten. Die Sensation zog kaum einzudämmende Kreise, denn die Firma BioMondo war in sechs Ländern mit mehr als zweitausend Filialen vertreten. Es sei absehbar, prognostizierte der Bericht, dass eine Flut von Klagen auf den Konzern zurollte.

Ein Geräusch lenkte Davids Aufmerksamkeit zurück auf seine Umgebung. Die Tür zum angrenzenden Schlafzimmer öffnete sich, und ein Mann trat heraus. David erkannte ihn auf der Stelle, obwohl der Eintretende in ein lächerliches Kostüm gekleidet war. Er hatte die meisten seiner Filme gesehen, Blockbuster allesamt, und im ersten Moment schockierte es ihn, diesen internationalen Topstar in einer solchen Aufmachung zu erleben. Mr. Priestley war nicht groß, er trug die Tracht einer verruchten Kammerzofe, Strapse, schwarze Nylonstrümpfe und Stilettos, dazu eine kurze weiße Spitzenschürze und eine tizianrote Langhaarperücke, in der ein Diadem aus weißer Spitze steckte. Sein Makeup war übertrieben nuttig, und eine Wolke von Chanel No. 5, einen den Atem benebelnden Duft, den David wenig schätzte, ging um ihn.

- Welch ungezogenes Hündchen wartet da auf diese unschuldige Kammerzofe? fragte er in einer sich in feminine Höhen aufschwingenden Stimme und schlug theatralisch die Hände vor der Brust zusammen. Sein in seinen Filmen breites Amerikanisch war einem britischen Upperclass-Akzent gewichen, der jeder *Drag Queen* gut angestanden hätte.

Gemäß seiner Instruktion durch Sabrina knurrte David leise.

- Muss ich um Hilfe rufen? Ich hoffe, dass Hündchen nicht dieses jungfräuliche Stubenmädchen vergewaltigen will, fuhr Mr. Priestley fort.

David imitierte Hundegebell. Sein Kunde kniete sich auf das Louis Quatorze-Sofa und wedelte mit dem Hinterteil wie eine läufige Hündin.

- Oh nein, was ist das, was ist das, was zum Teufel geschieht denn hier mit mir? kreischte Mr. Priestley in effeminiertem Diskant, und David hoffte inständig, dass der Hoteldirektor nicht gerade in diesem Moment auf dem Flur vorüberging.

Es war lediglich eine Sache von Sekunden. Auf dem gestreiften Seidenbezug des antiken Sofas breitete sich ein anstößiger Fleck aus, Mr. Priestley flüchtete in seinen

Stiletto-Absätzen zur Schlafzimmertür und schrie dabei in einem fort:

- Raus hier, raus hier, bevor ich die Polizei rufe! Raus! Raus! Oh, ich wurde vergewaltigt von einem ungezogenen Hündchen, Hilfe, oh bitte, könnte jemand dieser armen und unschuldigen Zofe helfen!

David wusste, das war das Signal sich zurückzuziehen. Er legte die Hundekappe neben sich auf das Sofa, wobei er darauf achtete, den Fleck nicht zu vergrößern, kleidete sich an und suchte dann Sabrina in ihrem Zimmer am Ende des Flurs auf. Mit dem Mobiltelefon in der Hand öffnete sie ihm und erhielt wohl soeben von Mr. Priestley die Zustimmung für seine Entlohnung. Sie drückte ihm fünftausend Euro in die Hand, ein wahrhaft großzügiges Salär für eine Dienstleistung von zwanzig Sekunden. Aber David fühlte dennoch einen faden Beigeschmack, diesen virilen Leinwandhelden, der weltweit als Inbegriff des unwiderstehlichen *womanizers* galt, nicht in einem seiner spannungsgeladenen Actionfilme, sondern in diesem an monströser Absurdität kaum zu überbietenden Rollenspiel erlebt zu haben.

Ernüchtert und desillusioniert von dieser Begegnung fuhr er heim.

6

Slobodan

Als Chefin und Mehrheitsaktionärin eines börsennotierten Kosmetikriesen zählte Dorothea in Düsseldorf zu den bekanntesten Persönlichkeiten der Stadt, und sich mit David, den etliche Kunden aus ihren Kreisen aufsuchten, öffentlich sehen zu lassen, kam ihr, um den über jeglichen Verdacht erhabenen Ruf als verheiratete Frau zu wahren, nicht in den Sinn. Einmal pro Woche, denn öfter ließ ihr straffer Zeitplan eines gnadenlosen Workaholics es nicht zu, besuchte sie ihn in der Konzernwohnung, die sie ihm gratis zur Verfügung gestellt hatte. Dann fuhr sie nicht mit Rolls und Chauffeur vor, sondern in einem unauffälligen Smart mit abgedunkelten Scheiben.

Anfangs war David sich nicht im Klaren darüber, ob er Gefühle für sie entwickelt hatte. Dorothea jedoch, das spürte er intuitiv, kämpfte kategorisch gegen jegliche Gefühlregungen an und bemühte sich mit alle Macht, ihr Verhältnis auf eine zwar freundschaftliche, aber letztlich reine Geschäftsbeziehung zu reduzieren. Nach jedem ihrer Besuche bezahlte sie ihn und ermutigte ihn obendrein, wohl auch um sich ihrer Immunität gegen aufkeimende Emotionen zu versichern, seine vielfältigen Talente als Escort außer ihr noch anderen zur Verfügung zu stellen. Unversehens fand sich David in einer Rolle als heiß begehrte Trophäe der feinen Düsseldorfer Gesellschaft wieder.

Auf der ruhigen Seite der Königsallee gab es ein Café-Restaurant, in welchem, um der Eintönigkeit des Alltags zu entrinnen, die Reichen und Superreichen verkehrten, Damen wie Herren. Es hieß *Hooker's*, ein Name, der aus einer Laune heraus gewählt worden war, um dem Laden den Hauch des Frivolen zu verleihen, doch vom Moment seiner Eröffnung an hatte sich dort *-nomen est omen-* ein florierender Markt für käufliche Liebe etabliert. Zu den späten Nachmittagsstunden wurde im *Hooker's*, was allseits bekannt war, lebhaft Anbahnung amouröser Geschäfte betrieben. Nahezu sämtliche männlichen und weiblichen Besucher des Cafés, die unter dreißig Jahre zählten, waren im Gewerbe tätig. David sah blendend aus, hatte tadellose Manieren, sprach fließend Englisch und Französisch, legte Wert auf ein dezentes, aber für jeden Kenner gehobenes Erscheinungsbild und verstand sich bestens auf Konversation. Gleich nach seinem Umzug von Konstanz hatte er sich in einem der teuersten Fitnessstudios der Stadt angemeldet, und bereits nach kurzer Zeit ließ sich die Harmonie seiner Muskulatur selbst unter seiner Kleidung erahnen. Durch das regelmäßige Training hatte sich auch sein Gang verändert, eine kraftvolle Elastizität zeichnete ihn aus bei jedem Schritt.

Immer wieder staunte David, wie viele Leute es anscheinend erregte, für Sex zu bezahlen, und es sich zudem leisten konnten, ohne mit der Wimper zu zucken fünfhundert Euro für ein Rendezvous auf den Tisch zu blättern. Auf Dorotheas Ratschlag hin hatte er von Beginn an seinen Preis hoch angesetzt. Für eine Nacht verlangte er tausend Euro, und auch eine solche Summe entrichteten seine Kunden anstandslos. Manchmal hatte er drei Termine an einem Tag. Er war distinguiert und hatte Klasse, sein Ruf in der Stadt verbreitete sich unter der Hand, das Geschäft blühte, und innerhalb kürzester Zeit besaß er ein Portfolio überaus solventer Stammkunden.

Eines Tages bat er Dorothea, ihm bei der Anmietung einer größeren Wohnung zu helfen. Um den Zuschlag für dieses großzügig geschnittene Penthouse in bester Lage in der Inselstraße gleich neben dem Hofgarten zu erhalten, benötigte er einen Bürgen für seine Kreditwürdigkeit und seinen Leumund. Dorothea war überrascht:

- Das Täubchen wird flügge, was?
- Täubchen, Kälbchen, Schätzchen – deine Koseworte sind ausschließlich Verniedlichungen. Wann nimmst du mich endlich einmal als Mann wahr? protestierte David augenzwinkernd.
- Das tut die Mutti allein in der Horizontalen, amüsierte sich Dorothea.
- Dann wird es Zeit, dass dieses inzestuöse, weil es mit seiner Mutti treibende Täubchen sie endlich einmal von seinen Qualitäten in der Vertikalen überzeugt, sagte David und trug sie auf seinen Armen aus dem Bett hinüber zum Küchentisch.

Dank Dorotheas nicht nur in der Stadt überaus gewichtigen Fürsprache entschloss sich der Vermieter im Handumdrehen, David das Penthouse zu überlassen. Sie wollte ihm auch das Geld für die ihm vorschwebende noble Inneneinrichtung zur Verfügung stellen, aber das lehnte er ab. Er hatte exzellent verdient im ersten Jahr in Düsseldorf und nahm für die ihm noch fehlende Summe einen Bankkredit auf. Als Dorothea ihren Antrittsbesuch in dem komplett nach seinen Vorstellungen gestalteten Penthouse machte, zeigte sie ihm gegenüber erstmals unverhohlen, wie sehr er sie beeindruckte. Beim Abschied sagte sie lächelnd und gleichzeitig einen Anflug von Zärtlichkeit unterdrückend:

- Schätzchen, um das hier zu refinanzieren, musst du dringend die Preise erhöhen. Damit fangen wir jetzt gleich einmal an.

Sie drückte ihm noch einen flüchtigen Kuss auf die Lippen, klemmte einen Packen Geldscheine zwischen Davids Hüfte und den Gummizug seines Slips und verschwand lachend im Aufzug. Als er das Geld hervorholte und zählte, sah er, dass es zweitausend Euro waren.

Von Beginn an verfehlte das exklusive, aber kühle Ambiente des so aufwändig renovierten Penthouses seine Wirkung auf Besucher nicht. Nach etwas mehr als einem Jahr seiner Tätigkeit betrug Davids Honorar nun zweitausend Euro, er war ein Luxusgeschöpf, ein Edelprostituierter, der männliche Stern am Himmel käuflicher Liebe, und wie zuvor zahlten die Kunden auch diesen Preis äußerst bereitwillig.

Die öffentliche Darstellung seiner Exklusivität überließ David keineswegs dem Zufall. Auf seiner verschlüsselten Webseite sorgte er regelmäßig für Updates, stellte neue Fotos ein oder überarbeitete sein Leistungsangebot mit dem Kostenkatalog für Extradienste. Die ersten Bilder von ihm hatte seinerzeit ein professioneller Fotograf aufgenommen, zuerst in dessen Studio, später im Penthouse. Inzwischen fotografierte David eigenständig mit Stativ und Selbstauslöser. Außerdem stellte er Links online zu den Webseiten der Architekturzeitschriften, in denen seine Wohnung als Paradigma urbanen Chics abgelichtet war. Das Geschäftsmodell verkörperte extravaganten Luxus pur, und sein Erfolg gab ihm in allen Belangen recht.

Dorotheas Großzügigkeit war von Beginn an schlichtweg überwältigend gewesen, und es widerstrebte ihm, dieselbe endlos zu strapazieren. Bei einem ihrer nächsten Besuche teilte er ihr mit, er wolle sich neben dem ausschließlich für geschäftliche Zwecke genutzten Penthouse eine Privatwohnung suchen und aus dem immer noch für ihn bereit gehaltenen Firmenapartment ausziehen. In ihm wuchs das Gefühl, einen Ort haben zu müssen, an dem er sich vom Job auf sich selbst zurückziehen konnte. Dorothea ließ sich keine Regung anmerken und sagte nur:

- Was immer du willst, Schätzchen! Du weißt, die Werkswohnung steht dir unbegrenzt zur Verfügung.
- Das ist furchtbar lieb, du hast so viel für mich getan, aber es geht mir gegen den Strich, deine Güte endlos auszunutzen, und jetzt ist der Zeitpunkt, wo Schätzchen sich von Muttis Rockzipfel abnabeln und unabhängig werden muss.

David hatte längst bemerkt, dass Dorothea ironische Diktion als Zeichen von Selbstbewusstsein gefiel. Sie kommunizierten oft flachsend miteinander, und er sah, obwohl sie es zu verbergen suchte, dass seine spitzzüngige Eloquenz bei ihr auf Anerkennung stieß. Einem sich selbst kaum bewussten Impuls folgend widerstrebte es ihm, von ihr als käufliche Ware betrachtet werden. Er mochte sie, sehr sogar, und wünschte sich sehnlichst, dass sie ebenso empfand.

Mit Slobodan erging es ihm ähnlich. Er betrachtete ihn inzwischen mehr als Freund denn als Kunden oder Vermieter. Slobodan, dieser hochsensible Feingeist im Körper einer tödlichen Kampfmaschine, hatte, als David dort ein Jahr residierte, seinem umfangreichen Immobilienbesitz das Haus in der Inselstraße hinzugefügt. Bei seinem Antrittsbesuch als der neue Hausbesitzer waren beide sich auf der Stelle sympathisch, und David schenkte ihm ohne Bedenken reinen Wein ein über die Profession, der er im Penthouse nachging.

Seitdem hatten sie regelmäßig einen Kaffee oder ein Glas Wein miteinander getrunken. Sie erzählten sich aus ihrem Leben, besuchten zusammen Theateraufführungen oder Restaurants und spielten Tennis im vornehmen Rochusclub, wo Slobodan natürlich Mitglied war. Eines Tages überraschte er ihn mit dem für David völlig unerwarteten Angebot, die Miete nicht länger in klingender Münze, sondern in Form von monatlichen Dienstleistungen zu bezahlen. David wollte erst nicht glauben, dass diese geballte Inkarnation von Männlichkeit solch verborgene Gelüste hegen konnte, selbst wenn Slobodan durchblicken ließ, dass er bei Frauen immer nur vom Pech verfolgt geblieben war. Auch hatte David es bisher ausschließlich mit weiblichen Kunden zu tun gehabt und nicht im Traum daran gedacht, Männern zur Verfügung zu stehen. Einmal hatte ihn ein Ehemann gebucht, der dabei zusehen wollte, wie David es mit seiner Frau trieb, doch er hatte sich lediglich aufs Zuschauen beschränkt und nicht eingegriffen, noch nicht einmal Hand an sich selbst gelegt.

Ein paar Tage dachte David darüber nach, kalkulierte die finanziellen Vorteile, konnte eine gewisse Neugier nicht verleugnen, wie sich eine solche Begegnung gestalten würde, und sagte Slobodan schließlich zu.

Das erste erotische Treffen mit ihm verlief so gar nicht wie die üblichen und teils virtuosen Sexdienstleistungen, die er, vielleicht mit Ausnahme Dorotheas, seinen Kunden ablieferte, viel mehr wie ein romantisches Rendezvous zweier frisch Verliebter. Slobodan hatte David eine Treppe tiefer in seine mit exquisitem Geschmack eingerichtete Etagenwohnung gebeten. Als er eintrat, leuchtete ihm ein Meer von Kerzen entgegen. Aus der Stereoanlage erklang eine himmlische, barock anmutende Musik, laut seinem Gastgeber *Antiche Danze ed arie* von Ottorino Respighi. Dann tischte er ein Menü auf, das jedem Sternekoch zur Ehre gereicht hätte. Die Vorspeise bot drei Variationen von Gänsestopfleber, rosa gebraten auf karamellisierten Vanilleschalotten und begleitet von einem Sauternes-Gelee, ferner als Carpaccio mit geschmälztem Lardo di Colonnata und schließlich als von Baumkuchen ummanteltes Moussetörtchen unter einer leicht gesüßten Salzmandelkruste. Nie zuvor in seinem Leben hatte David etwas so Köstliches gegessen. Zum Hauptgang servierte Slobodan ein in von Kräutern aromatisiertem Dampf gegartes Seeteufelfilet mit getrüffeltem Rahmwirsing. Über den Fisch hatte er frittierte Julienne von Zitronenschale gestreut. Die vollendet abgestimmte Komposition der Speisen fügte sich in grandioser Harmonie zu einem den Gaumen betörenden Meisterwerk. Zum Dessert gab es ein Soufflé von Ricotta, Maisgries und Safran, flankiert mit Kompott und Sorbet von Himbeeren, einem der Tafel der olympischen Götter würdigen Abschluss. Die das Essen begleitenden Weine, ein Elsässer Gewürztraminer, ein Marlborough Terroir und zum Espresso ein Fragolino, konnte nur ein Spitzensommelier ausgesucht haben. David war schlichtweg überwältigt. Slobodan hatte einen ganzen Tag am Herd verbracht, um dieses Menu zu zaubern.

Als er spät in der Nacht in seinem Bett im Penthouse lag und der Schlaf ihn floh, weil in seinem Kopf die Gedanken um diesen unvergesslichen Abend kreisten, beschlich ihn erstmals der leise Verdacht, dass Slobodan sich in ihn verliebt hatte. Wie eine Urgewalt war ein Meer an Zärtlichkeit aus ihm hervorgebrochen, als sie nach diesem unnachahmlichen Essen endlich ins Schlafzimmer gefunden hatten. Den Sex mit einem Mann hatte sich David ganz anders vorgestellt, härter, schneller, lustbetonter und weniger liebevoll. Aber Slobodan hatte ihn überrascht, ja beinah überwältigt mit unendlichem Zartgefühl, was ihn zugleich auch irritierte und ihm ein schlechtes Gewissen einredete, nicht nur in Slobodans Haus mietfrei wohnen zu können, sondern in vertauschten Rollen zukünftig obendrein diesen Bonus zu empfangen, wo in ihrer Abmachung eigentlich seine Dienstleistung gefragt war. Wenn er das alles überdachte, musste David sich eingestehen, diese neue Erfahrung durchaus genossen zu haben.

Am nächsten Tag beschloss er, auch aus der praktischen Erwägung einer nochmalig gravierenden Umsatzsteigerung, seine Dienste zukünftig sowohl weiblichen wie auch männlichen Kunden zur Verfügung zu stellen.

7

Der Stoff aus dem die Träume sind

Zwei Wochen nach Davids so überaus verstörendem Besuch bei Mr. Priestley im *Breidenbacher Hof* rief er Dorothea auf ihrer Direktleitung im Büro an und bat sie neckisch um einen kleinen Gefallen. Sie lachte, als sie hörte, um was es ging, und sagte, ihre Prinzipien vergessend und von der sie auszeichnenden Abenteuerlust gepackt, sofort zu.

Am nächsten Abend betrat er das Hotel in ihrer Begleitung und führte sie geradewegs ins Restaurant, wo der Maître den prominenten Gast und seine Begleitung mit ausgesuchter Liebenswürdigkeit begrüßte. Als Chefin des größten Unternehmens der Stadt war Dorothea überall gern gesehen, denn ihre Anwesenheit blieb den allzeit präsenten Medien nicht lange verborgen und bedeutete eine willkommene und zudem kostenlose Werbung für die von ihr besuchten Orte. Die Kellner in den Restaurants, die Garderobenfrauen in Theater und Oper verdienten sich gern ein kleines Zubrot zu ihrem Salär, indem sie als Informationsquelle der Gesellschaftskolumnisten fungierten, die auf solche gut bezahlten Tipps hin sofort ihre Fotografen losschickten.

- Wir haben nicht reserviert, aber wir vertrauen darauf, dass sie dennoch einen Tisch für uns haben, sagte David freundlich.

- Aber selbstverständlich, für Sie doch immer, murmelte der Restaurantchef ergeben und schaute dabei eher Dorothea an.

Sie saßen beim Aperitif, als der vom Besuch des illustren Gastes natürlich umgehend verständigte Direktor herbeikam.

- Hochverehrte gnädige Frau, wie schön, Sie wieder einmal in unserem Haus begrüßen zu dürfen, sagte er und küsste ihre Hand.
- Die Freude ist ganz meinerseits, antwortete Dorothea huldvoll lächelnd.

David hatte sich vom Tisch erhoben und sein Jackett zugeknöpft.

- Herr Herleß, darf ich Ihnen meinen Finanzberater vorstellen, Herrn Beckett, fuhr Dorothea mit der ernstesten Miene fort.
- Aber, aber, gnädige Frau, Herr Beckett und ich sind alte Bekannte, nicht wahr? entgegnete der Direktor und beeilte sich, Davids Hand zu schütteln.
- Immer wieder gern in Ihrem untadeligen Haus, sagte David und sah über den Schweißausbruch auf Herrn Herleß Stirn hinweg.

Nach dem wirklich grandiosen Dinner, dessen astronomisch hohe Rechnung David lässig in bar beglich, fuhren sie, wie zwei Teenager über die gelungene kleine Posse lachend, im Maserati ins Penthouse, wo er sich bei ihr für die selbstlose Bestätigung seiner Reputation gebührend bedankte.

Imelda kam früh zu ihrer üblichen Zeit. Sie hatte eine Morgenzeitung mitgebracht und stellte ihm einen doppelten Espresso hin. Die Titelseite brachte zum wiederholten Mal eine fette Schlagzeile über den Bio-Skandal. Seit Wochen erregte dieses Thema die Gemüter nicht nur der Nation, sondern weit über die Grenzen hinaus, denn die unentwegt expandierende Firma BioMondo hatte Niederlassungen in den sechs größten Ländern Europas. Angeheizt durch die Revolverpresse wurden inzwischen in der Öffentlichkeit Forderungen laut, die Köpfe der gesamten Chefetage, welche diese kriminelle Ungeheuerlichkeit zu verantworten hatte, rollen zu lassen. David trank einen Schluck des heißen und köstlich duftenden Kaffees. Er überflog den Leitartikel. Der Skandal zog inzwischen so weitreichende Kreise, dass sogar das Justizministerium Ermittlungen eingeleitet und in der Hauptstadt einen Untersuchungsausschuss unter Vorsitz des nordrhein-westfälischen Landtagsabgeordneten und Davids Stammkunden Albert Ritter eingerichtet hatte. Auch die Umweltministerin drängte auf schnelle und restlose Aufklärung. Bei den eng gefassten europäischen Richtlinien und der strengen Kontrolle ihrer Einhaltung schien es schwer begreiflich, dass ein Unternehmen derart unbehelligt einem so gigantischen Betrug nachgehen konnte.

Anders als Julian und Hannah war David nicht unbedingt ein Jünger von Bioprodukten. Er glaubte durchaus, seiner Gesundheit und nicht zuletzt auch seiner Profession eine bewusste Lebensweise schuldig zu sein, aber sein Instinkt hatte ihm immer gesagt, dass mit dem profitablen Etikett *Bio* reichlich Schwindel getrieben wurde. Seine überdurchschnittlichen Einkünfte erlaubten es ihm, für sein leibliches Wohl nur in erstklassigen Feinkostgeschäften Rechnung zu tragen. Obendrein besuchte er häufig Restaurants der Spitzengastronomie, und er hoffte zumindest, dass in diesem Preissegment die einwandfreie Qualität gesichert sein würde.

Auch seine Garderobe kaufte er nur von Topdesignern. Seitdem *Prada* eine Boutique in Düsseldorf eröffnet hatte, war er dort Stammkunde. Er mochte das schlichte Understatement gedeckter Farben, perfekter Schnitte und edler Materialien, das dieses Label auszeichnete. Für sein bisweilen gefragtes konservatives Erscheinungsbild bevorzugte er Anzüge von *Brioni*. In seinem elitären Kundenkreis bemerkten alle auf den ersten Blick, ob jemand Klasse hatte oder nicht. Er konnte sich nicht vorstellen, dass Textilien dieser Edelmarken auch nur im Geringsten mit Umweltgiften belastet waren.

Für den heutigen Tag hatte er bislang keine Buchung vorliegen, wahrlich eine Seltenheit in letzter Zeit, wo die Anfragen nicht abrissen. David beschloss, im Penthouse eine kleine Trainingseinheit mit den Hanteln zu absolvieren, und dann in seine im Ortsteil Kaiserswerth gelegene Privatwohnung zu fahren, wo er sich heimischer fühlte als hier. Die Mitgliedschaft in seinem exklusiven Fitnessstudio hatte er vor einiger Zeit gekündigt, weil trotz der betuchten Klientel dort ein manchmal asoziales Klima herrschte. Einige Mitglieder pflegten nach dem Sport nicht zu duschen, sondern überdeckten ihren Schweiß mit beißenden Deodorants, die für Davids empfindlichen Geruchssinn unter die Kategorie Chemiewaffen fielen. Andere blockierten, weil sie dort unaufhörlich mit ihren Mobiltelefonen zugange waren, minutenlang die Trainingsgeräte, anstatt sie zum *work-out* zu benutzen. Manchmal empfand er eine ohnmächtige, ja traurige Ernüchterung, weil der allgemeine Umgang miteinander unaufhaltsam einer stetig wachsenden Verrohung und dem gänzlichen Verlust aller Rücksichtnahme entgegen trieb.

Er ging hinüber in die Küche, um sein Frühstück einzunehmen. Morgens aß er, wenn er nicht zum Bäcker ging, für gewöhnlich Cerealien in ein wenig Milch. Als er den Vorratsschrank öffnete, sah er erstaunt, dass dort ein noch nicht angebrochenes Bircher Müsli von BioMondo stand. Nach der Lektüre des Zeitungsartikels über die verseuchten Produkte dieser Firma verspürte er wenig Lust, seinem Körper darin womöglich enthaltenes Gift zuzuführen. Angewidert warf er die Packung in den Müll.

Er war zwei Tage nicht in Kaiserswerth gewesen und freute sich, in sein Refugium zu kommen. Nie hatte einer seiner Kunden die Wohnung betreten, nicht einmal Dorothea oder Slobodan. Sein Plan für den heutigen Tag sah einen ausgiebigen Spaziergang entlang des Rheins vor, dann einen kleinen Imbiss in einem der zahllosen dort angesiedelten Bistros zu nehmen und sich später mit einem Buch entspannt auf die Couch zu legen. Hannah hatte ihm bei seinem Besuch einen Titel von der aktuellen Bestsellerliste geschenkt mit dem Titel *Der unsichtbare Tod – Umzingelt von Schadstoffen im Alltag*. Es war eine durch zahlreiche Fakten belegte Enthüllung, wie Menschen in der modernen Zivilisation unausweichlich und unentwegt einer schleichenden Vergiftung ausgeliefert waren.

Der Rhein floss in ruhiger Schönheit dem Meer entgegen, majestätisch erhoben sich zu beiden Seiten auf den sattgrünen Wiesen Pappeln und Weiden, und am Himmel flog ein Schwarm Tauben in anmutigem Ballett. David atmete den Duft des Flusses und des Ufergrüns tief ein. Er liebte diese raren Momente der Stille, der Einkehr in sich, die immer dann, wenn er sich an Gewässern aufhielt, mit wunderbarer Allmacht nach seinem Herzen griffen. Zuletzt hatte er dieses Gefühl verspürt, als er mit Julian, Hannah und Lisa am Strand des Bodensees gewesen war. Wer weiß, dachte er: vielleicht ist das Wasser, das eben vor meinen Augen vorüberfließt, das gleiche Wasser, das der Rhein aus dem See mit sich nahm.

In die in seinem Leben so seltene Beschaulichkeit hinein klingelte sein Mobiltelefon. Der Anrufer war Slobodan. Er fragte an, ob sie heute Zeit miteinander verbringen könnten, doch David bat ihn, das Treffen auf morgen zu legen. Der heutige Tag gehörte ihm.

Vor dem für seine Torten berühmten Café an der Niederrheinstraße stand eine mit Kreide beschriebene

Tafel, die auf den täglich wechselnden Mittagstisch hinwies. Heute gab es Hühnerfrikassee, Waldorfsalat mit Toast und Königin-Pastetchen. Die Kundschaft bestand vorwiegend aus älteren Alleinstehenden, Männern wie Frauen, vermutlich allesamt verwitwet, die den Aufwand des heimischen Kochens als zu groß ansahen. David glaubte, dass neben dem Hunger vor allem auch Einsamkeit sie trieb, die Mahlzeiten in Gesellschaft im Restaurant einzunehmen. Die Küche hier war gutbürgerlich und preiswert und die traditionelle Karte mit den Lieblingsgerichten der fünfziger Jahre zugeschnitten auf das Alter der Kunden. Er selbst nahm mittags nie eine warme Mahlzeit zu sich, allenfalls ein wenig Obst der Saison und Joghurt. Heute aber stand ihm der Sinn nach Kuchen. Es fiel ihm schwer, sich an der von opulenten Torten strotzenden Auslage zu entscheiden. Schließlich bestellte er eine von einer Baiserhaube gekrönte *Tarte au citron* und nahm den Bon entgegen, bevor er sich einen freien Tisch suchte.

Zuhause leerte er den Briefkasten und öffnete die Wohnungstür. Ein vertrauter Duft kam ihm entgegen, es roch nach dem alten Holz der Antiquitäten, nach den Rosen aus dem Blütenpotpourri und dem Dunst, der vom draußen vorbeifließenden Rhein aufstieg und durch sein Balkonfenster zog.

Später legte er eine CD von *Oregon* ein, Instrumentalmusik, die eine beglückende Ruhe ausstrahlte, und vertiefte sich in das Buch über Umweltgifte. Er las ein

Kapitel, das von Bioziden in allen gängigen Nahrungsmitteln berichtete. Weintrauben, Erdbeeren, Äpfel zum Beispiel waren sämtlich sowohl gegen Schädlinge wie auch aus Gründen längerer Haltbarkeit gespritzt, ganz gleich ob sie aus regionaler Ernte stammten oder auf weiten Transportwegen importiert wurden. Selbst nach einer gründlichen Wäsche unter warmem Wasser ließen sich noch deutliche Restspuren der chemischen Behandlung nachweisen. Ebenso speicherten Kartoffeln, die für eine ansprechendere Optik und daher bessere Verkäuflichkeit gewaschen und anschließend begast wurden, Schadstoffe in der Schale, die wie bei Äpfeln als Ort der meisten Vitamine galt. Der Autor empfahl, sowohl Kartoffeln wie Äpfel niemals mit Schale zu verzehren. David war geschockt von der vorgeblichen Unbedenklichkeit, welche in den gesetzlichen Richtlinien für die Agrarwirtschaft verankert war. Er begann Julian und Hannah in ihrer ökologischen Radikalität besser zu verstehen.

Im Verlauf des Nachmittags verspürte er Lust zu malen. Er hatte vor einiger Zeit damit begonnen, als Autodidakt ohne akademische Ausbildung, doch es hatte selbst als Laie etwas ungeheuer Befreiendes, Farbe auf Leinwand aufzutragen. Die Faszination hatte ihn so gepackt, dass er bald schon einen Raum der Wohnung als Atelier eingerichtet hatte, mit Staffelei, Farben, Tiegeln und Töpfen, Pinseln und allem möglichen Zubehör, dessen Menge stetig wuchs. David malte ausschließlich abstrakt, mit eruptiver Kraft, in spontanem Impuls ohne Plan und geleitet lediglich von Eingebung und Lust. Er bevorzugte große Formate und Acrylfarben, die schneller trockneten als Ölfarben, und daher keine langen Schaffenspausen verlangten. Die von ihm angewandte Technik verriet eine geradezu manische Besessenheit. Mit Pinsel oder Rolle grundierte er zunächst weiße Leinwand, bevor er dann Spachtel zur Hand nahm, Drahtbürsten, Schmirgelpapier, Topfreinigerpads, Wellpappe, Zahnriemen, Microfasertücher und alle erdenklichen rauen Materialien, welche die unterschiedlichsten Strukturen in der feuchten Farbe schufen. Er kratzte, wischte, verteilte, trug auf die erste Farbe eine zweite auf und wiederholte die Prozedur. Hier lasierte er zart über Bestehendes, dort setzte er einen pastosen Akzent. Manchmal erschrak er vor seiner eigenen, ihm bislang nicht geläufigen Wildheit, die sich so ungezügelt Bahn brach. Doch das Ergebnis stellte ihn immer wieder zufrieden. Es waren gigantische Farborgien, die er vollbrachte, ein expressiver Rausch, welcher Gestalt angenommen hatte und in ebenso fremdartiger wie eindrucksvoller Schönheit seine Augen erfreute.

Zwei seiner Bilder hingen im Wohnzimmer, beide großflächig, eins rechteckig, das andere ein Quadrat. Sie nahmen einen Großteil der Wände ein und waren Blickfang und gelungener Kontrapunkt zu dem gediegenen, antiken Mobiliar. David spielte mit dem Gedanken, eines seiner Bilder im Penthouse aufzuhängen. Er hatte dort im Empfangszimmer einige sehr teure Grafiken, kleinere Formate, welche ebenso gut einen Platz im Flur finden konnten. Auf die frei werdende Wand würde er, das nahm er sich vor, eins der von ihm selbst gemalten Bilder hängen.

Voller Elan machte er sich an die Arbeit. Nach drei Stunden schweißtreibender Aktion war das Bild fertig, und er signierte es mit einem schwarzen D. Er war völlig aus sich herausgegangen und so außer Atem, als hätte er einen Langstreckenlauf hinter sich. Als er zurücktrat, um es zu begutachten, durchflutete ihn tiefe Befriedigung. Das Bild war sicherlich kein Meisterwerk von musealem Rang, aber er selbst hatte es mit seinen eigenen Händen geschaffen, und im luxuriösen Ambiente des Penthouses könnte es sich durchaus präsentabel ausnehmen. David beschloss, das Bild gleich morgen mit einem gemieteten Kleintransporter hinüber zu schaffen, da der Maserati dafür ungeeignet war. Er suchte noch nach einem Titel, denn er fand es belanglos, wenn Bilder in Museen oft nichtssagend *untitled* hießen. Dann fiel ihm urplötzlich ein Shakespeare-Zitat ein, das er aus seinem Englisch-Leistungskurs erinnerte: *such stuff as dreams are made on.* Er fand es überaus passend für das Bild, denn diese ihm gerade eben spontan eingefallene Idee zeugte von der gleichen lebendigen Willkür, mit der es entstanden war. Seine Träume, sein ihm selbst verborgenes Unterbewusstes hatten auf der Leinwand farbige Gestalt angenommen, und so schrieb er den Shakespeare-Vers als Titel auf den rückwärtigen Holzrahmen: *Der Stoff aus dem die Träume sind.*

8

Kameras

Am nächsten Tag hing das neue Bild an der ihm von David zugedachten Stelle im Penthouse. Nach seinem ersten Empfinden kam es dort hervorragend zur Geltung, aber natürlich war er sich darüber im Klaren, dass der subjektive Stolz des Schöpfers diese Meinung beeinflusste. Gespannt war er vor allem auf die Reaktion von Slobodan und Dorothea. Beide verstanden sich auf Kunst, und Dorothea galt sogar weltweit als profunde Expertin, Sammlerin und Mäzenin für Malerei. Ihrer beider Einschätzung interessierte ihn sehr. Seine Erwartung hielt sich jedoch in Grenzen, denn er verwechselte die ihn beim Malen überwältigende Katharsis nicht mit künstlerischem Anspruch, den er als blutiger Laie gar nicht stellen durfte.

Als er mit dem Bild des riesigen Formats wegen nicht per Aufzug, sondern vom Treppenhaus aus das Penthouse betreten hatte, nahm seine feine Nase unvermittelt einen fremden Geruch wahr. Das schwache, aber deutliche Aroma von Zigaretten lastete in der Luft, als hätte vor kurzem sich ein Raucher hier aufgehalten und mit seiner nikotinbehafteten Kleidung eine olfaktorische Spur hinterlassen. Imelda war Nichtraucherin, ebenso Slobodan, die einzigen beiden, die Schlüssel für das Penthouse besaßen. David stellte das Bild ab und prüfte bei einem schnellen Rundgang durch alle Räume, ob irgendetwas ungewöhnlich war, aber nichts fehlte oder war nicht an seinem Platz, noch deutete etwas auf ein unberechtigtes Eindringen hin.

Der Zufall wollte es, dass Imelda, die nach einem zeitraubenden Arztbesuch an diesem Tag erst mittags kam, sich gleich nach ihrem Eintreffen an die halbjährliche Reinigung von Davids Klimaanlage machte und zu diesem Zweck die beiden Abdeckgitter im Empfangszimmer und Schlafzimmer entfernte. In beiden in die Wand eingelassenen Belüftungskammern aber entdeckte sie je eine winzige Kamera, deren Objektive vom klug gewählten Standpunkt ihrer Installation aus durch die Gitterstäbe hindurch den gesamten Raum erfassten.

David erschrak. Er vermochte sich so gar keinen Reim darauf zu machen, wer ein Interesse an einer Überwachung seiner Person haben konnte. Nach kurzem Überlegen gelangte er zu der Überzeugung, dass die Kameras erst am heutigen Morgen angebracht worden waren, und zwar von einem Raucher, dessen Nikotingeruch er sofort wahrgenommen hatte. Er konnte die Möglichkeit nicht ausschließen, dass das Penthouse obendrein auch verwanzt worden war, und so suchte er Bilderrahmen, Tischunterseiten, Heizthermostate und Lampen ab, ohne jedoch fündig zu werden. Vielleicht, dachte er, hatten die Kameras integrierte Mikrofone.

Er nahm sie aus ihren dreifüßigen kleinen Ständern, stopfte sie in ein zusammen gefaltetes dunkles Handtuch und ging ein Stockwerk hinunter zu Slobodan. Als er die Tür öffnete, bedeutete ihm David durch ein Handzeichen, nicht zu sprechen, da die Kameras möglicherweise immer noch Ton übermittelten. Slobodan schaute in das ihm wortlos überreichte Paket, gab aber dann Entwarnung.

- Das ist ein gängiges Modell. Ich kenne das Fabrikat: Babe/L. Incorporated, Billigware aus Taiwan. Alle Funktionen sind deaktiviert, sobald die Kamera aus ihrem Ständer genommen wird, sagte er.

David war erleichtert. Dann schilderte er die Umstände, die zur Entdeckung geführt hatten und auch seinen Verdacht, dass die Kameras erst heute früh installiert worden sein mussten. Slobodan ging wortlos, gefolgt von David, in sein Büro, wo zwei Laptops Echtzeitbilder von den Überwachungskameras am Hauseingang und in der Tiefgarage zeigten. Er betätigte einige Tasten, worauf auf einem der Monitore die Aufzeichnungen vom Morgen starteten. Es begann um 4 Uhr früh und zeigte die überwachten Zonen im Schnelldurchlauf. Eine Weile geschah nichts. Die Bilder rasten dahin, festzustellen allein an der eingeblendeten Digitalzeit. Dann, gegen 6.10 Uhr tauchte in der Tiefgarage eine Gestalt auf. Slobodan hielt den Suchlauf an und spulte kurz zurück. Ein Mann trat ins Bild, der sich auffällig umsah und dann durch die stählerne Brandschutztür im Treppenhaus verschwand. Für einen kurzen Moment waren seine Züge im spärlichen Licht der Tiefgarage deutlich zu erkennen. Mit zwei, drei Mausklicks fror Slobodan das Bild ein, vergrößerte den Kopf des Mannes und fertigte einen *screenshot* davon an, welchen er auf der Stelle per Email verschickte. Zugleich griff er zum

Telefon und wählte eine dort eingespeicherte Nummer. Als sein Gesprächspartner sich meldete, sagte er:

- Ich habe dir gerade eine Mail mit Fotoanhang geschickt. Könntest du mal versuchen, die Identität des darauf abgebildeten Herrn festzustellen? ...Gut, falls du was heraus findest, schicke mir das per Mail zurück. Danke dir!

David staunte nicht schlecht, während Slobodan erklärte:

- Es ist immer von Vorteil, gut vernetzt zu sein! Das war mein Mann bei der Kripo! Sie gleichen dort die biometrischen Daten ab mit ihrer Kartei, und falls dein Besucher jemals aktenkundig geworden ist, haben sie ihn schnell ermittelt.

Am Abend kam Slobodan auf einen Besuch hinauf ins Penthouse. Natürlich bemerkte er sofort das ins Auge fallende neue Gemälde in Davids Empfangszimmer.

- Was ist das? Hast du ein Bild gekauft? fragte er und trat darauf zu, um es sich aus der Nähe anzuschauen.
- Gefällt es dir? wich David aus.
- Wer hat es gemalt? Kenne ich den Künstler? Einer von der Akademie? fragte Slobodan weiter, sichtlich neugierig und das Bild genauer musternd.
- Nicht direkt, antwortete David.
- Es ist sehr kraftvoll, sehr wild und ungestüm, ja, es hat was, es gefällt mir, sagte Slobodan.
- Es ist das Ergebnis dreier intensiver Stunden am gestrigen Nachmittag. Ich habe dir noch gar nicht

erzählt, dass ich vor einiger Zeit mit dem Malen begonnen habe, klärte David ihn schließlich auf.

- Du steckst tatsächlich voller Überraschungen, bekannte Slobodan mit einem fast zärtlichen Seitenblick.

Sie tranken ein Glas Amontillado. Slobodan wollte mehr wissen über Davids Malversuche. Voller Begeisterung erzählte David ihm, wie ungeheuer befreiend das Malen für ihn war, und dass ihm aufgrund seines begrenzten Zeichentalents und der fehlenden akademischen Ausbildung Abstraktion als der einzige Weg für das tief aus ihm heraus drängende Ungestüm erschien, als angemessene Art einer unwillkürlichen und expressiven Selbstverwirklichung. Slobodan war ein aufmerksamer Zuhörer. Manchmal, wie um David zu bestärken, ergriff er seine Hand und streichelte sie. Es war nicht unangenehm, aber doch irritierend für David. Später lagen sie aneinander gekuschelt in seinem Bett. Als er am Morgen erwachte, war Slobodan gegangen.

Für den Abend darauf hatte eine neue Kundin angefragt. Sie nannte sich Theresa Hansen und gab sich als Fondsmanagerin aus. David hatte Suchmaschinen nach ihr durchforstet, um zu wissen, mit wem er es zu tun bekam. Das Netz war voll von ihren Bildern und Artikeln über sie. Als eine der wenigen Frauen in der Branche hatte sie die Finanzwelt gehörig aufgemischt und war in drei aufeinander folgenden Jahren in der Liste der zehn erfolgreichsten Fondsmanager weltweit. Er dachte, was für eine lustige Koinzidenz, dass sie den Beruf ausübte, den er, wie erst kürzlich beim Direktor des *Breidenbacher Hofes*, zur bisweilen notwendigen Verschleierung seiner wahren Profession angab.

Nicht viel später als 21 Uhr stieg Theresa aus dem Aufzug. Sie war drahtig und ihrem Teint nach zu urteilen eine glühende Jüngerin der Sonnenbank. Ihr Erscheinungsbild war für ihr Alter von gerade einmal dreißig Jahren eine Spur zu konservativ, sie trug ein hellgraues Kostüm von *Chanel* und eine *Kelly-Bag*, eine für Davids Geschmack nicht ganz gelungene Kombination zweier konkurrierender Modelinien. Außerdem verbreitete sie vom Moment ihrer Ankunft an hektische Unruhe.

- Darling, ich habe den ganzen Tag Meetings gehabt, ich brauche erst einmal was Ordentliches zu trinken, hast du einen anständigen Single Malt? tönte sie beim Betreten des Penthouses.
- Irgendwelche Vorlieben: Speyside, Lowlands, Highlands, Islay, Orkney oder Skye? fragte David, ihren unkonventionellen Auftritt ignorierend, und öffnete den indirekt beleuchteten Barschrank aus Wurzelholz.
- Scheißegal, Hauptsache, es brennt! Und danach muss ich duschen, sonst hast du wenig Spaß an mir. Ich bin verschwitzt wie eine Sau vom Land.

Er schenkte ihr ein reichlich bemessenes Glas *Laphroaig Cask Strength* ein, einem der stärksten Malzwhiskys mit einem Alkoholgehalt von immerhin siebenundfünfzig Prozent. Theresa soff unbeeindruckt drei Gläser hintereinander weg und meinte dann:

- Schmeckt wie ‘ne ausgekochte Soldatensocke!

Im Bett gab sie von Beginn an die Zügel nicht aus der Hand. Sie schrie und stöhnte lauthals, während er ihren Kommandos nachkam. Alles was sie wollte, war eine Demonstration seiner virtuosen Routine, ohne Zärtlichkeit und ohne die leiseste Illusion emotionaler Verstrickung. Es war wie ein sportlicher Wettkampf, aus dem Theresa als Siegerin hervorzugehen hatte. David ließ sie gewähren, er kannte Frauen wie sie zur Genüge. Sie brauchte lange bis zum Orgasmus, doch als sich endlich ihre innere Verkrampfung löste, kam sie gleich dreimal in kurzer Zeit.

- Darling, du bist ein echter Champ. Ich denke, ich werde wiederkommen, flötete sie zum Abschied, nachdem sie noch ein halbes Glas Whisky in einem Zug geleert hatte.
- Mit Vergnügen, sagte David artig.
- Ach ja, und dann verrätst du mir unbedingt den Namen von deinem Innenarchitekten. Dein schickes Sündenbabel hier ist voll geil.

Unter der Dusche fühlte er sich ausgelaugt. Erschöpft dachte er, dass er am Tag niemals mehr als eine Kundin von ihrer Sorte bedienen könnte.

Am nächsten Morgen rief Theresa ihn überraschend an.

- Darling, da staunst du, was! lachte sie mit ihrer Reibeisenstimme.

Das von ihr geleitete Finanzunternehmen, kam sie ohne großes Vorgeplänkel zur Sache, hatte vor kurzem neue Räumlichkeiten bezogen und benötigte ihrer Meinung nach dringend plakative Kunst für die Wände.

- Weißt du: so Schinken, die einen nachhaltigen Eindruck auf Kunden machen, so etwas richtig Wüstes, Wildes, das einen gleich umhaut.

Ihr hatte das großformatige Bild im Penthouse imponiert, und sie wollte wissen, wo er es gekauft hatte und ob er es eventuell weiterverkaufen würde. David gab ihr aufrichtig zu verstehen, dass er seit kurzem Malerei als eine ihn zutiefst beglückende Art der Selbstverwirklichung entdeckt und er selbst dieses Bild gemalt hatte. Theresa war beeindruckt, selbst als er seine künstlerischen Fähigkeiten relativierte, da ihm schließlich zu echter Meisterschaft der akademische Segen fehlte.

- Scheiß aufs Studium, das Bild ist toll, ich kaufe es auf der Stelle und brauche noch ein paar mehr solcher Schinken, unterbrach ihn Theresa.

Aus einer spontanen Laune heraus machte er ihr das Angebot, ihre Büros anzuschauen und in Absprache mit ihr Anzahl und Formate passender Gemälde festzulegen, die er dann in seinem Atelier, wie er es leicht übertreibend nannte, eigens für sie anfertigen würde. Weniger die sich hier eventuell neu auftuende Verdienstmöglichkeit als mehr noch die Aussicht auf die urwüchsigen Freuden des

Schaffensprozesses begeisterte ihn für ein solches Projekt. Theresa war sofort Feuer und Flamme.

- Oh geil, maßgeschneiderte Kunst für mich! Was kostet mich der Spaß denn?
- Darüber reden wir, wenn ich die Räume gesehen habe, sagte David.

Sie vereinbarten einen Termin am gleichen Nachmittag. Unzweifelhaft war Theresa die Sorte Frau, die Nägel mit Köpfen machte.

David parkte den Maserati in der Tiefgarage unter dem Bürokomplex in Heerdt, in dem ihre Firma untergebracht war. Am Empfang meldete er seine Ankunft, und Theresa kam und führte ihn höchstpersönlich in ihr Büro. Dort servierte sie ihm einen vorzüglichen Espresso und nahm vor ihrem voluminösen Schreibtisch Platz, hinter dem eine riesige Wand von Monitoren in Echtzeit Daten von allen wichtigen Börsen der Welt lieferte.

Mit Genugtuung stellte er fest, dass sie keinerlei Peinlichkeit über die Art ihrer Bekanntschaft zu empfinden schien. Nach einigen Minuten zwangloser Konversation, die immer wieder durch eingehende Aufrufe unterbrochen wurde, lud sie ihn zu einem Rundgang ein, um sich einen Überblick über die Räume zu verschaffen. David zog Zollstock, Kugelschreiber und ein Klemmbrett mit Papierblock aus seinem Diplomatenkoffer, was Theresa einen anerkennenden Pfiff entlockte. Sie zeigte ihm ein Großraumbüro und mehrere kleine Büros, Flure und das Besprechungszimmer. Sämtliche Wände waren glatt verputzt und mit Latexfarbe mattweiß gestrichen, ein, wie David ihr gegenüber bemerkte, optimaler Untergrund, um Bildern zur größtmöglichen Wirkung zu verhelfen. Die Räume hatten eine Deckenhöhe von mehr als vier Metern, was auch größere Formate zuließ.

- Ich will es imposant. Ansonsten hast du freie Hand, lautete Theresas einzige Vorgabe.
- So liebt es der Künstler, lachte David.

Schnell wurden sie sich einig. Insgesamt elf Gemälde unterschiedlicher Größe gab Theresa in Auftrag. Den jeweiligen Ort an den infrage kommenden Wänden hatte er vermessen und würde die dementsprechenden Leinwände von seinem Händler für Künstlerbedarf auf Keilrahmen aufziehen lassen. Theresa vertraute ganz auf sein Auge und stimmte allen seinen Vorschlägen zu. Ihre Vorfreude war ansteckend.

- Darling, und jetzt das Wichtigste für eine Unternehmerin: der Preis! Was schwebt dir da vor?

David hatte nicht die leiseste Ahnung, wie viel er guten Gewissens verlangen konnte. Er beschloss zu pokern und war nicht wenig überrascht, dass sie ohne zu handeln auf der Stelle einverstanden war. Als er zurück zum Penthouse fuhr, hatte er einen Scheck über dreiunddreißigtausend Euro in der Tasche, dreitausend für jedes Bild. Theresa hatte auf Vorkasse bestanden und lediglich eine Rechnung verlangt, um die Investition für ihre Geschäftsräume von der Steuer absetzen zu können.

Ungeduldig brannte David darauf, möglichst bald mit der Arbeit an den Bildern zu beginnen, aber erst drei Tage später fand er wieder Zeit, nach Kaiserswerth zu fahren. In manchen Wochen war seine Auftragslage mehr als turbulent. Zunächst hatte ihn Albert aufgesucht, der wie üblich nach einer Sitzung der christdemokratischen Landtagsfraktion um zehn Uhr abends ankam und bis nach Mitternacht blieb. Am nächsten Tag hatte David eine schrill aufgetakelte Russin empfangen, deren Milliardärsgatte es aufgrund seiner eigenen Impotenz tolerierte, dass sie sich anderweitig vergnügte. Sie radebrechte ein schauderhaftes Englisch, war aber leicht zufrieden zu stellen. Abends bat ihn Ute, eine sechzigjährige Witwe und Chefin eines mittelständischen Betriebes in der Textilbranche, in ihre Villa am Rand von Krefeld. Sie buchte ihn in unregelmäßigen Abständen, aber wenn sie sich trafen, fiel sie mit einem alles verzehrenden Heißhunger über ihn her. Auch am darauf folgenden Tag hatte er wieder zwei Termine, einen transsexuellen Israeli aus der Familie eines stinkreichen Knesset-Mitglieds und eine amerikanische Bierbrauergattin. Als er endlich einen freien Tag vor sich sah, fühlte er sich ausgelaugt.

In Kaiserswerth angekommen, las er ein weiteres Kapitel in seinem Buch, dieses Mal über prophylaktische Medikation bei der Massentierhaltung. Schweinemastbetriebe, Fischfarmen und Geflügelzüchter fütterten tonnenweise Antibiotika, um Erkrankungen durch die beengte und alles andere als artgerechte Aufzucht zu verhindern. Das alles waren bekannte Fakten, doch hier in derart geballtem Kontext damit konfrontiert zu werden, setzte ihm mehr zu, als ihm lieb war. David spürte Übelkeit in sich aufsteigen. Irgendwann konnte er nicht mehr weiterlesen, weil die negative Information ihn nahezu erschlug. Auch die Lust mit dem Malen zu beginnen, war ihm vergangen.

In den Fernsehnachrichten am Abend war immer noch der Skandal um BioMondo das alles beherrschende Thema. Sensibilisiert durch seine eben beendete Lektüre schaute David einen kurzen Bericht, in dem ein Sprecher des Justizministeriums weiterführende Untersuchungen ankündigte. Die Biomarktkette war Teil eines weitverzweigten Firmenimperiums, und es bestand der Verdacht, dass die fatalen und letztlich kriminellen Entscheidungen nicht im hauseigenen Management beschlossen worden waren, sondern ihren Ursprung an der Spitze des Mutterkonzerns hatten. Das jedenfalls hatte Harald Dalbeck, der Vorstandsvorsitzende von BioMondo, gegenüber den Medien mehr angedeutet als ausgesprochen. David vermutete, dass dahinter die feige Taktik stand, sich aus der Verantwortung zu stehlen. Die verlebte Visage Dalbecks, die ihn entfernt an eine giftige Echse erinnerte, war kaum vertrauenerweckend.

Anhand einer Graphik, die Ähnlichkeit mit einem Familienstammbaum hatte, zeigte der allem Anschein nach gründlich recherchierte Bericht die mannigfaltigen Verflechtungen von BioMondo auf. Gegen Ende wurde enthüllt, dass eine Aktienmehrheit von einundfünfzig

Prozent, deren Wert mit eineinhalb Milliarden Euro beziffert wurde, sich im Besitz des Kosmetikriesen Immacula befand. Dann blendete das Fernsehbild die Mehrheitseignerin von Immacula ein, eine atemberaubend schöne Frau mit goldblondem, schulterlangem Haar und unergründlich blauen Augen. Die Kamera hatte sie eingefangen, wie sie soeben aus dem Fond ihres Rolls Royce stieg und elegant dem Wald auf sie gerichteter Mikrofone auswich. Dem strahlenden Licht der Scheinwerfer dagegen vermochte sie nicht zu entkommen. Ein mystischer Glanz spiegelte sich auf ihrem Haar, ein Widerschein, der ihr fast die Aura einer vom Martyrium geläuterten Heiligen verlieh, wie auf einer der geheimnisvollen Ikonen alter russischer Meister und ganz wie damals in der gleißenden Abendsonne von Bottighofen.

David schaute auf den Bildschirm und hielt den Atem an. Die Frau, ihres Zeichens sowohl Mehrheitseignerin von Immacula wie auch von BioMondo, die aufgrund der vehement angedeuteten Verwicklungen in diesen handfesten Umweltskandal mehr im Fokus medialen Interesses stand als je zuvor, war niemand anders als Dorothea.

9

Der Detektiv

Früh am übernächsten Morgen rief Slobodan an und teilte ihm mit, in zwei Stunden hätten sie einen Termin. Der Abgleich des heimlichen, die beiden Kameras installierenden Eindringlings mit der Straftäterdatei der Kripo hätte kein Ergebnis gebracht, aber ein Kollege seines Verbindungsmannes hatte ihn beim zufälligen Blick auf den Computermonitor erkannt. Es handelte sich um den Inhaber einer kleinen Detektei in Bilk. Daraufhin hatte Slobodan nicht gezögert, ihn telefonisch zu kontaktieren und um einen Termin zwecks eines angeblichen Überwachungsauftrages gebeten.

David hatte lange überlegt, aus welchem Grund ihn jemand ausspionieren könnte. Im ersten Moment dachte er an Amateurfilmchen, die dann auf Pornokanälen im Internet landeten, verwarf diese Idee bald jedoch wieder. Weitaus wahrscheinlicher erschien ihm die Vermutung, diese in gewisser Weise doch kuriose Aktion hatte nicht ihm, sondern einem seiner Stammkunden gegolten, vielleicht in der Absicht eine Erpressung vorzubereiten. Laufkundschaft kam als Ziel eher nicht infrage, weil sie seine Dienste meist nur einmalig in Anspruch nahm und kaum vorhersehbar im Penthouse zu beobachten war. Aber, wenn diese Vermutung zutraf, welcher seiner Stammkunden stand im Visier von wem? Albert vielleicht, der verheiratete Politiker und Erzkatholik, oder Dorothea, ebenfalls verheiratet, First Lady der Düsseldorfer *High Society* und mächtige Konzernchefin? Beide hätten viel an Reputation zu verlieren, wenn in der Öffentlichkeit ruchbar würde, dass sie die Dienste eines Callboys in Anspruch nahmen. David konnte sich eines Unbehagens über solch heimliche Bespitzelung nicht erwehren, selbst wenn sie nicht unmittelbar seiner Person galt. Ein morgens früh um 6.10 Uhr in sein Penthouse eindringender Besucher musste unbedingt Kenntnis davon besitzen, dass sich zu diesem Zeitpunkt niemand dort befand, und setzte eine bislang unbemerkt gebliebene, umfassende Überwachung voraus.

Von der Befragung des Detektivs erhoffte David sich eher wenig oder gar keine Aufklärung, denn der würde seinen Auftraggeber kaum preisgeben, aber er holte, von Kaiserswerth kommend, Slobodan in der Inselstraße ab, und gemeinsam fuhren sie zu einem wenig gepflegten und von einer mickrigen Birke bewachsenen Hinterhof im Stadtteil Bilk.

David parkte den Maserati vor einem schuppenähnlichen Anbau an der Rückfront einer Mietskaserne. Über der Eingangstür war ein verwittertes Schild angebracht, auf dem stand: *Pit Dietrich – Detektei.* David dachte, welch ein passender Name für einen, der in fremde Wohnungen eindrang. Es war Dietrich selbst, der ihnen die Tür öffnete und sie hereinbat, und David erkannte auf den ersten Blick den Mann, den die Überwachungskamera in der Tiefgarage festgehalten hatte. Der jedoch verriet durch keinerlei Anzeichen, dass er umgekehrt auch David erkannte. Entweder hatte sich Dietrich zu sehr in der Gewalt, um sich zu verraten oder er hatte selbst zwei Tage nach der Installation noch keine Gelegenheit gefunden, mit der Überwachung zu beginnen und damit auch die rechtzeitige Entfernung der Kameras vor der Inbetriebnahme nicht entdeckt. Dietrich war um die Fünfzig, untersetzt, mit kurzem braunem Haar, und seine graue Haut verriet den Nikotinabhängigen. Er trug Jeans, die länger keine Waschmaschine gesehen hatten, ein Hemd mit aufgekrempelten Ärmeln und Joggingschuhe mit schmutzig weißen Sohlen, alles in allem kein vertrauenerweckender Eindruck. An der dem Fenster gegenüber liegenden Wand hing ein großer, gerahmter Druck, eine Kopie von Pieter Bruegels Bild *Der Turmbau zu Babel.*

Als sie, getrennt durch seinen Schreibtisch, vor ihm Platz genommen hatten, erkundigte sich der Detektiv:

- Womit kann ich dienen? Sie sagten am Telefon, es ging um einen Überwachungsauftrag.
- Das ist richtig, es handelt sich dabei um die Überwachungskameras, die Sie in der Klimaanlage meines Mieters angebracht haben, antwortete Slobodan und deutete auf David.
- Ich verstehe nicht, sagte Dietrich mit allen Anzeichen einer plötzlichen Verunsicherung.
- Ich mache mich Ihnen sofort verständlich. Es geht um das unberechtigte Eindringen in eine fremde Wohnung, ein Straftatbestand, der allgemein als

Hausfriedensbruch bezeichnet wird. Mein überaus fantasievoller Anwalt findet bestimmt noch weitere Dinge, für die ich Sie vor Gericht belangen kann.

- Wie kommen Sie darauf, dass ich das getan habe? fragte der Detektiv.
- Nun, wer Überwachungskameras anbringt, sollte tunlichst vermeiden, sich dabei von Überwachungskameras filmen zu lassen, sonst hält man ihn für einen Stümper, gab Slobodan seinem Gegenüber zu verstehen und musterte ihn mit eisigem Blick.
- Gesetzt den Fall, Ihre Vorwürfe treffen zu, was verschafft mir dann die Ehre Ihres Besuches? Sie hätten doch dieses angebliche Delikt gleich zur Anzeige bringen können, sagte Dietrich mit lauerndem Blick.
- Nun, wir wollen natürlich von Ihnen wissen, wer Sie damit beauftragt hat, Herrn Beckett auszuspionieren. Diese Information würde mich möglicherweise von juristischen Konsequenzen Ihnen gegenüber abhalten, sagte Slobodan mit Nachdruck.

Pit Dietrich hatte sich inzwischen gefangen. Sein Instinkt flüsterte ihm ein, hier drohte ihm keine unmittelbare Gefahr.

- Selbst wenn ich meinen Auftraggeber benennen könnte, würde ich das selbstverständlich nicht tun, denn die Kunden verlassen sich bei meiner Arbeit auf absolute Diskretion. Aber in diesem Fall kenne ich ihn gar nicht. Der Auftrag wurde mir telefonisch erteilt, mit nicht angezeigter Nummer. Kurz darauf erhielt ich per Kurier einen Briefumschlag mit Details und einer Anzahlung. Sie sehen, ich kooperiere ganz freiwillig. Vielleicht sind Sie dann auch so freundlich, die beiden Kameras zurückzugeben.

- So freundlich bin ich keineswegs. Die Kameras werden als Beweisstücke sicher verwahrt, ebenso wie das Video, das Sie unbefugt in meinem Haus zeigt.

David hatte das Gespräch schweigend verfolgt. Er bewunderte Slobodans Souveränität im Umgang mit dem aalglatten Detektiv, doch wie erwartet blieb ihr Besuch letztlich ohne Ergebnis. Den Auftraggeber der Überwachung hatten sie nicht ermitteln können. Sie erhoben sich, doch bevor sie gingen, gab Slobodan dem Detektiv in aller Deutlichkeit zu verstehen:

- Ich untersage Ihnen hiermit, mit Herrn Beckett als Zeugen, jemals wieder mein Haus zu betreten. Sollten Sie dieses Verbot missachten, werde ich unverzüglich Maßnahmen einleiten. Ich hoffe, ich habe mich unmissverständlich ausgedrückt.

Auf der Rückfahrt diskutierten sie die Eventualitäten. David äußerte seinen Verdacht, die gescheiterte Überwachung hatte nicht ihm, sondern einem seiner prominenten Stammkunden gegolten, welcher sich möglicherweise durch den moralisch fragwürdigen Kontakt mit einem Callboy erpressbar machte. Slobodan stimmte zu und vertrat die Ansicht, dass Pit Dietrich keinen weiteren Einbruchsversuch unternehmen würde. Zudem war David gewarnt und konnte Vorsichtsmaßnahmen treffen. Letztlich aber verliefen sich, solange sie keinerlei Anhaltspunkte über den mysteriösen Auftraggeber und seine Absicht hatten, all ihre Mutmaßungen in blanker Spekulation.

Im Penthouse war Imelda soeben fertig mit ihrem täglichen Pensum und schickte sich an zu gehen. David gab ihr den Lohn für die letzte Woche. Sie bedankte sich artig und fragte dann nicht ohne Missbilligung:

- Dieser neue Schinken da an der Wand, soll der da hängen bleiben?
- Sie mögen das Bild nicht? fragte David.
- Es ist wüst, und ich halte es nicht für gottgefällig, sagte die streng katholische Imelda mit unverhohlener Abscheu.
- Ich glaube, Gott in seiner unendlichen Weisheit enthält sich jeglichen Geschmacksurteils. Er ist absolut neutral und überantwortet uns der Freiheit, auch der, streitbare Bilder zu malen, antwortete David lächelnd.

Immer noch kopfschüttelnd fuhr Imelda hinab. In das leise Surren des Aufzuges hinein läutete sein Telefon. Es war Julian, der sich eine Weile nicht gemeldet hatte. Die

Sorge um Hannahs Gesundheit trieb ihn, dem Bruder sein Herz auszuschütten. Aufgelöst in Tränen berichtete er von Metastasen, die eine Magnetresonanztomographie angezeigt hatte. Sie sprachen eine halbe Stunde, während der Julian immer wieder in Schluchzen ausbrach. David fühlte sich hilflos. Es drängte ihn, etwas für Julian und Hannah zu tun, doch abermals konnte er sich nur seine Ohnmacht eingestehen.

Nachmittags fuhr er zurück nach Kaiserswerth. Spontan beschloss er, am Rheinufer eine Runde zu joggen. Er zog Sportkleidung an, machte sich auf den Weg zum Fluss und lief einfach los. In seinem Kopf herrschte chaotische Fülle. Der Auftrag Theresas über elf Bilder, Julians Verzweiflung angesichts von Hannahs Krebsleiden, der Skandal um BioMondo und Dorotheas mögliche Verwicklung darin, der Versuch des Detektivs, im Penthouse Überwachungskameras anzubringen, das alles rotierte unentwegt durch seine Gedanken, ohne dass er sich über irgendetwas davon Klarheit verschafft hätte.

Er lief an den Rheinauen entlang bis Wittlar, drehte dann um und kehrte zurück. Die Weiden säumten majestätisch seinen Weg. Möwen kreischten gierig über dem Ufer, wo der Fluss mit leisem Rauschen über die Kiesel glitt. Weit hinten in der Ferne am Niederrhein kündigte sich ein Sommergewitter an. Nichts war geklärt, alle Fragen blieben offen, aber David fühlte, wie sein Kopf vom Laufen frei geworden war.

10

Ein schmutziges Angebot

Wie immer zur *happy hour* herrschte im *Hooker's* geschäftiges Treiben. Tagsüber versammelten sich hier die eher erschwinglichen Damen und Herren, deren Kundschaft sich vorwiegend aus gelangweilten Mittelstandsgattinnen oder weniger gutsituierten Rentnern zusammensetzte. Ab dem späten Nachmittag aber tauchten regelmäßig die Callgirls der obersten Liga auf, was im Gegenzug ebenso die finanzstarke Klientel anlockte. Der Geräuschpegel war hoch, die aus den Lautsprechern erklingende, dezente Klaviermusik kaum zu hören. Es duftete nach frischem Apfelstrudel, der als Spezialität des Hauses galt. In der Mitte des Raumes stand ein großer Büffetwagen mit Glashaube, auf dem ein großer Strudel neben einem beheizten Kupferkessel mit dampfender Vanillesauce lag.

Als David sich durch das Gedränge vor der Bar seinen Weg zu einem der letzten freien Tische bahnte, fiel sein Blick im Vorbeigehen auf einen Mann, der soeben sein Mobiltelefon hob und den Code zum Entriegeln auf das Display tippte. Er saß mit dem Rücken zu David und gab für ihn deutlich sichtbar die Nummern 1-9-1-1 ein. Dann scrollte er durch den Eingang seiner Nachrichten, bevor er das Gerät ungehalten zurück auf den Tisch legte. David fiel noch seine nervöse Anspannung auf, doch im gleichen

Moment nahm eine der hier arbeitenden Kellnerinnen, die ihm freundlich zuwinkte, seine Aufmerksamkeit in Beschlag. Er winkte zurück und steuerte auf einen Fenstertisch zu, der soeben frei wurde.

Josy, die Kellnerin, kam herbei, begrüßte ihn freundlich und fragte nach seinen Wünschen. David bestellte einen Gin Tonic, einer weiteren Spezialität des *Hooker's*, denn der Inhaber ließ in einer der führenden Destillerien Englands seinen hauseigenen Gin brennen. Josy brachte den Drink und ein Schälchen gesalzener Erdnüsse. David nahm einen Schluck und schaute sich um. Viele der Besucher waren Stammgäste, Freier und meist weibliche Prostituierte, aber auch sensationslüsternes Publikum verkehrte hier, das aufgrund des anrüchigen Rufes der Bar neugierig und wenig diskret die Örtlichkeit erkundete.

Drei Tische weiter, ihm fast gegenüber, saß der Mann, der immer wieder ungeduldig auf sein Mobiltelefon guckte. David schätzte sein Alter auf Mitte Fünfzig, und dennoch wies er alle Merkmale eines *digital junkies* auf. Er hatte dunkel gefärbtes, gewelltes und mit Haarlack oder Pomade nach hinten gekämmtes Haar über einer hohen Stirn, aufgeplusterte Hamsterbacken und kalte graue Augen. David beschlich das unbestimmte und keineswegs angenehme Gefühl ihn zu kennen, doch er konnte sich nicht erinnern woher. Die Ausstrahlung des Mannes stieß ihn unwillkürlich ab, und er hoffte sehr, dass er nicht hier war, um seine Dienste zu suchen.

David tat, was anscheinend alle hier taten: er blickte auf sein Mobiltelefon und steckte es dann wieder ein. Als er aufschaute, bemerkte er, wie der Mann ihn mit seinen grauen Augen fixierte. Sein offensichtliches Interesse war ihm unangenehm, und David schaute demonstrativ weg. Wenig später stand der Mann auf und kam auf ihn zu.

- Sie sind David, nicht wahr? fragte er und griff dreist nach einem Stuhl.
- Und Sie sind bitte wer? fragte David zurück, mit jedem Wort Ablehnung signalisierend.
- Mein Name tut nichts zur Sache. Ich bin hier, um Ihnen ein für Sie lukratives Geschäft vorzuschlagen, sagte der Mann und setzte sich ohne Umschweife ihm gegenüber an den Tisch.

Wenn er sprach, entblößte er seinen Oberkiefer und zeigte eine schnurgerade Reihe perlweißer Kronen. Um einen Eckzahn wand sich ein goldener Draht, was seinem einem Reptil entlehnten Lächeln einen exotischen Anstrich gab. David schaute ihn herausfordernd an und wartete.

- Ich wäre bereit, Ihnen eine angemessene Summe für eine kleine Gefälligkeit zu zahlen, fuhr der Mann fort.
- Über welche Summe reden wir hier, und welcher Art würde die Gefälligkeit sein? fragte David kalt.
- Nun, ich denke so zwanzigtausend Euro säßen für Sie drin, und Sie müssten nicht einmal etwas dafür tun, jedenfalls keine Ihrer üblichen Dienstleistungen, sagte der Mann mit herablassender Süffisanz.

- Kommen Sie auf den Punkt, insistierte David.
- Alles was ich von Ihnen verlange, ist Ihr Einverständnis, in Ihrer Wohnung ein, zwei Kameras zu installieren, lächelte der Mann kalt, dass David sich an einen Waran erinnert fühlte.

Er begriff auf der Stelle. Das musste der ominöse Auftraggeber Pit Dietrichs sein, und er hatte die Stirn, sich ihm hier und jetzt ganz schamlos erkennen zu geben. Bevor er antworten konnte, klingelte das vor dem Mann auf dem Tisch liegende Mobiltelefon. Er schien voller Ungeduld auf den Anruf gewartet zu haben, denn er nahm das Gespräch unverzüglich entgegen.

- Haben Sie die Order ausgeführt? blaffte er seinen Anrufer an.

David hörte gebannt zu. Er verstand den Gesprächspartner nicht, doch den Dialog in Gedanken zu vervollständigen fiel ihm nicht schwer. Der Mann bellte immer noch erregt in das Telefon:

- Ich habe Ihnen klare Anweisung zum Kauf gegeben, sobald der Kurs unter Zweiunddreißig fällt. Das ist laut Echtzeitkurs um exakt 16.34 Uhr geschehen. Warum also erreicht mich Ihr Anruf erst jetzt kurz vor Börsenschluss? Kaufen Sie sofort, verstehen Sie: SOFORT! Ihre Einschätzung mittelfristiger Performance interessiert mich einen Scheißdreck! Ich weiß genau, was ich tue. Kaufen Sie heute noch! Sechzig Millionen, genau! Ich erwartete die Bestätigung!

Er legte das Telefon wieder vor sich hin und schaute zu David, als erwarte er Bewunderung für seine eben getätigte, kaltschnäuzige Millioneninvestition.

- Wo waren wir? fragte er unwirsch.
- Sie wollten in meiner Wohnung Kameras anbringen, etwas, das schon Ihr tollpatschiger Handlanger vergeblich versucht hat, antwortete David lachend.
- Ja, ich hörte von Dietrich, dass er sich ein wenig ungeschickt angestellt hat. Und: sind Sie interessiert?
- Natürlich verraten Sie mir um keinen Preis die dahinter stehende Absicht, vermutete David.
- In Ihrem üppigen Honorar ist Neugier nicht einbegriffen. Ich kann nur so viel sagen, es geht nicht um Sie.
- Das war mir schon klar. Aber um wen geht es dann bitte? fragte David.

Ein weiteres Mal erfuhr ihr Gespräch eine unverhoffte Unterbrechung, denn in diesem Moment betrat eine Frau das *Hooker's*, die ausnahmslos alle Blicke magnetisch auf sich zog. Eine endlos lange Sekunde herrschte Schweigen, bevor der allgemeine Lärm wieder anhob. Die Frau war jung, vielleicht Mitte Zwanzig, und von geradezu überirdischer Schönheit. Sie trug ein enganliegendes, burgunderfarbenes Kleid aus matter Wildseide, das bis über die Knie reichte und ihre makellose Figur betonte, die schmalen Hüften, die schwebenden Brüste, die langen

Beine. Ihr schwarzes Haar fiel in großen Locken bis weit über die Schultern hinab, und ihre Samthaut hatte den Ton von Sahnenougat. Das dezente Make-up unterstrich die ätherische Anziehungskraft, die bei jedem ihrer Schritte um sie ging. Nichts an ihr war aufgesetzt oder künstlich, sie verströmte eine natürliche Anmut, die einen jeden Betrachter unweigerlich in Bann schlug. David kannte sie, wie die meisten hier. Ihr Name war Estelle, halb Brasilianerin, halb Französin, und sie galt als die unbestrittene Königin der hiesigen Edelnutten, das weibliche Pendant zu David. Gerüchten zufolge lag ihr Satz bei fünftausend Euro. Für ein Rendezvous, nicht für eine Nacht.

Estelle schritt, perfekte Verkörperung von Grazie, mit ihrem wogenden Gang durch das Lokal und nahm Platz am letzten freien Tisch. Mit dem Moment ihrer Ankunft schien der David gegenüber sitzende Mann ihn gänzlich vergessen zu haben. Er widmete seine ganze Aufmerksamkeit ausschließlich ihr. Mit flackerndem Blick musterte er sie, kaum verhohlene Begierde auf seinem Reptiliengesicht. Dann stand er abrupt auf und ging hinüber zu ihr. Sein Telefon ließ er auf dem Tisch liegen.

David fackelte nicht lange, sondern griff zu. Den vorhin erspähten Code einzugeben und seine eigene Nummer zu wählen, war eine Sache von kaum zehn Sekunden. Der Mann sprach soeben Estelle an und drehte ihm den Rücken zu. David wartete, bis das Display seines Telefons die Nummer anzeigte und beendete den Anruf. Das kurze

Klingeln ging im allmeinen Geräuschpegel unter. Dann rief er das Menü des anderen Telefons auf und löschte die gewählte Rufnummer. Erleichert wurde sein Tun, weil das Gerät des Mannes das gleiche amerikanische Fabrikat war, welches er selbst benutzte. Über die Mobilfunknummer würde es ein Kinderspiel sein, die Identität des Mannes zu ermitteln. Während er das Telefon zurück auf den Tisch legte und sah, wie das Display sich verdunkelte, bemerkte er noch, wie Estelle den Kopf verneinend schüttelte und der Mann verärgert zurück auf ihn zusteuerte.

- Die Schlampe meint auch, sie wäre was Besonderes, schnaubte er wütend.
- Die *Schlampe*, wie Sie sie belieben zu nennen, *ist* etwas ganz Besonderes. In ihrem Metier ist sie ohne jede Konkurrenz, und sie kann sich erlauben, ihre Kunden zu wählen, sagte David.
- Diese billige Nutte hat es einfach abgelehnt, sich von mir ficken zu lassen, beschwerte sich der Mann, die Wangen von dieser Demütigung übersät mit hektischen roten Flecken.
- Billig wäre wohl der falsche Begriff für Estelle. Obendrein vergessen Sie, dass beim Abwickeln eines Warentransfers das Einverständnis sowohl des Verkäufers wie auch des Käufers vorausgesetzt wird. Dasselbe gilt im Übrigen auch für meine Einwilligung in Ihre Bespitzelungsaktion. Selbst wenn ich wüsste, wem genau sie gelten sollte, wäre ich kaum so dumm, mein auf Diskretion gebautes

Geschäft für läppische zwanzigtausend Euro zu ruinieren, sagte David mit unerschütterlicher Ruhe.

- Das heißt, Sie weigern sich? fragte der Mann.
- In der Tat ja. Und jetzt entschuldigen Sie mich, ich betrachte dieses Gespräch als beendet, sagte David, steckte der vorüber gehenden Josy einen Geldschein zu und überließ den Mann sich selbst und seiner kochenden Wut.

Im Hinausgehen begrüßte er, einen Augenblick an ihrem Tisch verweilend, Estelle. Sie kannten sich und schätzten einander ohne Neid, denn sie nahmen sich keine Kunden weg. David fragte sie leise, ob sie den Mann kannte, der noch an seinem Tisch saß, und Estelle erwiderte, sie wüsste wenig über ihn. Einmal wäre er bei ihr gewesen und hätte sich als Harry vorgestellt, aber er sei ein übler Freak, der Dinge verlangt hatte, welche sie auch gegen Bezahlung verweigerte. Daher lehnte sie es ab, ihn nochmals zu empfangen.

Es kostete Slobodan einen Anruf bei seinem Verbindungsmann, dann erfuhr David von ihm den Namen des Teilnehmers, auf den die Nummer eingetragen war. Nun fiel ihm auch wieder ein, warum der Mann mit dem Reptilienlachen ihm bekannt vorgekommen war: er hatte ihn vor kurzem in dem Fernsehinterview zum europaweit Wellen schlagenden Bio-Skandal gesehen. Der Mann, der ihn im *Hooker's* angesprochen und zuvor Pit Dietrich mit der Installation von Kameras im Penthouse beauftragte hatte, war Harald Dalbeck, der Vorstands-vorsitzende von BioMondo.

11

Viola

An den Universitäten des Landes standen in Kürze die Semesterferien bevor. Privatdozent Julian Beckett hatte aus persönlichen Gründen beim Dekanat der Konstanzer Hochschule seinen Urlaubsantritt zwei Wochen früher beantragt und nach der offiziellen Bewilligung seine Vorlesungen und Seminare für den Sommer beendet. Jetzt schmiedete er nicht ganz freiwillig Pläne für die freie Zeit und fragte bei David an, ob er auf seinen und Hannahs Besuch eingerichtet wäre. Lisa würde die Zeit ihrer Abwesenheit bei Hannahs Mutter auf einem Bauernhof in der Nähe von Rorschach verbringen. David freute sich sehr und sagte auf der Stelle zu.

Sie fuhren mit Hannahs dreisitzigem Mercedes Sprinter. Hinten im Laderaum befanden sich Kleiderständer, die voller Garderobe hingen. Für Hannah war der eigens für ihren Job als Stylistin umgebaute Wagen unverzichtbar, denn sie musste bei Film- und Fotoproduktionen oft die komplette Ausstattung für Schauspieler und Modelle stellen. Auf der Fahrt nach Düsseldorf hatte sie noch einen Tag in Frankfurt bei einem Werbefilm für eine Bausparkasse mitgearbeitet und für diesen Auftrag den Transporter voll beladen. Als eines der männlichen Fotomodelle kurzfristig ausgefallen war, hatte die Werbeagentur in akuter Bedrängnis spontan Julian gefragt, ob er einspringen könnte, und geschmeichelt von diesem unverhofften Angebot hatte er sich sofort einverstanden erklärt. Er schien überaus gespannt, sich demnächst in der Fernsehwerbung zu sehen.

David war glücklich, seinen Bruder und dessen Frau hier in Kaiserswerth bei sich zu haben. Aber ihr Besuch hatte noch einen anderen, weit weniger erfreulichen Grund. Hannah wollte sich gleich morgen zur Krebsbehandlung in ein Sanatorium am unteren Niederrhein begeben, welches eine ganzheitliche Alternativmethode praktizierte. Die ihr von allen Ärzten angeratene Chemotherapie lehnte sie kategorisch ab, eine solch radikale Maßnahme passte nicht in ihr Weltbild. Im Gegensatz zu Julian sprühte sie vor Optimismus. David dachte trotz seiner Skepsis gegenüber dem esoterisch angehauchten Ansatz, dass eine positive Grundeinstellung eine gute Voraussetzung für eine mögliche Heilung war. Er fragte Hannah, wie genau ihr Aufenthalt verlaufen würde. Sie wusste keine Details, erklärte aber, dass die Krankheit dort als eine des Körpers wie gleichermaßen der Seele verstanden wurde und daher die Therapie auf das Ziel einer harmonischen Balance zwischen beiden gerichtet war.

- Du wirst doch keine Bäume umarmen müssen, scherzte Julian, doch David merkte ihm die verborgene Anspannung an.
- Wenn es hilft, werde ich es tun, sagte Hannah lächelnd.

Früh am nächsten Morgen brachen sie mit dem Sprinter auf. David hatte ihnen den Maserati angeboten, weil er die Fahrt darin für bequemer hielt, doch Julian deutete auf Hannahs zahlreiche Koffer und nahm den Transporter. Er wollte sie im Sanatorium absetzen, an der ersten Besprechung teilnehmen und dann zurückkehren. Sein Plan war es, während der auf drei Wochen angesetzten Zeit von Hannahs Aufenthalt im Sanatorium bei David zu bleiben, allein schon wegen der räumlichen Nähe zu ihr, falls dort seine Anwesenheit benötigt würde. David war es mehr als recht, denn er vermisste viel zu häufig ein geregeltes Familienleben. Für den Fall dass es zeitliche Überschneidungen mit Kundenbuchungen geben sollte, konnte er Julian getrost für ein paar Stunden allein lassen, denn sein Bruder war überaus eigenständig.

Nach der aufschlussreichen Begegnung mit Harald Dalbeck, dem Vorstandsvorsitzenden von BioMondo, war David sich absolut sicher, dass die von ihm ganz schamlos eingeräumte Bespitzelung keiner anderen als Dorothea, der Aufsichtsratsvorsitzenden des Mutterkonzerns, gelten konnte. Er musste sie unbedingt kontaktieren und über Dalbecks intrigante Bestrebungen informieren, damit sie, in welcher Form auch immer, schnellstens Gegenmaßnahmen ergreifen konnte.

Auch wollte er dringend wissen, mit wem genau er es zu tun hatte. David schaltete den Laptop ein und gab Dalbecks Namen in eine Suchmaschine ein. Seitenlange Verweise erschienen. Harald Dalbeck hatte Profile auf den

Seiten aller sozialen Medien. Links zu ungezählten Presseartikeln taten sich auf, das alles nichtssagend wie das Meiste, was im Netz veröffentlicht wurde. Ebenso gab es Videos seiner Fernsehauftritte, die zu betrachten eine Recherche kaum weiterbringen würden. Eher fündig wurde David auf der Webseite von BioMondo, wo der Vorstandsvorsitzende Dalbeck mit ausführlicher Vita, klangvollen Meriten und geschönten Fotos gewürdigt wurde. Und nach einigem Surfen fand er schließlich eine Seite, die sein Interesse mehr weckte als die offiziellen und vermutlich lancierten Informationen. Dort erfuhr David in einem sehr persönlichen Steckbrief, dass Harald Dalbeck seit Jahren verwitwet war, da seine manisch-depressive Frau tragischen Selbstmord begangen hatte, ferner war er stolzer -so stand es dort- Vater einer Tochter, hatte sein Studium an der Stanford University als Jahrgangsbester abgeschlossen und war nach seinem Examen von Ernst Berendonk, Dorotheas Ehemann, zum Immacula-Konzern gelotst worden, wo er schnell Karriere gemacht hatte, so dass man ihn bei der Markteinführung des Tochterunternehmens BioMondo gleich mit federführender Position beauftragte.

David fand in dem Gelesenen keinerlei Angriffspunkt, mit dem man Dalbeck hätte in die Enge treiben können. Er beschloss, es zunächst dabei bewenden zu lassen und sich bei nächster Gelegenheit mit Dorothea zu besprechen.

Am Nachmittag hatte David noch einen Termin im Penthouse wahrzunehmen. Gegen 17 Uhr hatte sich eine Touristin aus der Schweiz angesagt. Manchmal wunderte er sich, auf welch abenteuerlichen Wegen immer wieder neue Kunden auf ihn stießen. Sein Leumund lebte vor allem von Diskretion, und dennoch schien es, als mehrte Flüsterpropaganda unaufhaltsam seinen Ruhm und lockte Neugierige geradezu an. Er schaute auf die Uhr. Es war eine Stunde nach Mittag. Gestern waren die elf Leinwände für Theresas Bilder geliefert worden. Bis zu seinem Termin könnte er noch ein paar Stunden malen.

Auf seinem Mobiltelefon kündigte ein hell klingender Ton eine eingehende Textnachricht an. Dorothea schrieb:

Die Mutti ist momentan im medialen Fokus. Melde mich, sobald sich die Wogen geglättet haben.

David war überrascht, weil sie noch niemals per Textnachricht kommuniziert hatte, aber er vermutete, sie wollte jedes Risiko eines möglicherweise abgehörten Telefonats vermeiden. Er antwortete postwendend:

Glückliche Medien, die sich auf pure Schönheit fokussieren. Wenn ich irgendetwas tun kann, lass es mich wissen. Bis hoffentlich bald.

Mittags zog er sich in sein Atelier zurück und begann zu malen. Er stellte seinen iPod auf die Shuffle-Funktion und lauschte einer treibenden Musik, die ihn auf einer Woge der Euphorie mitriss und zu impulsiven Kühnheiten inspirierte. Von den stampfenden Beats geführt, verteilte er, Pinsel und Rolle im Rhythmus schwingend, Farbe auf drei der weißen Leinwände. Dann wieder kamen fast meditative Klänge aus den Boxen, bei denen er nach Möglichkeiten suchte, das soeben hervorgebrochene Wilde durch Strukturen und Komplementärfarben zu zähmen. Nach zwei Stunden hielt er ein, ausgebrannt und nicht im Gefühl, eines der angefangenen Bilder bereits vollendet zu sehen, aber auch mit dem vorläufigen Ergebnis war er durchaus zufrieden.

Julian war immer noch unterwegs. Er legte ihm einen Zettel auf den Esszimmertisch, dass er gegen 20 Uhr zurück wäre und sie zusammen ins italienische Restaurant um die Ecke gehen könnten. Dann fuhr er hinüber zum Penthouse.

Als sein 17-Uhr-Termin aus der sich öffnenden Aufzugtüre trat, hatte David ein von seiner inzwischen umfangreichen Erfahrung eingegebenes Gefühl, das würde keines der üblichen Treffen werden, und er sollte recht behalten. Zunächst war die Dame keine Touristin aus der Schweiz, sondern wohnhaft in Köln, wo sie ein Szenelokal für Lesben betrieb. Warum sie sich unter einer vorgeschobenen Identität bei ihm angemeldet hatte, verschwieg sie, aber David fand es auch nicht wichtig. Er sah nur ihre Augen, die ziellos im Raum kreisten und überall hinschauten, nur nicht auf ihn, als könnte sie sich bei ihm bereits durch Blicke mit einer virulenten Krankheit anstecken. Ihren Namen gab sie mit Viola an, und sie suchte keinen Sex, sondern einen Beichtvater und einen Voyeur.

Er schätzte ihr Alter auf höchstens fünfundzwanzig. Ihre Gestalt war massig, aber nicht unproportioniert. Die Haare trug sie fast zur Glatze gestutzt, was ihr das Aussehen eines Preisringers verlieh. Gekleidet war sie in Jeans und ein Polohemd mit langen Ärmeln. Ohne große Umstände ließ sie sich auf Davids Sofalandschaft fallen und stellte gleich klar:

- Ich wünsche auf keinen Fall Körperkontakt.
- Ich bin gewohnt, alle Wünsche meiner Kunden zu respektieren, antwortete David und konnte sich eines Anflugs von Neugier nicht erwehren, was da auf ihn zukäme.

Dann begann Viola zu erzählen, stockend, leise, manchmal schluchzend und mit immer wieder versagender Stimme. Noch bevor sie ihre erste Menstruation erlebte, hatte ihr Vater sie missbraucht. Sie war zwölf, als ihre Mutter sich einer Blinddarmoperation mit einwöchigem Krankenhausaufenthalt unterziehen musste, und ihr Vater sie zu sich ins Ehebett holte. Seitdem empfand sie glühenden Hass auf ihn, hatte quälende Alpträume und blutrünstige Gewaltfantasien, in welchen sie ihn verstümmelte und ihm alle erdenklichen Grausamkeiten zufügte.

Mit vierzehn wurde sie schwanger. Er fuhr mit ihr in eine diskrete Klinik in Holland und ließ das Kind wegmachen. Als ihre Mutter nicht mehr wegschauen konnte und drohte, mit Viola den Vater zu verlassen, prügelte er sie halbtot. Nicht lange darauf erhängte sie sich.

- Ich will, dass dieses perverse Dreckschwein verflucht ist für alle Zeit, schrie Viola plötzlich aus und begann sich auszuziehen.

David war konzentriert auf die ungewöhnliche Situation. Er verhielt sich still und vertraute auf seinen Instinkt, der ihm einflüstern würde, wenn Handeln gefragt war. Fast gehemmt entkleidete Viola sich, als wäre Nacktheit eine Sünde. Fassungslos schaute er auf ihren Leib, der unter der Kleidung überall tätowiert war. Das stumpfe Blau der Körpertinte bedeckte jeden Quadratzentimeter ihrer Haut vom Hals bis zu den Handgelenken und Fußknöcheln. Dämonische Fratzen, wilde Ornamente und germanische Runen, die Parolen wie *DEATH, KILL* oder *PAIN* verkündeten, sprangen den Betrachter an in verstörenden Bildern, und über ihren Brüsten stand bogenförmig eingeätzt *Ich bin die Hure Babylon.* Nichts von dem ließ sich erahnen, solange sie bekleidet war, ebenso wie die Piercings in Brustwarzen, Nabel und Schamlippen. Viola trug bewusste Entstellung wie einen Schutzschild vor sich her.

- Ich wollte eine neue Haut, eine andere als die, welche das Schwein jede Nacht berührt hat, wimmerte sie.

David sagte nichts, saß nur da und schaute sie an, wie sie die Beine spreizte und sich befingerte. Um keinen Preis wollte er sich seine Bestürzung anmerken lassen. Eine absonderliche Vermutung beschlich ihn, dass ihre erogenen Zonen gepierct waren als Symbol von Schmerz, der pervertierten Lust.

Dann war es auf einen Schlag vorbei. Geschüttelt von Krämpfen, Folge eher eines fast spastischen Anfalls als die eines Höhepunktes, stöhnte Viola mit angstverzerrter Grimasse und Schaum vor dem Mund:

- Geh weg, Papi! Geh weg! Ich will nicht, nein, bitte nicht!

Es endete mit ihrem überstürzten Aufbruch. In panischer Hast zog sie ihre Kleider an, warf einige zerknüllte Geldscheine auf das Sofa und trat, von plötzlicher Scham überwältigt, die Flucht zum Aufzug an. Als sie aus dem Penthouse abwärts fuhr, atmete David tief durch. Im Verlauf seiner bald sieben Berufsjahre hatte er in viele Abgründe geschaut, doch wie niemals zuvor hatte ihm Violas Auftritt das Blut in den Adern gefrieren lassen. Ernüchtert dachte er, ich werde allmählich zu alt für diesen Job.

David fragte sich im Nachhinein, was eine junge und allem Anschein nach lesbische Frau wie Viola bewogen hatte, einen Termin bei ihm zu buchen. Es war ihm durchaus klar, dass dieses Treffen vorrangig der Bewältigung ihrer zerstörten Beziehung zum eigenen Vater gedient hatte. Vielleicht verspürte sie in den Abgründen ihrer zutiefst gemarterten Seele so etwas wie Genugtuung oder gar Rache an ihrem Peiniger, wenn sie sich einen Mann kaufte, dem sie verbot sie zu berühren. Aber er bezweifelte stark, dass ihre schmerzhaften Wunden jemals heilen würden.

Obwohl er sie nicht angefasst hatte, verspürte er die dringende Notwendigkeit zu duschen. Danach fuhr er zurück nach Kaiserwerth, ohne dass er seinen inneren Aufruhr besänftigen konnte. Julian war immer noch nicht da. David hatte die Lust auf einen Besuch beim Italiener verloren. Er wollte lieber hier bleiben, vielleicht etwas kochen.

Lange saß er im Halbdunkel ohne Licht. Er dachte an Rashid und Mr. Priestley, zwei mit ihrem düsteren Schicksal geschlagene Geschöpfe, der eine vor den Augen der Welt ein geachteter Milliardär, ein berühmter Filmstar der andere. Mit all seinem Reichtum, seinem scharfen Intellekt und seinem integeren Charakter war der Prinz zutiefst zu bedauern, denn seine verhängnisvolle Physis würde ihm niemals gestatten, die Freuden der körperlichen Liebe zu erfahren. Und welch einem kläglichen Fetisch huldigte der von allen bewunderte Hollywoodstar, der sich kostümiert als Kammerzofe von einem menschlichen Dobermann bespringen ließ!

Oft war David von Kunden gebucht worden, deren Vorlieben die Grenzen des Perversen überschritten. Mit Blick auf das Geld hatte er niemals eine noch so seltsam anmutende Dienstleistung verweigert, obwohl er bei manchen seiner Termine Lachen, Mitleid oder Ekel konsequent beiseiteschieben musste, um professionelle Arbeit abzuliefern.

Ihm kamen einige seiner kuriosesten Auftraggeber in den Sinn, die Baronesse Krystelle von Landscheidt-Krall zum Beispiel, eine einstmals berühmte Muse für alle großen Pariser Couturiers, die im Alter von sechzig Jahren von Rheuma und unheilbarer Tristesse befallen wurde und nunmehr die Tage auf ihrem Bett im Familienschloss bei Opladen verbrachte, umgeben von einer Armee von auf Zierkissen thronenden Stoffhasen, mit denen sie ausschließlich französisch parlierte. Sie war auf liebenswerte Weise gaga, zudem eine überzeugte Feministin und bestand aus diesem Grund darauf, dass alle ihre Stofftiere Häsinnen waren. Von David verlangte sie niemals Sex und wollte lediglich mit ihm Hasenfamilie spielen.

Dann gab es da Erwin, Lottokönig und Frührentner, der David dafür bezahlte, dass er ihn im Maserati zu einer abgelegenen Chaussee fuhr und dort im Nirgendwo aussetzte. Bei dieser Gelegenheit war Erwin bekleidet mit einem hautengen, lilafarbenen Strampelanzug aus Samt, der bis auf Schlitze für Nase, Mund und Augen sogar sein Gesicht noch verhüllte. Er hatte sich zwei Pampelmusen in den Büstenhalter gesteckt und ließ sich an einen Baum am Rand der Landstraße fesseln. Nachdem David ihm aus einer eigens mitgebrachten Bibel den Psalm 137 vorgelesen hatte, schickte Erwin ihn fort und wartete, mitunter stundenlang, bei Wind und Wetter darauf, dass jemand vorbei kam und ihn von seinen Fesseln befreite oder ihm, was ihn maßlos erregte, gar Gewalt antat.

Ein anderer Fall war Gero von Weißenberg, Spross eines verarmten Geschlechtes von minderem Adel, dessen Familie sich das Schulgeld für ihn vom Mund abgespart hatte, um ihm ein Studium der Wirtschaftswissenschaften auf der Eliteuniversität von Oxford zu ermöglichen. Dort lernte er den Kronprinzen eines arabischen Emirates kennen und lieben. Die romantische Verbindung, gekrönt vom lukrativen Dienst als Wirtschaftsbotschafter für das Emirat, bescherte ihm ein Vermögen von Hunderten Millionen Dollars und endete erst, als der Emir seinen Sohn aufforderte zu heiraten, um als sein Erstgeborener die Dynastie zu sichern. Gero von Weißenberg hatte sich umgehend vom Kronprinzen getrennt. Er wollte ihn nicht mit dessen zwei frisch anvermählten Ehefrauen teilen. Seither trauerte er der großen Liebe nach und verprasste sein Geld mit gemieteten Liebhabern. David musste einem genauen Drehbuch zufolge sich in arabische Nationaltracht kleiden, um in der Rolle des Kronprinzen Weißenberg zu demütigen. Ohne diese kleine Farce fiel die Manneskraft seines Kunden zusammen wie ein Kartenhaus.

Die Baronesse, Erwin und auch Gero von Weißenberg gehörten zur Kategorie der verschrobenen, aber letztlich harmlosen Kunden, und manchmal hatte er ein schlechtes Gewissen, für seine läppischen Dienste mit derart unanständig hohen Summen entlohnt zu werden. Sie alle drei zählten zu den Menschen, die zur Erfüllung ihrer sexuellen Bedürfnisse auf absonderliche Tableaus angewiesen waren, ohne die sie nicht glücklich wurden, und er empfand beinah Mitleid mit diesen gebeutelten Kreaturen.

Mehr Disziplin erforderte es von David, wenn er Odette, einer nicht mehr ganz taufrischen Fabrikantenwitwe, die Windeln wechseln musste, um danach ihren runzeligen Flieharsch mit Babypuder zu bestäuben. Sie war durchaus nicht inkontinent, ergötzte sich aber an ihren Exkrementen und dem Ekel, den sie bei anderen erzeugte. Der faulige Gestank ihrer Ausscheidungen setzte sich jedes Mal lange in Davids Nasengängen fest, und die fünftausend Euro Honorar erschienen ihm für derartige Dienstleistungen durchaus angemessen.

Im Verlauf seiner Berufsjahre hatte er sämtliche Spielarten der Lust kennengelernt und dabei Männer und Frauen getroffen, die in den abenteuerlichsten Verkleidungen zu den frivolsten Tollheiten angestachelt wurden, die mit abstrusesten Vorlieben ihrem Leben ein Quäntchen mehr Erregung abzutrotzen suchten, die Hedonisten, die Fetischisten, die Verzweifelten, die Schamlosen und die Getriebenen. David hatte sie alle ohne Einwand bedient, hatte kassiert, geduscht und schnell vergessen.

Die Begegnung mit Viola aber war so ganz anders verlaufen als alle Begegnungen zuvor. Etwas war danach an seinem Inneren haften geblieben, etwas das sich unter der Dusche nicht entfernen ließ. Viola ließ ihn zum ersten Mal ernsthaft darüber nachdenken, dass er, wollte seine Seele keinen Schaden nehmen, in diesem Metier nicht dauerhaft tätig sein konnte.

12

Verwicklungen

Spät erst kam Julian zurück. David hatte versucht ihn anzurufen, als er den Klingelton im Gästezimmer vernahm und zu seinem Erstaunen dort Julians Handy und Navigationsgerät fand. Sein sonst immer so überaus organisierter Bruder hatte offensichtlich schlicht vergessen, beides auf seinem Weg in eine ihm gänzlich unbekannte Gegend mitzunehmen. David schrieb es der Sorge um Hannah zugute und wartete mit dem Essen auf ihn. Als er endlich eintraf, aßen sie eine schnell zubereitete Pasta, Linguine mit brauner Salbeibutter. Dazu tranken sie einen Traminer aus dem Friaul. Allem Anschein nach war dieser Tag auch an Julian nicht spurlos vorüber gegangen, denn er wirkte in sich gekehrt und schwieg lange. Schließlich erkundigte sich David, ob Hannah gut untergebracht war.

Sein Bruder nickte stoisch, aber dann brach es unvermittelt aus ihm hervor:

- Sie ist so voller Hoffnung, aber was mache ich nur, wenn ich sie verliere?
- Wenn sie Hoffnung hat, dann solltest du auch Hoffnung haben, sagte David.
- Und was soll dann aus Lisa werden? Sie braucht doch ihre Mutter.
- Du musst positiv denken, Bruderherz.

- Hannah ist auf einem Bauernhof aufgewachsen, inmitten intakter Natur. Natur, das war immer wie eine Religion für sie. Wir haben beide versucht, unser Leben selbst in der Stadt von Grund auf natürlich zu gestalten. Wir haben Essen, Kleidung, Kosmetik, einfach den ganzen täglichen Lebensbedarf ausschließlich aus zertifizierten Quellen bezogen. Und dann wird Hannah sterbenskrank, weil wir einem gigantischen Betrug aufgesessen sind. Diese Scheißfirma BioMondo mit dem Dreck, den sie unter dem Siegel biologischer Produkte verscherbelt hat, die ist doch allein verantwortlich, wenn Hannah stirbt. Sie haben einen Laden bei uns in Konstanz um die Ecke, für uns war das so sinnvoll und so bequem, ohne weite Wege dort alles kaufen zu können.
- Wenn diese Gerüchte über BioMondo stimmen, dann ist das wahrhaft abscheulich, und man wird den Konzern sicherlich dafür zur Rechenschaft ziehen, aber ein direkter Zusammenhang mit Hannahs Krebserkrankung lässt sich niemals nachweisen, wandte David ein.

Julian antwortete nicht. Er ging mit dem Unabänderlichen so ganz anders um als Hannah und steigerte sich in seine düstere Verzweiflung. David hielt es in diesem Moment nicht für ratsam zu erwähnen, in welcher Beziehung er zu der Mehrheitseignerin von BioMondo stand.

Am nächsten Morgen frühstückten sie gemeinsam. Dann fuhr Julian nach Münster, wo er sich eine Ausstellung über Design der sechziger Jahre ansehen wollte. Er sagte, er würde abends wieder zurück sein. David wunderte sich, dass er den ganzen Tag für einen Museumsbesuch veranschlagte, sagte aber nichts. Zudem schien sein Bruder nach den ihn arg mitnehmenden Ereignissen immer noch überaus zerstreut, denn er hatte auch heute wieder sein Telefon vergessen.

Als Julian fort war, ging er ins Atelierzimmer und malte weiter an den Bildern für Theresa. Im Lauf des Vormittags wurden zwei Großformate fertig, zwei weitere begann er mit Farben zu grundieren. Er suchte nach Bildtiteln, überlegte einen Moment, die Bilder nach der Musik zu benennen, die er bei Malen gehört hatte, aber entschied sich dann doch dagegen.

Später duschte er und ging zum Rhein. Dort waren Scharen von Hundebesitzern unterwegs, deren Tiere auf den sattgrünen Uferwiesen herumtollten. Er überlegte schon eine Weile, sich einen Hund anzuschaffen, einen schwarzweißen Bordercollie oder eine Bulldogge, doch durchschaute er diesen Wunsch als einen kaum vollwertigen Ersatz für den Mangel an Liebe in seinem Leben. Obendrein wäre es nicht eben ein Zeichen von Professionalität, Kunden im Beisein eines Hundes im Penthouse zu empfangen.

Nachmittags las er im Buch über Umweltgifte, ein Kapitel über Allergene in Kleidung und Leder. Dann fuhr er in die Stadt, nahm dort in einem japanischen Restaurant ein erstklassiges Sushi ein und begab sich ins Penthouse, um Albert zu erwarten, der sich nach einer Fraktionssitzung der Christdemokraten angesagt hatte.

Albert kam an diesem Abend früher als üblich. Wie immer fackelte er nicht lange, sondern zog sich aus und drängte David unter die Dusche. Beim ersten Mal ging Alberts Heißblütigkeit stets mit ihm durch, und es dauerte nur knapp eine Minute. Dann saßen sie nackt im Empfangszimmer und tranken einen Gin Tonic. Albert erzählte mit gespieltem Stöhnen von seiner ständigen und immer noch wachsenden Überlastung. Der ihm gegen seinen Willen vor kurzem aufgehalste Vorsitz im Untersuchungsausschuss der Vorfälle um BioMondo fraß seine ganze Energie. In dieser Eigenschaft, beschwerte er sich, müsse er bis auf weiteres zweimal die Woche nach Berlin fliegen.

- Ich weiß nicht, ob ich in der Zeit regelmäßig zu dir kommen kann.
- Bestimmt wirst du in Berlin erstklassigen Ersatz finden, meinte David.
- Du weißt genau, für dich gibt es keinen Ersatz, sagte Albert.

Er blieb drei Stunden, hatte viermal einen Orgasmus und verabschiedete sich sichtbar erleichtert und gutgelaunt.

David betrachtete ihn trotz seines müffelnden Körpergeruchs als einen der angenehmeren Kunden. Albert verlangte keine Mätzchen, die eigentliche Dienstleistung an ihm nahm pro Abend insgesamt fünf bis sechs Minuten in Anspruch, seine ausgereifte Persönlichkeit machte die Gespräche in den Pausen immer interessant, und vor allem küsste er grundsätzlich nicht.

Nachdenklich fuhr David zurück nach Kaiserwerth. Was für ein merkwürdiger Zufall es war, dachte er, dass einige der Fäden in dieser heiklen Sache geradewegs bei ihm zusammen zu laufen schienen. Sowohl die Aufsichtsratsvorsitzende des in allen Medien angeprangerten Mutterunternehmens wie auch der Leiter des politischen Ausschusses, der sich mit der Untersuchung des Skandals befasste, zählten zu seinen Stammkunden. Harald Dalbeck, auf noch ungeklärte Weise verwickelt in die schmutzige Affäre, versuchte sein Apartment zu bespitzeln. Und schließlich waren da noch sein Bruder und seine Schwägerin, die beide, so wie es aussah, die Schuld für Hannahs Erkrankung in der betrügerischen Verantwortung von BioMondo suchten.

Er beschloss, Julian das alles zu verschweigen, denn es würde seinen Bruder in dessen düsterer Stimmung nur noch bestärken.

Sie nahmen ein spätes Abendessen ein, das Julian schon vorbereitet hatte, gegrillte Dorade mit Friséesalat. In dieser Nacht schlief David schlecht. Zuviel kreiste ihm durch den

Kopf. Unruhig wälzte er sich in seinem Bett hin und her, und am Morgen fühlte er sich wie gerädert.

Am nächsten Tag verkroch er sich in sein Atelier, wo er einmal mehr wie im Rausch an den Bildern für Theresa arbeitete. Die Begegnung mit Viola ging ihm nicht aus dem Sinn, und als er am Nachmittag die Ergebnisse seiner heutigen Farborgien betrachtete, wurde ihm klar, dass ihr aufwühlendes Schicksal sich transponiert in eine sehr abstrakte Form darin wiederfand. Wilder und impulsiver war er nie zuvor zu Werke gegangen. Wenn ihm sonst oft die beim Malen gehörte Musik als Inspiration diente und die in seinem innersten Kern verschütteten Schimären freilegte, war es dieses Mal seine tief empfundene Empathie für die malträtierte Seele Violas. Wieder fragte er sich, wie lange er noch in diesem Metier tätig sein konnte, wenn er die Nöte seiner Kunden so nah an sich heranließ, dass sie ihm selbst Schmerz zufügten.

Fünf Bilder hielt er für fertig, zwei weitere standen kurz vor Vollendung. Noch zwei oder drei intensive Nachmittage, und er könnte Theresa die elf Bilder liefern. Gemessen an seinem Zeitaufwand, dachte er erfreut, lag der Stundenlohn als Maler noch deutlich über dem als Callboy. Er sollte den Beruf wechseln.

Für den Abend hatte sich Slobodan angesagt, und David fuhr rechtzeitig zum Penthouse, wo sie sich treffen wollten. Wie immer freute er sich auf die Begegnung mit ihm. Der Sex mit Slobodan war entspannt, er genoss seine Nähe, ohne verliebt in ihn zu sein, wie er sich umgekehrt über Slobodans Gefühle nahezu sicher war. Aber er fühlte sich von ihm nicht unter Druck gesetzt, denn Slobodan war überaus feinfühlig und schätzte die Situation mit seinem klaren Blick für die Realität richtig ein. Manchmal hatte David sich gefragt, warum er sich nicht in ihn verlieben könnte, das wäre naheliegend und für beide eine einfache Lösung, aber er fand nur die Antwort, dass er zu sehr die Frauen mochte, um sich ernsthaft in einen Mann zu verlieben.

Als Slobodan kam, brachte er nicht nur eine Flasche seines Lieblingsweines mit, einen Pahlmeyer Chardonnay, sondern auch eine Drohne, die er nachmittags mit einer Netzpistole eingefangen hatte. Seit seinen Zeiten als Kampftaucher bei der Marine hatte er eine Vorliebe für allerlei bizarres Kriegsspielzeug und verfügte über ein bestens ausgestattetes Waffenarsenal. Er hatte durch sein Fenster die um das Penthouse fliegende Drohne entdeckt, auf der Stelle seine Netzpistole geholt, und, als das Flugobjekt direkt über seiner weitläufigen Terrasse schwebte, es kurzerhand abgeschossen. Die Drohne war mit Sender und Kamera ausgerüstet, die Slobodan beide entfernt hatte.

- Ich habe von der Terrasse aus niemanden entdeckt, aber ich vermute, unser Freund Pit Dietrich hat einen weiteren Versuch unternommen, in deine Privatgemächer zu blicken, feixte Slobodan.

- Gesehen haben kann er nichts, denn die Fenster sind beschichtet und lassen von außen keine Einblicke zu, antwortete David, besorgt über das trotz der deutlichen Warnung an Dalbeck und seinen Handlanger immer noch weitergehende Treiben.
- Vielleicht sollten wir ihm nochmals einen Besuch abstatten, aber diesmal mit mehr Nachdruck, schlug Slobodan vor.
- Das führt zu nichts. Viele Möglichkeiten bleiben ihm nicht mehr. Er könnte höchstens versuchen meine Putzfrau zu bestechen, ein völlig aussichtsloses Unterfangen, denn Imelda ist loyal, meinte David.
- Also willst du einfach abwarten, was als nächstes passiert?
- Ich habe inzwischen den mutmaßlichen Auftraggeber Pit Dietrichs ausgemacht, und ich glaube, ich werde dort den Hebel ansetzen, sagte David und erzählte ausführlich von seinem Treffen mit Harald Dalbeck und dem begründeten Verdacht, er könnte es auf Dorothea abgesehen haben.

Später tranken sie ein Glas des kaum merklich moussierenden Weines, doch Davids Gedanken waren abwesend, nicht allein wegen des neuerlichen Versuchs ihn auszuspionieren, sondern mehr noch und immer noch wegen der kürzlichen Begegnung mit Viola, die ihm wirklich zusetzte, und zu Slobodans Missfallen wusste er den wahrhaft himmlischen Tropfen kaum entsprechend zu würdigen. Und schließlich endete der Abend in einer Katastrophe, denn zum ersten Mal in seinem Leben machte er die Erfahrung, dass sein Körper ihm nicht zu Willen war.

- Es tut mir leid, sagte David zerknirscht.
- Ich habe schon den ganzen Abend gespürt, dass etwas nicht stimmt. Was ist denn mit dir? fragte Slobodan.
- Rapide fortschreitendes Erlahmen der Manneskraft, diagnostizierte David scherzhaft, doch er fühlte sich hundeelend.

Dann erzählte er ihm die Geschichte von Viola. Slobodan hörte in seiner aufmerksamen Art zu und sagte dann:

- Dein Mitgefühl ehrt dich sehr, aber du solltest das nicht so nah an dich herankommen lassen. Sie ist eine Kundin, die du vermutlich nie wiedersiehst. Es gibt nichts, was Du für sie tun kannst.
- Ich hab so ein vages Gefühl, das war noch nicht alles, sagte David und erhob sich aus dem Bett, erfüllt von ihm selbst nicht ganz erklärlichen Schuldgefühlen.

Slobodan zog sich an, nahm David zum Abschied noch in den Arm und ging dann eine Treppe tiefer in sein Apartment.

13

Die Schläger

Während der letzten Tage hatte David das Penthouse stets mit einem unguten Gefühl betreten, und obwohl die von Slobodan im Haus installierten Überwachungskameras eine gewisse Sicherheit vor unbemerkten Übergriffen in seine Privatsphäre garantierten, hatte er jedes Mal die Räume nach eventuell versteckten Kameras abgesucht. Entdeckt hatte er nichts. Er konnte die vage Hoffnung nicht unterdrücken, dass Harald Dalbeck wegen der unerwarteten Hindernisse sein Vorhaben vielleicht aufgegeben und den Detektiv zurückgepfiffen hatte. Ebenso jedoch unterschätzte er keineswegs die fast schon kriminelle Skrupellosigkeit, mit der Dalbeck seine Ziele zu verfolgen schien. Aus diesem Grund traute er solchem allein seiner Beruhigung dienenden Zweckoptimismus nicht völlig und blieb wachsam.

Eine Zeitlang geschah nichts mehr, was auf einen neuerlichen Versuch der Bespitzelung hindeutete. Dann hatte er, am Abend aus Kaiserswerth kommend, eben den Maserati in der Tiefgarage geparkt, als hinter einem Betonpfeiler unversehens zwei Männer auftauchten, bullige Schlägertypen, deren grinsende Fratzen keinerlei Zweifel über ihre Absichten ließen. Sie wiesen alle Klischees ihres Genres auf: Glatze, Bomberjacken, Camouflage-Hosen und Springerstiefel. David hätte gelacht über diese Parodie von bösen Buben, wenn die Situation nicht so bedrohlich gewesen wäre. Der eine schwang eine Eisenkette vor sich her, der andere zog sich einen Schlagring über die Rechte. Mit betonter Langsamkeit kamen sie auf David zu, Raubtiere, die wussten, für ihre Beute gab es kein Entkommen.

Hinter ihnen öffnete sich geräuschlos die Tür zum Treppenhaus, und Slobodan erschien. Er war barfuß.

- Hey, zwei gegen einen, ist das fair? raunte er in die fast sakrale Stille hinein.

Überrascht drehten die beiden sich um.

- Kannst ihm ja helfen, Arschgesicht, lachte der mit der Kette heiser.
- Genau dafür bin ich hier, sagte Slobodan.
- Du kümmerst dich um den kleinen Stricher. Der hier gehört mir, beschied der mit der Kette seinem Kumpan. Er schien das Sagen zu haben.

David wartete keinen Moment länger. Noch bevor der mit dem Schlagring sich ihm wieder zuwandte, trat er ihm mit voller Wucht in die Weichteile, dass der Typ einen lauten Schrei ausstieß und sich vor Schmerzen krümmte. Dann rammte er ihm sein Knie vor das Kinn, worauf der Schläger benommen zu Boden sackte.

- Alle Achtung, Kleiner! Du brauchst mich doch gar nicht, lachte Slobodan.

Dann ging er drei federnde Schritte auf den mit der Kette zu, der soeben mit seiner kreisenden Waffe ausholte, wirbelte auf dem linken Bein in einer blitzartigen Drehung um die eigene Achse und traf mit dem rechten Fuß zielsicher das Handgelenk des Gorillas, das mit einem lauten Krachen brach. Laut scheppernd fiel die Kette auf den Betonboden. Ungläubig schaute der Schläger auf die kraftlos herab baumelnde Hand und den gesplitterten Unterarmknochen, der neben der angerissenen Pulsader aus dem Fleisch ragte. Ein dicker Strahl Blut floss aus der Wunde.

- Du kriegst meinen Anteil, wenn du die Drecksau fertig machst, rief er mit schmerzverzerrtem Gesicht seinem Kumpel zu, der sich eben berappelte und schwankend auf die Beine kam.

Slobodan taxierte den noch benommenen Gegner fast mitleidig. Gedankenschnell griff er nach der Schlagringhand, riss sie abrupt nach oben und kugelte dem Typen durch eine gezielte Drehbewegung die Schulter aus. Der aus der Kehle des so kampfunfähig Gemachten sich entringende Laut war kein Schrei und klang eher nach Luft, welche durch ein defektes Ventil entwich. Ohne die beiden aus den Augen zu lassen, betätigte Slobodan den Knopf, der das Rolltor zur Tiefgarage hochfuhr. Dann befahl er mit schneidendem Ton:

- Ich habe euch Bastarde heute geschont. Solltet ihr euch aber jemals wieder hier blicken lassen, kann es gut sein, dass ihr das nicht überlebt. Das ist kein Scherz. Und jetzt raus mit euch!

Als er hinter den abziehenden Schlägern das Tor wieder schloss, sagte David erleichtert:

- Was für ein Zufall, dass du im richtigen Moment erschienen bist. Ohne dich wäre das sicher völlig anders ausgegangen. Du warst wirklich fabelhaft.
- Tja, manchmal macht sich halt die Ausbildung zum Elitesoldaten noch bezahlt. Aber Zufall war das nicht, sondern ein Blick auf das Bild der Überwachungskamera. Ich saß gerade am Laptop und dachte, ich würde eventuell gebraucht, antwortete Slobodan lachend.
- Es wird Zeit, derartigen Übergriffen ein für alle Mal vorzubeugen. Ich hab allmählich die Schnauze gestrichen voll, sagte David voller Zorn.
- Was willst du tun? fragte Slobodan.
- Ich werde zum Gegenangriff übergehen, erwiderte David in wilder Entschlossenheit.

Oben im Penthouse angekommen wählte David unverzüglich die seit seinem Besuch *im Hooker's* auf seinem Mobiltelefon abgespeicherte Nummer. Nach dem zweiten Klingeln meldete sich Harald Dalbeck.

- Hier ist David Beckett. Sie erinnern sich bestimmt.
- Woher haben Sie diese Nummer? Sie ist genau zwanzig Personen bekannt, bellte Dalbeck in seiner ungehaltenen Art ins Telefon.
- Da ich im Gegensatz zu Ihnen meine Hausaufgaben mache, sind es dann jetzt einundzwanzig, sagte David betont ruhig.

- Was wollen Sie? Haben Sie sich mein Angebot überlegt? wollte Dalbeck immer noch verärgert wissen.
- Ich ersuche Sie dringend, von jedweder weiteren Behelligung meiner Person Abstand zu nehmen. Sie haben den Bogen überspannt, mir heute Ihre Schläger auf den Hals zu hetzen.
- Wie wollen Sie mir nachweisen, dass die beiden in meinem Auftrag gehandelt haben?
- Das haben Sie soeben selbst erledigt. Ich habe mit keinem Wort erwähnt, dass es zwei waren. Übrigens wird dieses Gespräch aufgezeichnet, klärte ihn David auf.

Dalbeck stockte für einen Moment. Er sah ein, dass er einen Fehler gemacht hatte.

- War es das also? blaffte er dann.
- Ich sage es nochmals mit aller Deutlichkeit: sollten Sie nicht auf der Stelle alle Ihre Anstrengungen einstellen, werde ich Maßnahmen ergreifen, und glauben Sie mir, Sie wollen nicht wissen, welche das sind. Ohnehin haben Sie doch im Moment doch bereits genügend Baustellen, gab David zwischen den Zeilen noch zu verstehen, dass seine Identität ihm durchaus bekannt war.
- Sie haben keine Ahnung, mit wem Sie sich hier anlegen, zischte Dalbeck durch das Telefon.

- Das weiß ich ganz genau: mit einem Mann, der vor krimineller Energie strotzt, was ich ihm jederzeit nachweisen kann, sagte David bestimmt.
- Eine männliche Nutte droht mir nicht, polterte Dalbeck am anderen Ende, doch sein Tonfall klang durchaus irritiert.
- Lassen Sie es nicht drauf ankommen! warnte David ihn noch und legte auf.

Julians Aufenthalt bei seinem Bruder dauerte bereits mehr als zwei Wochen, als eine Email von der Frankfurter Werbeagentur eintraf, in der ihm die Sendezeiten des TV-Spots für die Bausparkasse mitgeteilt wurden. Die Neuigkeit riss ihn ein wenig aus seiner fatalistischen Lethargie. Er brannte ungeduldig darauf, seinen Auftritt endlich im Fernsehen anzuschauen zu können. David war ebenso gespannt, und so programmierte er am Abend den Festplattenrecorder, um den kleinen Film aufzunehmen.

Er machte sich wirklich Sorgen um Julian. In der gesamten Zeit seines Hierseins hatten sie so gut wie gar nichts gemeinsam unternommen. Meist frühstückten sie zusammen, bevor es Julian, getrieben von seiner Angst um Hannah, ruhelos aus der Wohnung drängte. Auf Davids Frage, was er den ganzen Tag so mache, sagte er ausweichend, er würde einfach umher fahren, ohne Ziel und ohne Plan, einfach um den Druck in seinem Kopf loszuwerden. Seitdem er sich, den gelegentlichen Verzehr von Fisch ausgenommen, vegetarisch ernährte, war er sichtbar schlanker geworden, und der Kummer tat ein Übriges. Seine Züge sahen denen Davids immer noch zum Verwechseln ähnlich, doch ihre Statur wies deutliche Unterschiede auf: hier der muskelbepackte David und da der schmalere Julian.

Am Abend der Erstausstrahlung saßen beide vor dem Fernsehgerät. Der Spot lief zur besten Sendezeit, um 19.48 Uhr, kurz vor der Tagesschau. Etwas wie ein Glanz trat in Julians Augen, und David sah ihn zum ersten Mal seit langem wieder lächeln, als er sich im Werbefilm erblickte. Julian spielte den Berater der Bausparkasse, der einem jungen Paar die Vorzüge eines Bausparvertrages erläuterte. Er trug ein helles Jackett, Hemd und Krawatte, und es war keine Sprechrolle, sondern der Text kam aus dem Off. Sein jungenhafter Charme war überaus telegen, und David war stolz auf ihn. Die Szene begann in dem Moment, als das junge Paar die Filiale betrat, und von Julian freundlich begrüßt und an seinen Schreibtisch begleitet wurde. Der Mann trug eine Strickweste und Jeans, die Frau ein blaues Kleid und einen großen Schlapphut, den sie abnahm, als sie sich auf einen der beiden Stühle vor Julians Schreibtisch setzte. Dabei schüttelte sie ihre blonde Löwenmähne.

Julian musste lachen:

- Ich denke gerade an die Korinthenkackerei bei der Garderobenauswahl. Ich musste zehn Sakkos mit wechselnden Hemden anprobieren, bevor sie sich für das entschieden haben. Und für die Kollegin wollten sie genau dieses Kleid und kein anderes, weil der Werbefuzzi auf einem Foto in einer Illustrierten Kate Middleton darin gesehen hat. Hannah hat es in zwei verschiedenen Größen aus London kommen lassen, denn dieses Modell gibt es auf dem deutschen Markt nicht. Und kurz vor dem Dreh haben sie plötzlich beschlossen, es sollte eine Blondine sein. Das gebuchte Mädchen jedoch war brünett. Zum Glück hatte Hannah die Perücke im Wagen.

- Du warst sehr überzeugend, ich würde sofort einen Bausparvertrag bei dir abschließen, sagte David feixend, um Julian bei seiner guten Laune zu halten.
- Na, es hat mir auf jeden Fall viel Spaß gemacht und war obendrein sehr lukrativ, meinte Julian.

Kurz nach der Ausstrahlung des Spots klingelte sein Telefon, und Hannah rief an, um ihn zu seinem ersten Fernsehauftritt zu beglückwünschen. Sie sagte, auch Lisa hätte auf dem Bauernhof der Großmutter ihren Papa im Fernsehen verfolgt und wäre mächtig stolz auf ihn. Als sie auflegte, strahlte Julian:

- Hannah sagt, sie vermisst Lisa und mich natürlich, aber abgesehen davon ist sie einfach nur glücklich, im Sanatorium zu sein. Sie schöpft jeden Tag mehr Kraft und fühlt sich gut wie lange nicht.
- Na, das sind doch gute Neuigkeiten, ich freue mich so, sagte David, und dann verlebten sie einen von

Hoffnung beschwingten und harmonischen Abend wie lange nicht mehr.

14

Die Frau im blauen Kleid (I)

Die Titelseite der Morgenzeitung, die David früh am nächsten Tag vom Bäcker mitbrachte, widmete sich mit Foto und Schlagzeile lediglich einem einzigen Thema: dem Ableben Ernst Berendonks, dem bekanntesten Bürger Düsseldorfs, Gründer eines multinationalen Konzerns und einer der reichsten Männer des Landes, Aktionär und Aufsichtsratsmitglied zahlloser Unternehmen, großzügiger Mäzen in Kultur und Sport, vorbildlich in seinem sozialen Engagement, Ehrendoktor der Universitäten von Yale, Cambridge, Stanford und natürlich der von ihm stets geförderten Heinrich-Heine-Universität, Ehrenbürger der Stadt und Träger ungezählter höchster Orden. Dieser überaus honorige Mann, so der Leitartikel, hatte seine letzten Jahre in den Schatten einer glücklichen Demenz verbracht, was ihm die Kenntnis des europaweit Wellen schlagenden Skandals um BioMondo, zuvor eine Perle seines vielfach verflochtenen Firmenimperiums, erspart hatte. Weiter hieß es, mit Ernst Berendonk an der Spitze des Konzerns, welcher zuletzt aufgrund seiner Erkrankung von seiner nunmehrigen Witwe geleitet worden war, wäre ein Skandal diesen Ausmaßes absolut unmöglich gewesen.

David ballte die Fäuste, als er das las. Zwischen den Zeilen behauptete der Schreiberling nichts anderes, als dass die, wie er es formulierte, schöne, aufreizend lebenslustige und deutlich jüngere Gattin Ernst Berendonks die Verantwortung für den Skandal um BioMondo trug. Zwar wurde sie nicht direkt bezichtigt, doch der Tenor des Artikels ließ keinen Zweifel an Dorothea Berendonks unternehmerischer Inkompetenz und ihrer exponierten Rolle bei der leidigen Affäre. David konnte sich des Verdachts nicht erwehren, dass möglicherweise Harald Dalbeck den Journalisten gekauft hatte.

Er schrieb eine kurze Textnachricht an Dorothea:
Mein aufrichtiges Beileid. Bin immer für dich da. D.
Sie antwortete innerhalb weniger Sekunden:
Danke Dir.

Als Julian die Zeitung aufschlug und auf der zweiten Seite Bilder von Dorothea sah, wie sie sich im Fond des Rolls zurücklehnte, braungebrannt im Bikini an der Reling ihrer sechzig Meter langen Yacht stand oder im Abendkleid den roten Teppich von Bayreuth beschritt, kommentierte er, von loderndem Hass erfüllt:

- Das ist also die kriminelle Tussi, welche die Schuld an Hannahs Krankheit trägt.

David schluckte voller Unglauben über das, was er da eben gehört hatte. Mühsam zügelte er die in ihm empor brandende Wut. Er atmete tief durch, um seinem gepeinigten Bruder nicht durch eine geharnischte Antwort vor den Kopf zu stoßen, und erst als er sich weitgehend beruhigt hatte, sagte er:

- Julian, du hörst mir jetzt mal zu! Ich respektiere deinen ganzen Kummer, und ich teile ihn mit dir.

Aber niemand, verstehst du: niemand trägt eine Schuld an Hannahs Krankheit. Es ist absolut unmöglich, irgendwelche auf purer Fantasterei beruhende Kausalitäten herzustellen oder gar jemanden dafür verantwortlich zu machen. Und diesen Schmierfinken in den Zeitungen, willst du so ganz naiv den Dreck einfach glauben, den sie für die Auflage verzapfen? Wenn die dir weismachen, die Erde ist eine Scheibe, stimmt das dann? Ich muss dich dringend bitten, dich nicht von deiner Verzweiflung leiten zu lassen, sondern deine Vernunft zu gebrauchen. Ich kenne Dorothea Berendonk seit langem, sie ist eine durch und durch integere Person, und ich kann mir beim besten Willen nicht vorstellen, dass sie bei dieser gigantischen Sauerei die Hände im Spiel hat.

- Ist sie eine Kundin von dir? Vögelst du sie für Geld? stieß Julian bitter hervor.
- Es reicht jetzt! Hör sofort auf damit! Sie ist eine gute Freundin, die viel für mich getan hat, und deine Vorwürfe sind völlig absurd. Ich würde jederzeit die Hand dafür ins Feuer legen, dass sie von den Vorfällen bei BioMondo nichts gewusst hat, erwiderte David mit deutlich erhobener Stimme.

Julian holte hörbar Atem, murmelte eine, wie David schien, halbherzige und kaum von Einsicht eingegebene Entschuldigung und wechselte dann das Thema:

- Übermorgen darf ich endlich zu Hannah, dann ist sie drei Wochen dort. Und dann fahren wir heim, und du bist mich auch schon los.
- Ich habe dich gern bei mir, also rede keinen Unsinn. Es ist nur schade, dass wir so wenig unternommen haben. Du warst immer unterwegs. Bleib doch einfach noch.
- Das geht nicht. Wir können Lisa nicht so lange bei der Großmutter lassen. Sie vermisst ihre Eltern ebenso wie wir sie.

Zwei Tage später verließ Julian Düsseldorf, um Hannah im Sanatorium zu abzuholen und im Anschluss daran heimzufahren. Über Dorothea sprachen sie kein Wort mehr.

Am Montag nach der Beerdigung Ernst Berendonks, über die ein einminütiger Beitrag in den Nachrichten um 20 Uhr gesendet worden war, kam, von David lange erwartet, Dorothea endlich wieder zu ihm. Sie hatte angerufen und nach einem Termin gefragt, und hocherfreut hatte er gesagt, dass er sich alle Zeit der Welt für sie nehmen würde.

Er fuhr in den Großmarkt, um für ein Abendessen einzukaufen. Spontan entschied er sich für Entrecôte vom Wagyu-Rind, Kaiserschoten und Gnocchi, die er mit Trüffelbutter zu verfeinern gedachte. Dazu erschien ihm ein Primitivo di Manduria passend, und so legte er eine

Flasche *Sessantanni*, einem seiner bevorzugten Rotweine, in den Einkaufswagen. Die Zubereitung des Essens würde zügig vonstattengehen, und sie hätten dann mehr Zeit für sich. Obendrein kontrollierte er vorsichtshalber das ganze Apartment zum wiederholten Mal nach Kameras, zum Glück jedoch ohne fündig zu werden.

Als Dorothea aus dem Aufzug trat, sah David auf der Stelle, wie unendlich traurig sie war. Der Glanz ihrer Augen war stumpf, ihrem Gang fehlte das ihr sonst eigene Selbstbewusstsein, und über ihrer ganzen Erscheinung lag ein düsterer Schatten. Sie legte ihre Laptoptasche auf den Couchtisch und versuchte ein gequältes Lächeln.

- Mit Verlaub werde ich heute nicht deine phänomenalen Dienste in Anspruch nehmen. Was ich brauche, ist einfach jemand zum Reden. Ich habe das Gefühl, dass meine ganze Welt momentan über mir zusammen bricht.
- Ich glaube, dann muss der Papi mal übernehmen, antwortete David zärtlich und nahm sie in die Arme.
- Spielen wir wieder Rollentausch? fragte Dorothea, und einen Moment lang glomm der alte Schalk in ihren Augen.

Im Verlauf des Abends blühte sie doch ein wenig auf, was David mit Genugtuung zur Kenntnis nahm. Seine Gegenwart schien ihr wohl zu tun. Dorothea erzählte voller Liebe von ihrem verstorbenen Mann:

- Damals in Konstanz hast du Ernst nur als diesen dementen Mann im Rollstuhl erlebt, nicht als den, der er zuvor gewesen ist. Glaub mir, er war alles für mich. Ich habe nie einen großartigeren Menschen getroffen als ihn, großartig in jeder Hinsicht, und ich habe ihn wirklich geliebt mit jeder Faser meines Herzens. Die Frau, die vor dir steht, ist allein sein Werk.
- Gemessen daran muss er wahrhaft ein großer Mann gewesen sein, erwiderte David leise.
- Ich vermisse ihn sehr, auch wenn er die letzten Jahre nur noch dahin vegetiert hat. Ohne seine ausdrückliche Ermunterung hätten wir beide uns niemals kennengelernt.

David sagte nichts. Er spürte, dass er vor allem zuhören musste.

- Und dann diese widerwärtige BioMondo-Affäre, die kommt natürlich gerade jetzt zur Unzeit. Hast du das eigentlich in den Medien verfolgt? fuhr Dorothea fort.
- Ich weiß nur das, was die Öffentlichkeit weiß, antwortete David.
- Der Vorstand von BioMondo versucht seine Haut zu retten, indem die von ihm getroffenen fatalen Entscheidungen mir untergeschoben werden. Sie arbeiten mit den schäbigsten Tricks. Mein Emailkonto wurde ganz offensichtlich gehackt und von dort in meinem Namen Anordnungen

verschickt, die ich niemals erteilt habe. Auch Berichte in Presse und Fernsehen, wonach angeblich langjähriger Betrug mit dem Bio-Siegel betrieben wurde, entbehren jeder Grundlage. Es verdichten sich die Hinweise, dass unmittelbar vor dem Zeitpunkt der in diesem Fall nicht routinemäßigen, sondern von einem anonymen Tipp losgetretenen Kontrollen in zwei Großlagern gezielt Produkte mit Umweltgiften kontaminiert worden sind. Das alles scheint wie ein gigantisches Komplott, aber es macht so gar keinen Sinn, klagte Dorothea.

- Wenn das zutrifft, dann gibt es einen Plan dahinter, du kennst ihn nur noch nicht, sagte David.
- Und als wäre das nicht alles schlimm genug, hat seit dem Medienrummel irgend so ein Weltverbesserer BioMondo im Visier. Er nennt sich der *Rächer* und schmuggelt Babynahrung mit dem Etikett *VORSICHT! GIFT!* nebst einem Bekennerschreiben in die Läden. Gerade Babynahrung ist natürlich ein ganz heikles Thema. Falls da auch nur die geringsten Gerüchte von potentieller Gesundheitsschädigung auftauchen, laufen die Verbraucher sofort Sturm. Seltsam scheint nur, dass in den von ihm in den Filialen platzierten Waren keinerlei Gift nachgewiesen wurde. Es gab bisher auch keine Geldforderungen, was eher nicht auf Erpressung hindeutet, sondern vielmehr auf massive Diskreditierung des Labels

BioMondo, vielleicht im Gefolge des Skandals. Die Polizei hält es noch unter Verschluss, aus ermittlungstaktischen Gründen, wie sie sagen.

David hielt den Moment für gekommen, ihr von den wiederholten Versuchen Harald Dalbecks zu berichten, das Penthouse auszuspionieren. Seinen sich mehr und mehr erhärtenden Verdacht, das könnte nur ihrer Person gegolten haben, fand Dorothea auf der Stelle einleuchtend.

- Ach Gott, dieses perfide Schwein! Also steckt er hinter dem ganzen Schlamassel. Was hat er vor? Will er mich erpressen? seufzte sie.
- Vermutlich ja. Eine verheiratete Frau, die es mit einem Escort treibt, ist ein gefundenes Fressen für die Medien, und man kann ihr in dem Zusammenhang leicht noch den Schwarzen Peter für einen kleinen Bio-Skandal unterschieben, sagte David.
- Diese Frau ist nunmehr eine Witwe und dadurch weniger erpressbar und der Skandal wohl kaum klein zu nennen, relativierte Dorothea seine Theorie.
- Aber was ist der Plan dahinter, was bezweckt Dalbeck, falls er wirklich der Urheber ist, mit einer solchen Kampagne gegen dich? fragte David.
- Das ist ein komplexes Thema und reicht weit zurück in die Vergangenheit. Du musst wissen, Harald Dalbeck ist der uneheliche Sohn Ernst Berendonks und seiner ehemaligen Sekretärin. Er

hat sich auf dieses verrückte Techtelmechtel mit ihr eingelassen, nachdem seine erste Frau völlig überraschend bei einem Autounfall verstorben war. Als Harald geboren wurde, hat Ernst ihm natürlich jede Unterstützung zukommen lassen, die möglich war, aber er hat niemals seine Mutter geheiratet, weil er sie nicht geliebt hat. Und das hat ihm Dalbeck nie verziehen, er fühlte sich zeitlebens als Bastard und nicht akzeptiert, erzählte Dorothea.

- Und obwohl er gefördert von seinem Vater im Firmenimperium doch anscheinend steile Karriere gemacht hat, sinnt er immer noch auf Rache? fragte David.
- Sieht ganz so aus. Nur wie du sagst, den Plan dahinter vermag ich noch nicht zu durchschauen. Letztlich schneidet er sich doch ins eigene Fleisch, wenn er die unter seiner Leitung stehende Firma BioMondo ruiniert, meinte Dorothea.
- Nicht wenn er die Schuld dafür dir zuschustert, dann profitiert er vielleicht sogar davon in der Hoffnung, den Konzern übernehmen zu können, mutmaßte David.
- Du meinst, er spekuliert auf den Aufsichtsratsvorsitz von Immacula? Zuzutrauen wäre es ihm. Seinen Vater zu beerben wird sein großes Lebensziel sein, sagte Dorothea und seufzte wieder.
- Es klingt für mich nicht völlig unwahrscheinlich, entgegnete David.

Dorothea massierte sich die Schläfen. Sie wirkte immer noch sehr angespannt. Nervös schaute sie auf die Uhr. Es war Zehnvoracht.

- Können wir kurz die Nachrichten gucken? Ich will nur sehen, ob sie wieder etwas über BioMondo bringen, fragte sie.

David schaltete den Fernseher ein. Im Vorabendprogramm lief noch Werbung. Plötzlich sagte Dorothea freudig erstaunt:

- Das bist ja du!

Gerade wurde Julians Werbespot von der Bausparkasse gezeigt. Er saß am Schreibtisch mit dem jungen Paar. Die Frau im blauen Kleid nahm ihren großen Hut ab, schüttelte die blonde Löwenmähne und setzte sich neben ihren Mann.

- Das ist Julian, er hat letztens in Frankfurt diesen Werbefilm gedreht, sagte David.
- Er sieht genau aus wie du, meinte Dorothea.
- Kein Wunder, bei eineiigen Zwillingen, lachte David.

In den Nachrichten kam an diesem Abend kein Beitrag über BioMondo, was Dorothea mit einiger Erleichterung aufnahm. Dann gingen sie hinüber in die Küche und bereiteten gemeinsam das Abendessen. Fast wie ein altes Ehepaar, dachte David und spürte eine Welle des Glücks in sich.

Später saßen sie bei einem Glas Roten zusammen, als Dorothea, die sich allmählich entspannte, das neue Bild bemerkte. Sie erhob sich und trat nah heran, um sich das Werk genau anzuschauen.

- Was ist das? Hast du in Kunst investiert? Eine von Slobodans Entdeckungen von der Kunstakademie? fragte sie.
- Gefällt es dir? fragte David zurück.
- Es ist sehr kraftvoll. Und ja, es gefällt mir. Ich dachte, ich kenne alle wichtigen Newcomer auf dem Markt. Du weißt doch, ich sammele versprechende Künstler, wenn sie noch unbekannt sind. Irgendwann können ihre Bilder Millionen wert sein, schwärmte Dorothea.
- Deine Meinung freut den Maler sehr, zumal er anwesend ist, sagte David bescheiden.
- Wie? Nicht möglich! Du hast…Schätzchen, Du überraschst mich immer wieder mit deinen verborgenen Talenten, meinte Dorothea mit einem ungläubigen Seitenblick.
- Deine Euphorie ist sehr schmeichelhaft für mich, denn du bist eine weithin berühmte Kunstkennerin, aber die stümperhaften Versuche eines Anfängers verdienen so ein Lob nicht, warf er ein.

Im Verlauf des Abends sah David voller Stolz, wie ihr Blick immer wieder prüfend auf das Bild fiel und ein Leuchten in ihre Augen trat.

Ein Fanfarenton kündigte eine auf Dorotheas Laptop eingegangene Mail an. Sie beugte sich über die Tastatur, um das Schreiben zu öffnen. Im Anhang befand sich eine Videodatei mit einem Zusammenschnitt mehrerer Überwachungskameras aus BioMondo-Märkten. Dorothea klickte auf das Video. Ein Fenster erschien auf dem Monitor, das einen Gang zwischen Regalen in einem BioMondo-Laden in Hamburg zeigte. Links oben im Bild stand das Datum, und eine digitale Uhr zeigte die ablaufende Zeit, links unten war der Standort eingeblendet. Der Gang war leer, bis ein Mann, sich vorsichtig umschauend, vor eines der Regale trat, aus seiner Umhängetasche ein paar Einmalhandschuhe zog und überstreifte, dann aus seiner Tasche ein Glas nahm und es in das Regal stellte. Er trug Sonnenbrille und eine Kapuzenjacke und war auf dem ohnehin verschneiten Video kaum zu erkennen. Der nächste Filmabschnitt zeigte einen offenbar älteren Mann am Krückstock, der im BioMondo-Markt von Oldenburg in der gleichen Manier ein Schraubglas im Regal deponierte. Auch er wandte sein Gesicht von der Kamera weg, was eine Identifikation unmöglich machte. Daran schloss sich eine Aufnahme aus Münster an, wo eine junge Frau aus ihrer Handtasche ein Glas nahm und in ein Ladenregal mit Babynahrung stellte. Ihre blonde Löwenmähne wallte unter einem großen Schlapphut hervor, sie war stark geschminkt und trug ein blaues Kleid und natürlich auch eine Sonnenbrille. Für einen winzig kurzen Moment erfasste die Überwachungskamera ihre Züge. Ohne zu wissen warum, fühlte David beim Anblick dieser Frau ein vages

Unbehagen in sich aufsteigen. Dorothea schien ebenso irritiert zu sein, denn sie hielt kurzerhand die Wiedergabe an und spielte das letzte Video nochmals ab. Dann stand ihr Urteil ebenso wie das von David fest:

- Das ist ganz unzweifelhaft die Frau aus dem Werbevideo. welches dein Bruder für die Bausparkasse gedreht hat. Wir haben sie eben erst im Fernsehen gesehen.

David war perplex. Dorothea hatte recht. Die Frau trug den gleichen Schlapphut und die gleiche blonde Perücke wie das Fotomodell aus der Bausparkassenwerbung. Und unverwechselbar trug sie auch das extravagante blaue Kleid, von dem es laut Julian außerhalb Großbritanniens nur zwei Exemplare gab.

Und diese beiden Kleider befanden sich in Hannahs Fundus.

15

Night Cam

Dorothea war gegangen, sichtlich gerührt von seiner Anteilnahme. Zum ersten Mal seit sie sich kannten, hatte David diese Seite an ihr entdeckt. Sie war nicht mehr nur die glamouröse Ikone der Gesellschaft und viel bewunderte Unternehmerin, die über ein Firmenimperium mit tausenden Angestellten gebot und in jeder Situation souveränen Überblick behielt, sondern verletzlich, fast mädchenhaft und empfänglich für Zuspruch.

Er hatte sie mit einer langen Umarmung und einem nicht endenden Kuss verabschiedet, nachdem sie zuvor auf seine Bitte die Videodatei mit den Überwachungsfilmen aus den BioMondo-Märkten auf seinen Laptop überspielt hatte. Was blieb in dieser völlig undurchsichtigen Angelegenheit, waren nichts als Fragen. Wer war dieser geheimnisvolle Unbekannte, der sich mit dem plakativen *nom de guerre* der *Rächer* nannte und als verseucht deklarierte Babynahrung, die sich bei Untersuchungen als völlig unbedenklich erwiesen hatte, in die Läden der Kette einschleuste? Das machte keinen Sinn. Lief das Ganze auf eine Erpressung hinaus? Wenn das, wonach es im Moment aussah, nicht der Fall war, welche Motive hatte es sonst? Ging es um Rache, wie der Name nahelegte, und wenn ja, Rache wofür? War es ein und derselbe Mann, der Rächer, der an verschiedenen Orten in immer wechselnder

Verkleidung auftrat oder war es eine ganze Gruppe, zu welcher auch die Frau im blauen Kleid gehörte? Und vor allem: wie kamen sie dann in den Besitz des Kleides aus Hannahs Fundus?

David schaute sich die Videos nochmals an. In allen war das jeweilige Datum eingeblendet. Ihm fiel auf, dass die ersten Filme alle aus Städten im Norden des Landes stammten, aus Hamburg, Bremen, Osnabrück, Oldenburg und Münster, aufgenommen an jeweils aufeinander folgenden Tagen. Dann waren fast drei Wochen vergangen, bevor die nächsten Filme in Filialen aus dem Raum Süddeutschland aufgenommen worden waren, in Läden in Stuttgart, Ludwigsburg, Ulm und Friedrichshafen, ebenso sämtlich an unmittelbar aufeinander folgenden Tagen. Allen Tätern gemeinsam war, dass ihre Identifizierung aufgrund ihrer an willkürliche Vermummung erinnernden Kleidung und einer der Kameraüberwachung ständig gewärtigen Vorsicht absolut unmöglich schien. Auch handelte es sich bei ihnen sowohl um Männer wie Frauen, alte und junge, die Gesichter stets abgewandt und mit hochprofessionellem und effizientem Gebaren agierend. Das Personal in den Filialen, das wohl kaum dauerhaft vor den Überwachungsmonitoren hockte, hätte in keinem Fall etwas bemerken können.

Er konnte noch nicht sagen, was genau es war, aber irgendetwas in diesen Videos erzeugte in ihm bei jedem Betrachten eine undefinierbare Beklemmung. Spät ging er zu Bett, blieb im Penthouse, weil er zu müde war, noch nach Kaiserswerth zu fahren, und auch weil er eine halbe Flasche seines Lieblingsrotweins getrunken hatte. Vielleicht konnte ein Telefonat mit Hannah etwas Licht in die Sache bringen, zumindest was das blaue Kleid anging, das sowohl im TV-Spot als auf rätselhafte Weise auch im Überwachungsvideo der BioMondo-Filiale aus Münster zu sehen war. Er beschloss, sie gleich morgen anzurufen.

Wieder verbrachte David eine unruhige Nacht, während der die sich überstürzenden Ereignisse ihn mit aller Macht heimsuchten. Wirre Gedanken stürmten auf ihn ein, und erst im bereits grauenden Tag flüchtete er sich in einen traumschweren, bleiernen Schlaf.

Viel zu früh am Morgen weckte ihn Imelda mit einer Tasse duftenden Espressos. Auf dem Tablett neben dem Kaffee lag eine kleine Brosche mit einem funkelnden Solitärdiamanten, welche sie bei der täglichen Reinigung des Penthouses versteckt in der Falte der Sofalandschaft zwischen Sitz und Rückenlehne gefunden hatte. Auf der Rückseite trug die Nadel, mit bloßem Auge kaum sichtbar, den Stempel 585, war also aus echtem Gold und dann aller Wahrscheinlichkeit nach wohl auch mit einem echten Stein.

David überlegte, welcher seiner kürzlichen Besucherinnen sich die Brosche zuordnen ließ und kam zu dem für ihn einzig logischen Schluss, dass sie mit großer Wahrscheinlichkeit zu den zahlreichen Körperpiercings Violas gehört hatte. Falls sie den Schmuck bereits vermisste, würde sie kaum erraten können, wo und wann er abhanden gekommen war, also schaute David, der ihre

Handynummer nicht gespeichert hatte und von ihr keine Kontaktdaten besaß, im Internet nach einschlägigen Lokalen in Köln und wurde schnell fündig.

Die ersten beiden Anrufe blieben erfolglos, denn niemand kannte sie dort, doch beim dritten Anruf erreichte er Viola im Büro der von ihr geführten Kneipe. Es war so, wie er vermutete hatte: die Nadel gehörte ihr, und sie hatte sie bereits vermisst, aber keine Ahnung, wo sie sie verloren hatte. David bot an, sie ihr zuzuschicken, worauf ihm Viola hocherfreut die Adresse des Szeneschuppens in der Kölner Altstadt gab und ihn bat, er solle einen Vermerk *zu Händen Viola* dazuschreiben.

Nachmittags brachte er die Sendung zur Post und verschickte sie aufgrund des Wertes als Einschreiben. Am nächsten Tag rief Viola ihn an und bedankte sich überschwänglich. Die Nadel war ein Erbstück ihrer Mutter, und sie war glücklich, sie wiederzuhaben.

- Du hast etwas gut bei mir, lachte Viola froh gelaunt, und David war erleichtert, dass er sie in dieser heiteren Stimmung erlebte.
- Vielleicht komme ich irgendwann drauf zurück, antwortete er und verabschiedete sich.

Dann fiel ihm ein, dass er vergessen hatte, heute früh wie geplant Hannah anzurufen. Er schaute auf die Zeit im Display seines Telefons. Dann wählte er kurzentschlossen ihre Nummer, aber nur die Mailbox meldete sich. David beendete den Anruf, ohne eine Nachricht zu hinterlassen.

Da er für den restlichen Tag keine weiteren Termine vereinbart hatte, beschloss er spontan, den Abend in Kaiserswerth zu verbringen und in seinem Atelier zu malen. Es würde seine Gedanken ein wenig ablenken von den im Moment sich häufenden Widrigkeiten, und er hatte die Hoffnung, den Kopf klar zu bekommen. Die Katharsis, die er beim Malen verspürte, überwältigte ihn jedes Mal aufs Neue.

Er überlegte, ob er es wagen sollte, Dorothea ein Bild zu schenken. Sie war eine weltweit bekannte Kunstsammlerin und großzügige Mäzenin junger Künstler, besaß ein unbestechliches Auge für Qualität und hatte den Düsseldorfer Museen eine Vielzahl Gemälde und Skulpturen der bedeutendsten zeitgenössischen Künstler geschenkt. Es wäre vermessen für einen autodidaktischen Dilettanten wie ihn, ihr ein von ihm gemaltes Bild zukommen zu lassen, das neben der allseits anerkannten Kunst, mit welcher sie sich umgab, niemals bestehen könnte. Aber Dorothea hatte sich überaus begeistert gezeigt von seinem Bild im Penthouse, und das in Unkenntnis der Tatsache, dass David es gemalt hatte. Außerdem wollte er in der momentan für sie so schwierigen Situation ein Signal setzen, dass er unverbrüchlich an ihrer Seite stand.

Er fuhr nach Kaiserswerth. Vor der weißen Leinwand vergaß er alsbald die Welt um sich herum. Sein iPod jagte eine lange nicht gehörte, ihn an seine Jugend erinnernde Musik in seine Ohren, und David steigerte sich abermals in einen Farbrausch hinein, in eine nie zuvor erlebte Ekstase, an deren Ende er nach zwei Stunden ein Bild geschaffen hatte, von dem er noch im Moment der Vollendung wusste, dass er Vergleichbares niemals wieder malen würde. Erfüllt von einer tiefen Zufriedenheit stellte er es auf die Staffelei zurück, damit die Farben trocknen konnten.

Auf der Suche nach einem Titel für das Bild fiel ihm wiederum spontan, gleich einem Blitz seines Unterbewussten, das Wort *Menetekel* ein, und genau so sollte es heißen.

In Slobodans umfangreichem und weitverzweigtem Netzwerk gab es, wie David wusste, einen Hacker, der als Genie seiner Zunft galt. Gabriel Lücking, so hieß er, hatte sich mehrfach in den Zentralcomputer des Bundesnachrichtendienstes eingehackt, bei Instagram den Account seiner Lieblingssängerin manipuliert, er hatte immer wieder die Webseiten der gewaltbereiten Rechten mit Trojanern und Viren infiziert, worauf deren virtuelle Präsenz zeitweise zusammengebrochen war, er manövrierte sich, ohne bei all seinen verbotenen Aktivitäten jemals eine Fährte zu hinterlassen, gleich einem Fisch im Ozean durch die verstörenden Gefilde des Darknet, und unter der Hand hielten sich hartnäckige Gerüchte, dass die Geheimdienste Russlands, Chinas, der USA sowie der Mossad Jagd auf ihn machten, um ihn für sich zu rekrutieren. Seinen häufig wechselnden Aufenthaltsort kannte außer Slobodan nur eine Handvoll seiner engsten Blutsverwandten. Nach Davids Ansicht war das genau der richtige Mann, um sich das Smartphone von Harald Dalbeck vorzuknöpfen.

Er war sich nicht völlig im Klaren darüber, was er sich von einem Check von Dalbecks Telefons versprach. Heimlich hegte er die vage Hoffnung, eventuell Anhaltspunkte oder bestenfalls sogar stichhaltige Beweise für seine kriminellen Umtriebe zu finden, mit deren Kenntnis man seine Pläne durchkreuzen könnte. Auf Davids Bitte kontaktierte Slobodan auf verschlungenen Wegen seinen alten Schulfreund Lücking und fragte ihn, ob es möglich sei, ein Mobiltelefon lediglich anhand der Nummer zu hacken. Gabriel Lücking meinte, das sei ein Kinderspiel.

Sie ließen ihm Harald Dalbecks Telefonnummer zukommen, die David vor kurzem im *Hooker's* ausgespäht hatte, und zwei Tage danach fand Slobodan in seinem Briefkasten einen wohl im Schutz der Nacht eingeworfenen USB-Stick mit sämtlichen auf dem Telefon gespeicherten Daten.

Slobodan verfügte über ein eigenes, mit allem erdenklichen Hightech ausgestattetes Computerzimmer, also durchforsteten er und David die von Lücking gelieferten Ergebnisse dort. Harald Dalbeck, so stellte sich als erstes heraus, verwendete eine *dual sim card*, deren eine Nummer eine ganz offizielle und allen seinen Kontakten geläufig war, während die andere, David bekannte Nummer ganz offensichtlich als seine Geheimnummer fungierte, unter der in der Tat lediglich zwanzig Kontakte gespeichert waren. Darunter befand sich allem Anschein nach auch der Banker, von dessen Telefonat mit Dalbeck David unfreiwillig Zeuge geworden war. Die Nummer war gespeichert unter *Konstantin Braunagel* / B, D & Co. Sie verfolgten die Liste getätigter und entgegen genommener Anrufe an dem fraglichen Tag, wo Dalbeck im *Hooker's* unmittelbar vor Börsenschluss eine telefonische Kauforder für Aktien im Wert von sechzig Millionen Euro abgegeben hatte und fanden den Eintrag des damaligen Gesprächs mit Leichtigkeit. David notierte die Telefonnummer des Bankers auf einem Zettel.

Er vermutete, dass mögliche Belege für Dalbecks kriminelle Umtriebe eher nicht unter der offiziell bekannten Telefonnummer, sondern vor allem unter seiner Geheimnummer zu finden waren. Aus dem Grund konzentrierten sie sich zunächst auf die dort gespeicherten Daten. Sie öffneten die App für seine Email und stießen im Archiv auf eine mehrere Mails umfassende Korrespondenz mit Dorothea Berendonk. Die dem Datum nach erste hier gespeicherte Mail war von Dalbeck, und in ihr setzte er Dorothea davon in Kenntnis, dass in den Logistikzentren Nord wie auch Süd ausnahmslos alle dort der Auslieferung harrenden Textilien versehentlich mit einer der Imprägnierung dienenden Chemikalie in Kontakt gekommen waren. Die Inhaltsstoffe dieser Flüssigkeit widersprächen sämtlichen Richtlinien für Öko-Textilien, so dass ein für seine umweltfreundliche Philosophie bekanntes Unternehmen wie BioMondo diese Ware unmöglich in den Handel bringen könnte. Der entstehende Schaden belaufe sich, selbst wenn man die kontaminierten Textilien weit unter Preis noch an Discounter verhökerte, vermutlich auf eine siebenstellige Summe.

Die Antwort Dorotheas war äußerst knapp formuliert. Sie schrieb Harald Dalbeck, dass die Ware trotz Kontamination unverzüglich auf dem Markt zu platzieren sei, sie persönlich gebe hiermit die Anweisung dazu. Ein profitorientiertes Unternehmen könnte sich einen Verlust dieser Größenordnung nicht erlauben, und man könne ja wohl kaum davon ausgehen, dass ausgerechnet in diesem einmaligen Fall Qualitätskontrollen erfolgen würden.

Im ersten Moment wollte David nicht glauben, dass er gerade den scheinbar unumstößlichen Beweis für Dorotheas Verstrickung in den Skandal las. Dann fiel ihm ein, sie hatte ihm gesagt, ihr Emailkonto wäre gehackt worden, und erleichtert atmete er auf. Demnach war das womöglich nur ein weiteres kriminelles Manöver Harald Dalbecks, um ihr die Schuld zuzuweisen. Zu diesem Zweck war es lediglich nötig gewesen, sich in den Besitz ihres Passwortes zu setzen und dann von ihrem Account aus Mails an sich selbst zu verfassen.

Die noch folgenden Mails waren nicht von Relevanz, und David rief daher einen größeren Ordner mit Videodateien auf, der unter der Bezeichnung *BioM-night cam* gespeichert war. Er öffnete den Ordner und klickte auf die erste von acht Videodateien mit dem Titel *LZ Nord 1*.

Die nächtliche Kameraeinstellung einer riesigen Halle erschien in Totale auf dem Monitor. Über dem Haupteingang prangte, von seitlichen Scheinwerfern beleuchtet, das grüne Firmenlogo von BioMondo, darunter der Schriftzug *Logistikzentrum Nord*. Der Parkplatz vor dem Gebäude war leer. Die im Video eingebettete digitale Uhr zeigte den 14. Mai 2019, 02.45 Uhr an. Drei Männer in weißen Schutzanzügen kamen ins Bild. Zwei von ihnen trugen augenscheinlich schwere Kartons vor sich her und bewegten sich mit zielstrebiger Ortskenntnis auf einen Seiteneingang der Halle zu. Aufgrund des Bildausschnitts und der Dunkelheit waren ihre Gesichter nicht zu erkennen.

Die zweite Videodatei, *LZ Nord 2* benannt, zeigte den hell beleuchteten Seiteneingang in Großaufnahme. Als die Männer die Tür erreicht hatten, stellte der Vorderste seinen Karton dort ab und gab einen vierstelligen Zahlencode in die neben dem Türrahmen angebrachte Tastatur, worauf ein Summton hörbar wurde und die Tür klackend aufsprang. Der Mann bückte sich, nahm den Karton wieder auf, hielt einen Fuß gegen die Tür und schaute dann im vollen Bewusstsein der hier stattfindenden Überwachung für einen kurzen Moment hoch in die Kamera, als beabsichtigte er geradezu, seine Identität dort erfassen zu lassen.

Slobodan und David schauten sich beim Betrachten des letzten Bildes überrascht an. Ihnen beiden war der Eindringling nur zu gut bekannt. Sie hatten ihn vor einigen Tagen erst in seiner Hinterhoffirma aufgesucht. Der Mann, der auf diesem Video mit zwei anderen Männern in einer nächtlichen und kaum legal erscheinenden Aktion das Zentrallager der Firma BioMondo betrat, war derselbe Mann, der auch den Einbruch in Davids Penthouse begangen hatte, niemand anderes als Pit Dietrich, Inhaber der Detektei in Bilk, und, dieser Rückschluss lag auf der Hand, beide Male, damals wie auch hier, unzweifelhaft im Auftrag Harald Dalbecks unterwegs.

Slobodan schüttelte ungläubig den Kopf und fragte:

- Was bitte geschieht denn da bloß?
- Garantiert eine riesengroße Sauerei, antwortete David und rief die dritte Datei auf.

Der nachfolgende Film zeigte durch eine weitere Kameraperspektive die drei Männer in einer langgezogenen Lagerhalle, die in ihren Ausmaßen größer als ein Fußballfeld schien. Erhellt wurde sie lediglich von einer spärlichen Nachtbeleuchtung, doch die endlosen Regale mit der dort aufgehängten Bekleidung waren deutlich zu erkennen. In ungezählten Reihen mit Kleiderständern zogen sie sich bis weit in die entfernte Tiefe des Bildes hinein. Rechts vor den Regalen stellten zwei der Männer die Kartons auf den Boden, alle drei zogen sie Atemschutzmasken und Handschuhe an. Dann entnahm jeder den Kartons eine Spraydose, und zu dritt machten sie sich auf in die Gänge zwischen den Regalen.

Die Kameraeinstellung wechselte nicht und noch vollzog sie Schwenks, sondern zeigte in immer der gleichen

Totalen, wie die Männer die Reihen abschritten und dabei die in den Regalen befindliche Bekleidung kurz mit einer Flüssigkeit aus ihren Metalldosen besprühten. Nach einer Weile, wenn sie die Behälter entleert hatten, kehrten sie zurück zu den Kartons, nahmen eine neue Spraydose und setzten ihr Tun weiter hinten in den Gängen fort.

- Was genau treiben sie da? fragte Slobodan.
- Es sieht so aus, als brächten sie als Bio-Ware deklarierte Textilien gezielt mit einem Stoff in Kontakt, der nicht den Öko-Standards entspricht, mutmaßte David, der sich erinnerte, was Dorothea ihm erzählte hatte.

Die Aktion dauerte eine ganze Weile an. Wenn sich keine Flüssigkeit mehr in den Dosen befand, holten die Männer neues Spray und führten ihre Arbeit damit fort. Slobodan klickte auf schnellen Bildvorlauf, bis schließlich die drei Männer Spraydosen und Kartons zusammenpackten und zügig aus dem Bild verschwanden.

Videodatei Nummer Vier, die er dann öffnete, zeigte eine Art Büro, in welchen sich eine ganze Anzahl Monitore zu einer Bildschirmwand auftürmten. Dann betrat Pit Dietrich den Raum, zog Atemschutz und Handschuhe aus und machte sich an einer Computertastatur zu schaffen, worauf nach einiger Zeit das Kamerabild wackelte und wenig später schwarz wurde.

- Da wurden offensichtlich die Aufzeichnungen aller vier Kameras gelöscht, damit der ganze Einbruch unbemerkt bleibt, sagte David.

- Und das gelöschte Material hat Dietrich aus irgendeinem Grund auf einen Datenträger überspielt, andernfalls wäre es hier kaum zu sehen, ergänzte Slobodan.
- Was ich kaum zu glauben vermag ist, dass sie in einem Unternehmen dieser Größenordnung keine Nachtwache haben. Stell Dir vor, da bricht nachts ein Feuer aus, da könnten in kürzester Zeit Millionen vernichtet werden, meinte David nachdenklich.
- Wenn wenigstens die Kameraüberwachung direkt an eine Security-Firma gesendet worden wäre, aber nichts dergleichen, ansonsten wäre ja sofort ein Kommando zur Überprüfung dort aufgekreuzt, schüttelte Slobodan wieder den Kopf.
- Allein aufgrund solch unvorstellbarer Schlamperei war dieses dreiste Unterfangen überhaupt erst möglich, sinnierte David.
- Okay, so weit so gut, aber welcher Sinn steckt hinter dem Ganzen, wollte Slobodan wissen.
- Ich beginne allmählich eine Theorie zu entwickeln, aber lass uns erst noch die restlichen Filme gucken, schlug David vor.

Die restlichen vier Videodateien trugen die Bezeichnungen *LZ Süd 1-4*. Als Slobodan sie nacheinander aufrief, zeigten sie ganz ähnliche Bilder wie die der ersten vier Filme, allein der Ort war ein anderer, augenscheinlich BioMondos Logistikzentrum Süd. Allen gemeinsam war das eingeblendete Datum, der 15. Mai 2019, einen Tag später demnach aufgenommen als die vorherigen Filme vom Logistikzentrum Nord. Sie brachten dem Betrachter keine weiteren Aufschlüsse, außer dass Dietrich und seine Helfershelfer exakt dieselbe fragwürdige Aktion auch in diesem Auslieferungslager durchgeführt hatten.

- Was für einen gigantischen Sumpf müssen wir hier trockenlegen! stöhnte David.
- Erzähle mir endlich von deiner Theorie, forderte Slobodan ihn auf.
- Dazu ist es noch zu früh, da fehlen mir noch ein paar Mosaiksteinchen, sagte David.
- Noch finde ich das alles extrem verwirrend, meinte Slobodan.
- Sag mal, dein Hackergenie Gabriel Lücking kennt doch garantiert alle relevanten Kollegen in seiner Branche. Meinst du, er könnte für mich nochmal etwas tun und herausfinden, wer das Emailkonto von Dorothea Berendonk gehackt hat? Er muss es nicht umsonst tun, überlegte David.
- Ich vermute mal, auch das stellt für ihn kein Problem dar, antwortete Slobodan.
- Und dann sollten wir doch der Detektei Pit Dietrich nochmals einen kleinen Besuch abstatten, schlug David vor.
- Aber dieses Mal mit überzeugenderen Argumenten für eine Kooperation, ergänzte Slobodan.
- Die haben wir auf diesem Stick durchaus. Ich kann mir nicht vorstellen, dass er für seinen

Auftraggeber in den Knast wandern möchte, sagte David.

16

Beweisaufnahme

Der Einfall kam David aus heiterem Himmel. Er schaute auf seinen Kalender und suchte den Tag, an dem Harald Dalbeck ihn im *Hooker's* angesprochen hatte. Es musste der Einundzwanzigste des letzten Monats gewesen sein, der Tag nach Fronleichnam, ja, er war sicher. Dann rief er auf dem Laptop die Börsenkurse dieses Tages auf und anschließend den Chart von BioMondo. David fand sofort, was er suchte. Der Kurs der Aktie von BioMondo war um 16.34 Uhr auf den historischen Tiefstkurs von 31,87 Euro gefallen, und zu diesem Kurs hatte, wenn David das richtig verstanden hatte, Harald Dalbeck trotz der eindringlichen Warnung seines Bankers Aktien des von ihm geleiteten Unternehmens im Wert von sechzig Millionen Euro erworben.

Er schaute auf den Ein-Jahres-Chart und dann auf den Fünf-Jahres-Chart der Aktie. Seit Beginn des Skandals hatte BioMondo über fünfzig Prozent des Börsenwerts verloren. Die Kurve hatte sich seit Beginn der Notierung mit einem lediglich kleinen Knick vor zwei Jahren langsam, aber stetig nach oben entwickelt und vor knapp einem Vierteljahr die historisch höchste Notierung von 69,56 Euro erreicht. Sollte der Kurs, vorausgesetzt das Unternehmen war gesund und wuchs stetig weiter, sich mit Beilegung des Skandals wieder erholen, würde ein

Aktienpaket von sechzig Millionen sich im Wert mehr als verdoppelt haben und bei florierender Konjunktur voraussichtlich unaufhaltsam weiter steigen.

Dorothea hatte noch geglaubt, keinen Sinn hinter dem willentlich herbei geführten Skandal zu erkennen. Hier schien ein erster Hinweis zu sein: Börsenspekulation.

Dalbeck, so viel stand fest, spielte mit allen schmutzigen Tricks. Es war mit Sicherheit um einiges einfacher für ihn, die Leitung von Immacula an sich zu reißen, wenn es ihm durch seine intriganten Machenschaften gelang, Dorothea unternehmerisches Versagen und die Gesetze ignorierende Fehlentscheidungen zuzuschieben. David erschien der Plan kaum abwegig, die einen Escort aufsuchende Gattin der Unternehmerlegende Ernst Berendonk erpressen zu wollen, um ein zusätzliches Druckmittel gegen sie in der Hand zu haben und ihre Position in der Firma weiterhin zu torpedieren.

Zu dieser Hypothese passte, dass seitdem Dorothea Witwe war, neuerliche Versuche ihn oder sie auszuspionieren unterblieben waren. Natürlich würde ihr Ruf dennoch angekratzt sein, wenn ihr Verhältnis zu David ruchbar würde, aber als nicht mehr verheiratete Frau konnte sie letztlich tun und lassen, was sie wollte.

Um sich weitere Gewissheit über Dalbecks Umtriebe zu verschaffen, benötigte David unter anderem auch die Bestätigung durch Konstantin Braunagel, den Banker, der in Dalbecks Auftrag diesen möglicherweise gesetzeswidrigen Aktienerwerb getätigt hatte. Aller Voraussicht nach würde Braunagel Bankgeheimnisse kaum freiwillig ausplaudern, daher wäre es unumgänglich, ihn zu diesem Zweck gehörig unter Druck zu setzen, und genau das hatte David vor.

Kurzentschlossen wählte er die Nummer des Brokers, die er aus den Kontakten in Harald Dalbecks Handy notiert hatte, und bat ihn unter dem Vorwand, eine größere Anlage tätigen zu wollen, um einen Beratungstermin. Braunagel schlug den folgenden Vormittag vor, was David auf der Stelle zusagte.

Konstantin Braunagel empfing ihn in den mit kühler Eleganz eingerichteten Räumlichkeiten seiner Bank auf der Berliner Allee. Er war jung, höchstens Mitte Dreißig, machte diesen aufgesetzt dynamischen Eindruck, den Leute seines Faches wie einen Schutzschild vor sich hertragen, und trug einen schlecht sitzenden, dunklen Anzug von der Stange. Sein übermäßig dosiertes Eau de Toilette nahm David den Atem, und seine vorn spitz zulaufenden und zur Farbe des Anzuges völlig unpassenden, cremefarbenen Schuhe erinnerten ihn an die zeichnerische Darstellung von Aladins Wunderlampe in seinem ersten Märchenbuch. Einen Moment lang belächelte er diesen verunglückten Versuch, das Diktat klassischer Dresscodes durch modische Tollkühnheit aufzubrechen. Dann war er wieder ganz konzentriert.

Mit ausgesuchter Höflichkeit bot der Banker Kaffee, Tee oder Wasser an, aber David lehnte dankend ab und kam ohne Umschweife auf sein Anliegen zu sprechen:

- Herr Braunagel, ich bitte zunächst um Entschuldigung, dass ich den wahren Grund meines Kommens verschwiegen und stattdessen einen Vorwand für dieses Treffen benutzt habe, aber ich war im Glauben, Sie hätten mich unter Umständen nicht empfangen, wenn ich Ihnen reinen Wein eingeschenkt hätte.
- Sie machen mich neugierig, erwiderte der Banker abwartend und goss sich Kaffee aus einer gläsernen Kanne ein.
- Es geht um den von Ihnen am 21. Juni eingefädelten Kauf eines Aktienpaketes der Firma BioMondo in Höhe von sechzig Millionen Euro. Auftraggeber war Harald Dalbeck, der Vorstandsvorsitzende dieses Unternehmens, begann David.
- Sie sehen mich überaus erstaunt, dass Sie Kenntnis zu besitzen glauben über solch bankinterne Vorgänge, sagte Braunagel, während er mit dem Löffel Zucker in seinem Kaffee umrührte.
- Diese durchaus vorhandene Kenntnis resultiert aus der Tatsache, dass ich Harald Dalbeck im Moment der Kauforder gegenüber saß und Ihr Telefongespräch mit anhören konnte, erklärte David mit ausgesuchter Freundlichkeit.
- Gesetzt den Fall, Ihre Informationen wären richtig, welchem Grund habe ich dann die Ehre Ihres

Besuches zu verdanken? begehrte Braunagel zu wissen.

Er stellte die Tasse ab und strich mit dem Daumen über seine Unterlippe. Sein anfangs verbindlich erscheinendes Lächeln verlor sich in fragendem Stirnrunzeln. Instinktiv witterte er Unheil bei diesem Besucher. David beschloss, ihm gerade so viel wie nötig mitzuteilen.

- Ich wundere mich gelinde gesagt, dass ein erfahrener und mit den Fallstricken des Geschäftes sicherlich vertrauter Banker wie Sie keinen Verdacht schöpft, wenn der Vorstandsvorsitzende eines Unternehmens Aktien desselben im Wert einer derartigen Summe ordert, und zwar ausgerechnet zu dem Zeitpunkt, als der Kurs dieses Unternehmens gerade eine skandalträchtige Talsohle durchläuft. Ist Ihnen nie der Gedanke gekommen, dass hierbei einem gezielten Insiderhandel Vorschub geleistet wird, zu welchem Sie aktive Beihilfe geleistet haben? fragte David immer noch betont freundlich.
- Was wollen Sie damit andeuten? fragte Braunagel irritiert zurück.
- Ich möchte nur verhindern, dass Sie, der, wie ich bei Ihrem Telefonat mit Dalbeck deutlich hören konnte, ihn vor einer derartigen Risikoinvestition massiv warnte, ins Visier juristischer Ermittlungen geraten, sagte David.

- Ich höre, sagte Braunagel und kniff die Lippen zu einem schmalen Strich zusammen.

Seine Verunsicherung wuchs zusehends. David wusste, er hatte ihn da, wo er ihn haben wollte. Zwanzig Minuten später, nachdem er in aller Entschiedenheit eine mögliche Information seinerseits an die Börsenaufsicht zur Sprache gebracht hatte, verließ er mit einem Gefühl des Triumphes Braunagels Büro und befand sich im Besitz dessen, für das er hergekommen war.

Zurück im Penthouse rief ihn Slobodan an, der eine Email von Gabriel Lücking erhalten hatte, in welcher der ihm die Identität des Hackers *Belsazer* mitteilte, der Dorotheas Emailkonto geknackt hatte. Sein bürgerlicher Name lautete Tobias Rettig, und seine Adresse war auf der Bülowstraße in Derendorf.

Es war kurz nach Mittag, und da David vermutete, dass Rettig seine Tage nicht ausschließlich mit virtuellen Einbruchsdelikten am heimischen Computer verbrachte, sondern einer geregelten Arbeit nachging, nahm er sich vor, ihn am frühen Abend aufzusuchen.

Rettig wohnte in einem Haus gegenüber von einem kleinen Kiosk, der mit Aufstellern der BILD-Zeitung vor seinem Schaufenster warb. Wie überall in den Düsseldorfer Wohngebieten war Parkplatz knapp. David fuhr zweimal um den Block und lenkte den Wagen schließlich an den Rand der schmalen Straße, wo er ihn vor langgezogenen Mietskasernen aus Backstein abstellte. Es war 18 Uhr.

Er klingelte und wartete. Nichts geschah. Er klingelte nochmals. Dann summte der Türöffner und gab den Eingang frei. Rettig hatte nicht einmal durch die Gegensprechanlage gefragt, wer da Einlass begehrte.

David stieg das von Tageslicht nur dürftig erhellte Treppenhaus empor bis in die erste Etage. Dort stand ein Mann in Jogginghosen im geöffneten Türrahmen seiner Wohnung. Er war unrasiert, trug die Haare schulterlang und schob schmatzend ein Kaugummi im Mund hin und her. Sein neongrünes T-Shirt spannte über dem Bauch und war unter den Achseln durchtränkt von großen Schweißflecken. David schätzte ihn auf Vierzig, vielleicht etwas jünger. Fragend schaute er dem Besucher entgegen.

- Sind Sie Tobias Rettig? fragte David freundlich, und als der bejahte, fuhr er fort:
- Mein Name ist David Beckett, und ich bitte um Verzeihung, dass ich hier so unangemeldet bei Ihnen reinplatze, aber ich möchte Ihnen ein Angebot machen, bei dem Sie schnell und ganz locker ein paar Scheinchen verdienen können.
- Kommen Sie rein, immer herein in die gute Stube, sagte Rettig, ganz offensichtlich freudig überrascht, und trat zur Seite, um David einzulassen. Er sprach mit deutlich norddeutschem Akzent.

Die Wohnung roch nach Katzenpisse, und in der Tat kam eine grau getigerte Katze durch eine nur angelehnte Tür in den Flur und strich um seine Beine. Sie hatte Augen so gelb wie Quittengelee und maunzte kläglich.

- Hier lang bitte, sagte Tobias Rettig und ging voran in sein Wohnzimmer.

David schaute sich um. Eine abgewetzte Couch, ein Sessel mit verschlissenem Kunstlederbezug, ein Tisch, auf dem sich leere Bierdosen befanden, ein Drehstuhl vor einem Schreibtisch mit Laptop und einem PC-Monitor. Beide waren eingeschaltet. Offenbar hatte David Rettig beim Surfen oder was auch immer unterbrochen. An der Wand über dem Sofa hing ein verblichenes Poster, das für einen alternativen Reiseveranstalter warb. Es trug in großen Lettern die Überschrift *Besuchen Sie Guinea-Bissau.*

Sein Gastgeber deutete auf den Sessel und bat David Platz zu nehmen. Er selbst setzte sich auf die Couch. Sein Kaugummi nahm er aus dem Mund und stopfte es in eine der leeren Bierdosen. Die Katze sprang mit einem Satz auf das Plateau ihres Kratzbaums, der in der Ecke vor dem Fenster stand.

- Ich bin wirklich neugierig, von Ihrem Angebot zu erfahren. Ein paar Scheinchen zu verdienen, das kommt immer gelegen, begann Rettig das Gespräch. Seine Augen leuchteten.

David hielt sich nicht mit langen Vorreden auf und kam gleich auf den Punkt.

- Wie ich von einem Bekannten gehört habe, erfreuen Sie sich eines gewissen Rufes in der Hackerszene, um nicht zu sagen, Sie sind dort geradezu eine Berühmtheit. Man kennt Sie allgemein unter dem Namen *Belsazer*, sagte er frei heraus und bemerkte gleich, sein Gegenüber war nicht unempfänglich für Lob.
- Nun ja, ich bin viel im *world wide web* unterwegs, da stolpert man über vieles, antwortete Rettig trotz der schmeichelnden Worte reserviert. Dieses Thema barg durchaus Brisanz, und er hielt ein Mindestmaß an Vorsicht für angebracht.
- Ich habe Verständnis für Ihre Zurückhaltung, da Ihr Tun sich gelegentlich sicher an den Grenzen der Legalität bewegt, aber darüber sehen wir jetzt mal großzügig hinweg. Ich wende mich an Sie, weil Sie meiner verbrieften Information nach vor kurzem entweder im Auftrag eines Kunden namens Harald Dalbeck oder der von ihm zwischengeschalteten Detektei Pit Dietrich ein Emailkonto gehackt haben, sagte David.
- Falls das zutreffen würde, wäre das noch lange kein Straftatbestand, entgegnete Rettig feixend.

In diesem Moment begann die Katze auf der Plattform des Kratzbaums ein entsetzliches Wimmern und wälzte sich unter wilden Zuckungen hin und her.

- Sie hat einen epileptischen Anfall, nichts Schlimmes. Das geht gleich vorbei, erklärte der Hacker.

David schaute noch eine kleine Weile dem Tier zu, das bei seinem unkontrollierten Gebaren fast über die Plattformkante gerollt wäre, und nahm dann im sicheren Gefühl, hier leichtes Spiel zu haben, das Gespräch wieder auf:

- Ich bin keineswegs hier, um Ihnen in irgendeiner Weise Schaden zuzufügen, vielmehr möchte ich Ihnen sagen wir die Summe von fünfhundert Euro bar auf die Hand anbieten für einen kleinen Gefallen.

Als er kurz darauf unten auf der Bülowstraße wieder in den Maserati stieg, befanden sich tausend Euro weniger in seiner Brieftasche. *Belsazer* hatte im sicheren Gespür, dass dieser kleine Gefallen, um den man ihn bat, auch gern das Doppelte der ihm angebotenen Summe wert sein dürfte, die Gunst der Stunde genutzt und den Preis schamlos in die Höhe getrieben. Allerdings hatte er im Gegenzug David auch anstandslos die kleine Gefälligkeit erwiesen, um die dieser ihn gebeten hatte.

17

Liechtenstein

David legte das Telefon auf den Gartentisch und lehnte sich zurück in seinem Liegestuhl, um auf der Terrasse die ersten Strahlen der Morgensonne zu genießen, die eben um die Eichenwipfel des nahen Hofgartens herum einfielen. Gerade hatte Albert den heutigen Abendtermin abgesagt, denn er würde über Nacht in Berlin bleiben, um an einer Sitzung zur Untersuchung des BioMondo-Skandals teilzunehmen. Das Thema besaß unverändert bundespolitische Bedeutung. David spürte Erleichterung. Ihm war heute nicht nach Arbeit zumute. Um 10 Uhr, zwei Stunden später als üblich, würde Imelda kommen, und bis dahin wollte er ungestört nachdenken. Er hatte das nicht nachlassende Gefühl, sich mitten in einem Strudel ihn in die Tiefe ziehender Ereignisse zu befinden, und er hatte noch keine Idee, wie er dem Ganzen eine überschaubare Ordnung verleihen konnte.

Plötzlich vernahm er einen ohrenbetäubenden Lärm an der gleich neben dem Aufzug befindlichen Eingangstür zum Penthouse. Mit einer Ramme wurde das Türblatt gewaltsam aus Schloss und Angeln katapultiert und donnerte krachend gegen die Wand, worauf drei Männer herein stürmten und den Eingang sicherten, bevor ein vierter Mann aufreizend langsam durch den Türrahmen schritt. Er trug einen verknitterten Anzug mit Pfeffer-und-

Salz-Muster, hatte ein süffisantes Lächeln in seinem von einem grauen Bärtchen umrandeten Gesicht und genoss ganz offensichtlich diese in ihrer völlig überflüssigen Gewaltanwendung lächerliche Machtdemonstration.

David blieb ruhig und schlug in seinen Gartenstuhl lässig die Beine übereinander. Er konnte sich nicht erklären, welchen Zweck ein solcher Überfall verfolgte. Die Männer, so viel hatte er mit einem Blick erkannt, sahen nicht wie Schläger aus, also würde er sich in diesem Fall kaum abermals physischer Gewalt ausgesetzt sehen. Ohnehin hatte Slobodan den Lärm mit Sicherheit gehört und wäre in kürzester Zeit hier. Daher wandte er sich gelassen an den vierten Mann, dessen selbstgefälliges Gebaren den Leitwolf verriet, und fragte:

- Die Möglichkeit meine Haustürklingel zu benutzen schien Ihnen zu umständlich?
- Ah, das Täubchen reißt noch Witze, entgegnete der Mann mit unglaublicher Arroganz, doch man sah ihm deutlich die Verstimmung an, dass sein brachialer Auftritt nicht mehr Eindruck hinterlassen hatte.

In diesem Moment betrat Slobodan das Penthouse. Die drei am Eingang postierten Männer wollten ihn zurückhalten, doch er marschierte einfach hindurch und nahm auf der Stelle den Mittelpunkt des Geschehens ein.

- Darf ich fragen, was genau hier vor sich geht? fragte er und fixierte jeden in der Runde. Seine Miene signalisierte Eiseskälte.
- Und Sie sind…? wollte der Wortführer der Eindringlinge wissen.
- Mein Name ist Slobodan Gassmann, ich bin der Besitzer dieses Hauses und infolge dessen der Vermieter dieser Wohnung, deren Eingang Sie soeben demoliert haben. Und ich muss kein Prophet sein, um Ihnen zu sagen, dass das hier nicht ohne Folgen für Sie bleiben wird.

Die Überheblichkeit des Mannes schien grenzenlos. Er ließ ein höhnisches Lachen vernehmen, das wie Hundegebell klang.

- Ich glaube kaum, dass Sie die weitreichenden Befugnisse der Steuerfahndung richtig einschätzen, meinte er leichthin.
- Welche Befugnisse Sie auch haben mögen, dazu gehört kaum, dass Sie für den Einlass in eine Wohnung unnötig Eigentum beschädigen, wenn das Betätigen einer Haustürklingel genügt hätte, sagte Slobodan mit Nachdruck.
- Bevor Sie einen hoffentlich genügend plausiblen Grund für Ihr gewaltsames Eindringens benennen, hätte ich gern Ihren Ausweis gesehen, mischte sich David ein und trat von der Terrasse ins Empfangszimmer.

Der Mann hob die Augenbrauen, fischte einen Ausweis aus seiner Sakkotasche und hielt ihn David hin.

- Doktor Christoph Frantisek, ah, wir haben es mit einem promovierten Eindringling zu tun! spottete er.
- Die Sprüche werden Ihnen vergehen, wenn ich mit Ihnen fertig bin, zischte der Steuerfahnder.
- Und wenn ich mit Ihnen fertig bin, dann werden Sie wieder Akten sortieren, denn eines sage ich Ihnen hier und jetzt: sollten Sie diese stümperhafte Aktion angeordnet haben, dann wird Ihr Kopf rollen! sagte Slobodan mit Nachdruck.
- Das lassen Sie mal meine Sorge sein, antwortete Dr. Frantisek genüsslich.

Er gab seinen Begleitern einen kurzen Wink, worauf die sofort begannen, das Penthouse zu durchkämmen. Einer der Männer beschlagnahmte Davids Laptop und das neben ihm liegende Handy und stopfte beides in eine bereitgehaltene Tasche. Sie wiesen ihn an, den Safe zu öffnen, und schienen überrascht, dass er leer war. Weitere Unterlagen wie Aktenordner fanden sich keine. David hatte das Penthouse stets als sterile Zone gehalten, ebenso frei von jeglichem bürokratischen wie auch privaten Material.

- Wenn Sie mir verraten, was genau Sie suchen, kann ich vielleicht behilflich sein, bot er an. Sein überhebliches Lächeln stand dem arroganten Dr. Frantisek in nichts nach.

- Wir haben konkrete Hinweise, dass Sie in großem Stil Steuern hinterziehen, ließ sich der Gefragte zu einer Antwort herab.
- Und darf ich fragen, welcher Art diese Hinweise sind, fragte David weiter.
- Darüber kann ich keine Auskunft geben. Nur so viel kann ich sagen, dass wir fundierte Information über ein von Ihnen angemietetes Bankschließfach in Liechtenstein haben, welches wir gern in Ihrem Beisein öffnen würden.

David bemühte sich, sein Erschrecken nicht zu zeigen. Es erschien ihm absolut unmöglich, dass Kenntnis von seinem Schließfach in Vaduz an die deutschen Steuerbehörden gelangt war. Niemand kannte bei der dortigen Bank seinen Namen oder seine Personalien. Und jetzt konfrontierte ihn dieser unerträglich arrogante Fatzke aus heiterem Himmel mit einem augenscheinlich von reichlich mysteriöser Seite geäußerten Verdacht. Scheinbar unerschüttert fragte er den Steuerfahnder:

- Und zu diesem Zweck wollen Sie mich nach Liechtenstein entführen?
- Genau das ist der Plan. Wir haben eine Cessna gebucht, die um Punkt Mittag vom Flughafen Mülheim abfliegt, und Sie werden mit uns an Bord sein. Das ist Ihre einzige Chance, Ihre Unschuld zu beweisen, woran ich im Übrigen nicht glaube. Wenn Sie sich weigern, habe ich Anweisung Sie vorläufig festzunehmen.

- Aber verehrter Herr Dr. Frantisek, warum sollte ich mich weigern? Ich begleite Sie mit dem größten Vergnügen, obwohl ich mich über eine solch unorthodoxe Methode, die man durchaus als Kidnapping bezeichnen kann, doch sehr wundern muss. Und nach dieser kleinen Reise werden Sie mir sicherlich erlauben, dass ich mich mit sämtlichen mir zur Verfügung stehenden Mitteln um Sie kümmern werde. Ich möchte auf keinen Fall etwas schuldig bleiben.
- Sie wagen es noch, mir zu drohen? In Ihrer Situation ständen Ihnen Demut und Zerknirschung besser als Ihre unangebrachte Arroganz, sagte Dr. Frantisek und entblößte seine Schneidezähne eines Nagetiers.
- Heißt es nicht: wie man in den Wald ruft, so schallt es hinaus? antwortete David und schaute mit einem kaum merklichen Nicken zu Slobodan.

Davids souveräne Selbstsicherheit und der gänzliche Mangel an Zeichen von Einschüchterung blieben nicht ohne Wirkung auf den Steuerfahnder. Auf dem Weg zum Flugplatz Mülheim, den er und seine drei Begleiter in einem Dienstwagen, einem Audi 8, zurücklegten, hielt er sich mit weiteren Bemerkungen zurück. David saß im Fond des Wagens und überlegte fieberhaft, ob die von ihm für diesen Fall getroffenen Vorsichtsmaßnahmen greifen würden.

Auch auf dem Flug, der von Mülheim an der Ruhr zum kleinen Flughafen Altenrhein am Schweizer Ufer des Bodensees führte, spürte er wachsende Unruhe. Wieder und wieder rechnete er das Zeitfenster durch, in welchem er unterwegs war. Um kurz nach 9.30 Uhr hatten sie das Penthouse verlassen, um 12 Uhr waren sie in Mülheim gestartet, um 13.45 Uhr würden sie in Altenrhein landen, von wo sie dann noch fünfundvierzig Minuten im Auto bis Vaduz benötigen würden. Ihre voraussichtliche Ankunftszeit wäre gegen 14.30 Uhr. David atmete tief durch und bemühte sich mit aller Macht, das nicht hören zu lassen.

Auf der sich der Landung anschließenden Fahrt im Wagen, es war wieder ein Audi 8 mit deutschem Kennzeichen, der sie hier erwartet hatte, stürmten Fragen über Fragen auf David ein. Liechtenstein war Mitglied der Europäischen Union und als solches sicherlich zur Kooperation mit deutschen Steuerbehörden verpflichtet, aber diese obskure Aktion über die Grenze eines souveränen Staates hinweg erschien ihm mehr als dubios in ihrer rechtlichen Grundlage. Zudem hatte sich das Land immer seinen exzellenten Ruf bewahrt, als Steueroase die innereuropäischen Gesetze zu umgehen, und könnte kaum einen Skandal riskieren, der das Vertrauen ausländischer Geldanleger massiv beschädigen würde. Überaus virtuos lavierte sich das hiesige Bankwesen zwischen europäischer Gesetzeslage und seinen lukrativen, aber letztlich auch die Steuergesetzgebung großzügig interpretierenden Einnahmequellen hindurch. Die Reputation Liechtensteins als El Dorado diskreter Geldanlage war sprichwörtlich legendär. Zudem lag es geographisch leichter erreichbar als beispielsweise die Karibik-Anrainer Panama, Belize oder die Cayman Islands, die internationales Offshore-Banking in ähnlich großem Stil betrieben.

David war sich im Klaren darüber, dass allein seine uneingeschränkte Einwilligung in alles von ihm Verlangte ihn von jeglichem Verdacht befreien konnte, und schwor sich insgeheim, nie wieder Geld an den Steuerbehörden vorbei auf die Seite zu schaffen. Aber was seine Gedanken weit mehr noch beschäftigte als die mögliche Entdeckung, war die Frage, wer den Finanzbehörden den entscheidenden Hinweis gegeben hatte. Als erstes fiel ihm Harald Dalbeck ein, der nach den ihm von David aufgezeigten Grenzen allen Grund hatte, ihm zu schaden und sicherlich in Rachegelüsten brannte. Aber selbst wenn er von ihm jederzeit eine Retourkutsche für das Vereiteln seiner Pläne erwarten musste, erschien es ihm absolut unmöglich, dass Dalbeck an Informationen über Davids Liechtensteiner Schließfach gekommen war.

Natürlich fuhr der Audi, wie David sich nahezu ausrechnen konnte, genau vor dem Bankhaus vor, in welchem er vor einigen Jahren das Schließfach angemietet hatte. Er verspürte eine große Anspannung, als er in Begleitung von Dr. Frantisek die Lobby betrat. Die drei anderen Männer blieben im Wagen. Dem Anschein nach wollte man allzu großes Aufsehen vermeiden. Frantisek steuerte zielstrebig auf den Empfang zu und sagte zu der dort Dienst habenden Dame:

- Mein Name ist Dr. Frantisek, wir kommen aus Deutschland und haben einen Termin mit Herrn Hürlimann.

David strömte die Hitze durch den ganzen Körper. Herr Hürlimann hatte ihn niemals ohne getönte Brille und Baseballkappe gesehen, und er konnte nur hoffen, dass kein spontanes Zeichen des Wiedererkennens ihn verraten würde. Doch zu seiner Beruhigung erwiderte die Empfangsdame freundlich:

- Ich bedaure, Herr Hürlimann hat sich heute krank gemeldet. Herr Direktor Imhof wird sich gleich persönlich um Sie kümmern.

Der durch ein Telefonat von ihr verständigte Direktor kam kurz darauf die geschwungene Marmortreppe herunter und begrüßte die Besucher. Er war ein überaus gepflegter Mann mit vollem grauen Haar, randloser Brille und einem blauen Anzug aus feinster Wolle, den David sofort als *Zegna* identifizierte und der den neben ihm stehenden Frantisek in seinem verknautschten Kammgarnanzug als zweitklassige Karikatur bloßstellte.

- Mein Name ist Urs Imhof, ich grüße Sie, sagte er mit unüberhörbarer Autorität.

Frantisek reichte ihm die Hand und stellte dann David vor, wobei er ihn scharf musterte:

- Sie kennen Herrn Beckett, David Beckett?

- Leider hatten wir noch nicht das Vergnügen, antwortete Herr Imhof wahrheitsgemäß und reichte auch David die Hand.
- Ich weiß nicht, ob Ihnen Herr Hürlimann unser Anliegen geschildert hat, fuhr Frantisek fort, seinen Unwillen, die Situation nicht vollständig zu beherrschen, schlecht verhehlend.
- In diesem Hause geschieht nichts, von dem ich nicht weiß, Sie dürfen also beruhigt sein, ich bin über alles informiert, sagte der Direktor mit einem leisen Lächeln.
- Dann schlage ich vor, dass wir uns unverzüglich zu den Schließfächern begeben, drängte Frantisek mit unüberhörbarer Ungeduld.
- Eines möchte ich noch anmerken, Herr Dr. Frantisek, bevor ich Ihrem Wunsch nachkomme. Unser Bankhaus erfreut sich einer unantastbaren Reputation, und jeglicher Verdacht, wir könnten illegalen Geldgeschäften oder gar Steuerdelikten Vorschub leisten, weisen wir kategorisch von uns. Die europäischen Gesetze verpflichten uns keineswegs, Ihrem offen gestanden reichlich abenteuerlichen Ansinnen Vorschub zu leisten, und ich betone mit allem Nachdruck, dass das heute eine reine Goodwill-Aktion unseres Hauses ist und sich in Zukunft nicht wiederholen wird. Und nun darf ich bitten…

Frantisek schien diese versteckte Zurechtweisung reglos hinzunehmen, aber zu seiner Genugtuung sah David, wie die Züge des Steuerfahnders eine Spur bleicher wurden. Die Rolle eines in seine Schranken verwiesenen Bittstellers behagte seinem überproportionalen Ego so gar nicht. Gemeinsam gingen sie durch die Halle und die Treppe ins Kellergeschoss hinab bis zu der Tür, vor welcher der Laser für den Augenscan angebracht war.

- Die Kunden, die unsere Schließfächer benutzen, legitimieren sich hier per Scan ihrer Iris und werden dann eingelassen, erklärte Herr Imhof knapp.
- Und dieses System ist absolut unfehlbar? fragte Dr. Frantisek zweifelnd.
- Die Iris eines Menschen ist ebenso wie sein Fingerabdruck einmalig, und daher ist das System absolut unfehlbar, betonte Herr Imhof.
- Dann ersuche ich jetzt Herrn Beckett, sich dieser Prozedur zu stellen, forderte Frantisek David auf.

David schaute Direktor Imhof an und wartete auf dessen Anweisung. Dieses Spielchen verlangte eine von ihm zur Schau gestellte Unwissenheit über den technischen Ablauf, und genau eine solche bemühte er sich an den Tag zu legen. Herr Imhof bedeutete ihm, Kinn und Stirn an den Rahmen der Apparatur zu platzieren, ganz ähnlich wie Optiker es beim Sehtest handhaben. David befolgte exakt die Vorgaben. Dann führte der Direktor seine *key card* in den Schlitz neben der Tür und drückte eine kleine Taste, die den Scan in Gang setzte.

Nichts geschah. Frantisek schaute fragend zu Herrn Imhof, und David fiel ein Stein von der Seele.

- Wenn Herr Beckett, wie Sie vermuten, eines unserer Schließfächer angemietet hätte, würde sich die Tür zum Tresorraum geöffnet haben, erklärte Direktor Imhof.
- Das kann nicht sein, widersprach Frantisek.
- Ich versichere Ihnen, das ist so, sagte Imhof mit einiger Schärfe.
- Wiederholen Sie das bitte! Ich habe gesicherte Information, dass Herr Beckett in einem Schließfach Ihrer Bank an den deutschen Steuerbehörden vorbei geschmuggeltes Geld deponiert hat.

David amüsierte sich mit einem Mal.

- Vielleicht wenn mein linkes Auge gescannt würde…, schlug er vor.
- Dieses System basiert, um Irrtümern vorzubeugen, ausschließlich auf einem Scan vom rechten Auge des jeweiligen Besuchers, klärte Imhof sie auf.
- Dann scannen Sie es halt noch einmal, begehrte Frantisek voller Ungeduld.

Zum zweiten Mal ließ David seine Iris scannen, und abermals blieb die Tür zum Tresorraum geschlossen. Frantisek stampfte wütend mit dem Fuß auf. Seine

Niederlage schien nicht mehr abzuwenden. Einen letzten Trumpf glaubte er noch zu besitzen.

- Ich möchte, dass Sie das Schließfach mit der Nummer 218 öffnen lassen, wenn es nicht anders möglich ist, auch durch einen Schlosser. Die deutschen Behörden kommen für alles auf, forderte er erbost.

Der Direktor sah den Zeitpunkt gekommen, um solcher Unverschämtheit die Grenzen aufzuzeigen.

- Das wird zu meinem Bedauern nicht möglich sein, ich sagte Ihnen bereits, das System ist unfehlbar und beweist mit einhundert prozentiger Sicherheit, dass Herr Beckett kein Schließfach in unserem Bankhaus angemietet hat, bedeutete Imhof dem Begehren Frantiseks.
- Sie verzeihen, dass ich mich einmische, aber wenn die geringste Möglichkeit besteht, Einsicht in dieses besagte Schließfach zu gewinnen, dann möchte ich Sie bitten, das zu veranlassen. Es geht hier um einen völlig aus der Luft gegriffenen und höchst absurden Verdacht gegen meine Person, und ich möchte den gänzlich ausgeräumt wissen, wandte sich David an den Direktor.

Herr Imhof schaute ihn ob dieser eloquent vorgetragenen Bitte wohlwollend an und wählte dann von einem Wandtelefon eine dreistellige Nummer. Er sprach mit zugekehrtem Rücken sehr leise in den Hörer, und sagte dann, als er aufgelegt hatte:

- Frau Schärer wird gleich mit der dem Fach zugehörigen *key card* hier sein. Zusammen mit meiner *master key card* können wir das besagte Schließfach öffnen. Wie ich soeben erfahren habe, ist es zurzeit nicht belegt, andernfalls wäre das ohne die dem jeweiligen Kunden ausgehändigte *key card* unmöglich.

Frau Schärer entpuppte sich als die überaus sympathische Dame vom Empfang. Ihr schwarzer Hosenanzug ging wie eine zweite Haut um ihre Figur. Sie strich sich eine Strähne ihres weißblonden Pagenkopfes aus der Stirn und wartete respektvoll an Tür.

Der Direktor trug seine *master key card* an einer goldenen Kette in der Reverstasche. Als er sie hervorzog und unter Eingabe eines Nummerncodes in den Schlitz neben der Tür zum Tresorraum schob, öffnete sich diese geräuschlos. Dann suchte er nach der Nummer von Fach 218 und forderte Frau Schärer auf, ihre *key card* in den linken der beiden das Schloss sichernden, waagerecht nebeneinander liegenden Schlitze einzugeben, worauf er mit seiner *master key card* bei dem rechten Schlitz ebenso verfuhr. Das schmale Türchen klickte leise und sprang auf. Herr Imhof zog einen Metallkasten an einem an der Stirnseite befestigten Griff heraus und stellte ihn auf einen kleinen Tisch in der Mitte des Tresorraums. Trotz des für ihn reibungslosen Verlaufs der bisherigen Operation waren Davids Nerven bis zum Zerreißen angespannt.

Dann öffnete Direktor Imhof den Metallkasten. Er war leer.

18

Zwillinge

Das milde Nachmittagslicht von Vaduz schien auf die Spiegelglasfront des Bankhauses, als David in Begleitung von Dr. Frantisek heraus auf die Straße trat. Die aggressive Nervosität des Steuerfahnders war fast greifbar. Er hatte eine krachende Niederlage erlitten, sich eines dilettantischen und obendrein kaum legalen Handelns schuldig gemacht und kalkulierte vermutlich die für ihn möglichen Konsequenzen. David ließ ihn keinen Moment im Unklaren darüber.

- Ich denke, Ihre haltlosen Vorwürfe gegen mich sind nunmehr entkräftet, daher gehe ich davon aus, dass sich unsere Wege hier trennen, sagte er, als sie den wartenden Audi erreichten.
- Sie fliegen nicht mit uns zurück? fragte Frantisek mit einer Stimme, in welcher sich immer noch kaum gezügelte Wut mit Ohnmacht mischte.
- Sie werden es mir sicherlich nachsehen, wenn ich bei meiner Rückreise auf das Vergnügen Ihrer Begleitung verzichte, meinte David kalt.
- Wie Sie wünschen, entgegnete Dr. Frantisek spöttisch.
- Glauben Sie nicht, dass eine kleine Entschuldigung Ihrerseits angebracht wäre, nachdem sich dieser ohnehin völlig aus der Luft gegriffene Verdacht gegen mich nicht erhärten ließ? fragte David.

- Meine Erfahrung lehrt mich, dass wo Rauch ist, auch immer ein Feuer brennt. Ich mache lediglich meinen Job, wandte Frantisek schulterzuckend und ohne jedes Bedauern ein.
- Sie machen ihn schlecht, so viel steht fest. Und ich darf Ihnen versichern, dass mein Vermieter Ihr gewaltsames Eindringen in seine Immobilie nicht auf sich beruhen lassen wird. Ich kenne ihn sehr gut. Auch Ihre vermeintliche Unantastbarkeit als Beamter der Steuerfahndung schützt Sie da kaum, sagte David.
- War es das? Dann verabschiede ich mich, sagte Frantisek kühl und machte Anstalten, in die Limousine zu steigen.
- Nur eines noch: bei meiner Rückkehr erwarte ich, dass Sie meinen Laptop und mein Telefon bei meinem Vermieter abgegeben haben. In meinem Beruf bin ich dringend auf beides angewiesen. Und das ist keine Bitte, sondern absolut nicht verhandelbar, es sein denn, Sie wünschen auch von meiner Seite Regressansprüche an ihre Behörde! Habe ich mich deutlich ausgedrückt? fragte David.
- Ihr Beruf? So also nennen Sie das? Nach meinen Informationen sind Sie doch bloß als Stricher tätig, entgegnete Frantisek bissig. Ihm missfiel sichtlich der Ton, den David anschlug.
- Wie Sie soeben erfahren durften, entbehren Ihre Informationen bisweilen der Stichhaltigkeit. Und ein Stricher, der seine Steuern korrekt bezahlt,

dürfte Ihnen kaum ein Dorn im Auge sein, oder fungiert die Steuerbehörde neuerdings als verlängerter Arm des Vatikans? sagte David und ließ ihn, ohne sich nochmals umzublicken, einfach stehen.

Im Weggehen schaute er auf die nahe Kirchturmuhr. Es war kurz nach 15 Uhr. Er würde ein Taxi zum Bahnhof Vaduz-Schaan nehmen und von dort mit dem Zug nach Kreuzlingen fahren, um vor seinem von Zürich abgehenden Rückflug Julian und Hannah in Konstanz zu besuchen. Er brannte förmlich darauf, den Bericht seines Bruders zu hören.

Im Zug verspürte er nichts als Erleichterung über den glimpflichen Ausgang dieses unverhofften Abenteuers. Seine minutiös geplanten Vorsichtsmaßnahmen für den wie auch immer unwahrscheinlichen Fall der Entdeckung seiner Verbindung zum Liechtensteiner Bankhaus hatten sich als überaus begründet erwiesen. Slobodan, den er darüber unterrichtet hatte, was in dieser Situation zu tun wäre, hatte vermutlich unverzüglich nach Abzug der Steuerfahnder aus dem Penthouse Julian in Konstanz angerufen, und der hatte sich in Kreuzlingen in die nächste Bahn gesetzt und war nach Vaduz gefahren. Die geographische Nähe bescherte ihm einen zeitlichen Vorsprung von zwei Stunden bis zum Eintreffen Frantiseks. In Vaduz hatte er, ebenfalls von David genauestens instruiert, das Schließfach gekündigt, es im Anschluss daran vollständig geleert und von dem Vertreter

Herrn Hürlimanns verlangt, dass seine Daten auf der Stelle aus dem System des Laserscanners gelöscht wurden. Natürlich befand sich Julian im Besitz eines Duplikats von Davids *key card*, das einer von Slobodans ehemaligen Kumpeln bei den *Hells Angels* angefertigt hatte und das David ihm bei seinem Besuch in Düsseldorf zugesteckt hatte.

Was allerdings Direktor Imhof über die Unfehlbarkeit des Systems zur Iriserkennung gesagt hatte, entsprach nicht ganz den Tatsachen. Ebenso wie der Fingerabdruck war die Iris eines jeden Menschen einzigartig. Eineiige Zwillinge dagegen, deren Fingerabdrücke sich durchaus unterschieden, verfügten über eine völlig identische Iris, so dass Julian ohne Probleme in den Tresorraum eingelassen worden war. Diesem David zum Glück bekannten Umstand allein war die erfolgreiche Täuschung des Steuerfahnders zu verdanken gewesen.

Vor dem Fenster des stampfenden Zuges flogen die sattgrünen Schweizer Hügel vorüber, auf denen braun-weiße Kühe weideten. An den strahlend blauen Himmel schienen die Wolken wie Wattebäusche hingetupft, doch David sah das alles nicht. Er grübelte unentwegt über die obskure Quelle nach, die ihn bei der Steuerbehörde angeschwärzt hatte. Harald Dalbeck hatte sicher ein starkes Motiv, verfügte aber mit Sicherheit über keinerlei Kenntnis von Davids finanziellen Aktivitäten. Er verwarf den Verdacht gegen ihn gleich wieder. Dann fiel ihm Sophie ein, die er bei seinem letzten Besuch der Bank zu sehen geglaubt hatte. Selbst wenn das zutraf und sie ihn damals auch gesehen haben sollte, vermochte er sich kaum vorzustellen, dass sie diesen anonymen Hinweis gegeben hatte, zumal sie letztendlich nur auf vage Vermutungen für den Grund seines Aufenthalts in Liechtenstein bauen konnte. Ihre Trennung war sicherlich nicht gütlich vonstattengegangen, inzwischen aber bereits mehr als sieben Jahre Vergangenheit. Ihm widerstrebte es, sich Sophie als derart obsessive Psychopathin vorzustellen, dass sie nach so langer Zeit noch auf Vergeltung sann. Und zudem hätte sie auch kaum über die detaillierte Kenntnis seiner Schließfachnummer verfügen können.

Nach reiflicher Überlegung schob David den Verdacht gegen sie beiseite. Die Angelegenheit blieb mysteriös. Obwohl niemand im Bankhaus seine Personalien kannte, musste es am Ende dort ein Leck geben. In den letzten Jahren waren immer wieder Nachrichten von Schweizer Bankangestellten an die Öffentlichkeit gelangt, die Dateien mit geheimen Kundenkonten auf CD gebrannt hatten und für hübsche Millionenbeträge an ausländische Steuerbehörden verkauften. Er fragte sich, ob Frantisek für den ihn betreffenden und sich letztlich als Fehlinformation erweisenden Hinweis Geld bezahlt hatte. Ein Gefühl von Triumph stieg kurz in ihm auf, aber dann gestand er sich wieder ein, wie haarscharf er einer Entdeckung entgangen war. Zudem war er in Sorge, die Fahnder könnten auch sein Apartment in Kaiserwerth durchwühlt haben. Natürlich hätten sie auch dort nichts Belastendes gefunden, doch allein der Gedanke eines möglichen

Eindringens in seinen privaten Rückzugsort machte ihn wütend.

Eine Station früher schon, am Kreuzlinger Hafen verließ er den Zug und ging am See entlang über die Grenze nach Konstanz. Wie jedes Mal, wenn er hier war, empfand er nichts als pures Glück. Das war seine Heimat, hier waren seine Wurzeln. Der See lag im frühen Abendlicht wie ein großer blauer Diamant, die Wellen sangen die immer gleiche leise Melodie, in welche ein einfahrendes Schiff seine mächtige Fanfare trompetete, und die Möwen schwebten in ihrer ewigen Choreographie über dem Wasser. Für ein paar wenige Minuten nahm er Platz auf einer der Bänke unter den Uferpappeln und schaute gedankenverloren in die Ferne. Zu viele Fronten, an denen er gerade kämpfte, dachte er, doch dann gewann der See wie immer Macht über ihn und er fühlte Frieden in seine von den Ereignissen aufgewühlte Seele steigen.

Hannah empfing ihn an der Tür zu ihrer Wohnung und schloss ihn fest in ihre Arme.

- Gerade nochmal gutgegangen, was? lachte sie.
- Puuh! Aber so eben noch, lachte auch David.

Julian und Lisa kamen aus der Küche, und auch sie begrüßten ihn herzlich.

- Wir haben schon mit dir gerechnet, grinste sein Bruder.
- Wie schön, wieder bei Euch zu sein! sagte David erleichtert.

Das gemeinsame Abendessen bestand aus Gemüse-Lasagne, für deren Zubereitung alle Julian lobten. Nachdem Lisa vor dem Einschlafen noch die obligatorische Gutenachtgeschichte von Onkel David vorgelesen bekam, lauschte er endlich Julians Bericht über den gelungenen Coup, während sie eine Flasche Bacchus tranken. Schließlich zog sein Bruder einen Metallkoffer unter dem Sofa hervor und reichte ihn David, doch der wehrte ab.

- Behalte es eine Weile hier. Für mich ist es im Moment eindeutig zu heiße Materie. Vielleicht kannst du ja bei deiner Bank ein Schließfach mieten, schlug David vor.
- Damit die Steuerfahndung es in meinem Beisein öffnet, platzte Julian heraus und schüttelte sich vor Lachen.

Am nächsten Morgen brachten sie den Koffer gemeinsam zu einer Bank in der Stadtmitte. Dort wartete David in einem Café gegenüber, während Julian ein Schließfach mietete und den Inhalt des Koffers darin deponierte. Die Bank verfügte noch nicht über die Technologie eines Laserscanners, sondern händigte ihren Kunden ganz traditionell einen Schlüssel aus, und natürlich hatte Julian seinen Ausweis vorlegen müssen.

- Egal, die Hauptsache für mich ist, dass die Kohle zunächst einmal sicher gebunkert ist! beruhigte David mehr sich als ihn.

Sie vereinbarten, dass Julian den Schlüssel in Verwahrung nahm, denn David wollte, falls der von seiner Schmach angestachelte Dr. Frantisek auf weitere Verfolgung sann, sich unter keinen Umständen in seinem Besitz befinden. Dann fuhr Julian seinen Bruder zum Flughafen Zürich. David, ohne Laptop und Mobiltelefon, war unruhig und wollte schnellstmöglich zurück, obwohl Julian ihn bat, doch noch ein paar Tage zu bleiben.

Nach seiner Ankunft in Lohausen nahm er ein Taxi zur Inselstraße. Als er aus dem Aufzug ins Penthouse trat, waren soeben zwei Handwerker beschäftigt, eine neue Tür einzusetzen. Slobodan beaufsichtigte die Arbeiten.

- Da ist ja der verlorene Sohn wieder, flachste er.
- Er war viel zu lange fort, flachste David zurück.
- Und: alles gut? fragte Slobodan.
- Alles bestens, sagte David grinsend und hob den Daumen.

Zu seinem Erstaunen hatte Dr. Frantisek tatsächlich Davids Laptop und Telefon noch am gestrigen Abend bei Slobodan abliefern lassen. Mit ziemlicher Sicherheit hatten die Fahnder vorher sämtliche Daten kopiert, aber das ließ David kalt, denn auf beiden Geräten befanden sich keinerlei sensible Daten, die auf eventuelle Verbindungen nach Liechtenstein hingedeutet hätten. Vor jedem seiner Besuche des Bankhauses hatte er sein Handy ausgeschaltet, so dass seine GPS-Daten keinen Aufschluss darüber lieferten. Allein die dort eingespeicherten Telefonnummern seiner teils prominenten Kunden hatten brisantes Potential, doch war es durchaus kein steuerrechtlicher Tatbestand, wenn jemand seine Dienste in Anspruch nahm. Auch konnte niemand anhand der durch die Nummern leicht zu ermittelnden Identitäten seiner Kontakte feststellen, in welchem Verhältnis sich David zu diesen befand.

Nachdem er Slobodan in dessen Wohnung gefolgt war, erstattete er ihm kurz Bericht über den Verlauf des gestrigen Tages.

- Du kannst dir nicht vorstellen, wie erleichtert ich bin, sagte er.
- Und ob ich das kann, antwortete Slobodan lachend.
- Ich glaube, ich bin dir ein Essen schuldig, aber es muss mindestens ein Dreisterneschuppen sein, meinte David.

Dann schaute er ungeduldig die während seiner Abwesenheit auf seinem Smartphone eingegangenen Anrufe nach und fuhr anschließend mit dem Maserati nach Kaiserwerth, nur um beruhigt festzustellen, dass niemand hier eingedrungen war.

In Kaiserswerth begab sich David sofort zu einem der vielen Telefonläden und kaufte sich das gleiche Modell seines Handys noch einmal. Von seinem Festnetztelefon meldete er dann bei seinem Anbieter seine SIM-Karte als verloren und bat um Zusendung einer neuen Karte mit der alten Nummer. Diese kleine Vorsichtsmaßnahme schien ihm angebracht, falls die Steuerfahnder sein Telefon abhörten und bei einem möglicherweise unbedachten Telefonat mit Julian neue Witterung aufnahmen.

Er hatte keine Pläne für den Abend, er würde essen, nochmals die Ereignisse der letzten beiden Tage überdenken und früh zu Bett gehen. Im Küchenschrank entdeckte er getrocknete Morcheln, Sahne, Schalotten und Kartoffeln und bereitete daraus ein Mahl, das aufgrund seiner einfachen Zutaten für ihn unter puristische Küche fiel, aber nichtsdestotrotz seinen Gaumen entzückte.

Dann saß er bei einem Glas Chardonnay vor dem Fernseher und zappte durch die Programme. Die Wiederholung eines *Tatorts* wechselte mit Rateshows, Kochwettbewerben, amerikanischen Comedyserien und Politmagazinen. Das alles war der Gipfel des Belanglosen und vergeudete nur die Zeit der Zuschauer. Dann schaltete er in eine Dokumentation über den Bodensee und war sofort fasziniert von den Bildern seiner Heimat. Bregenz mit seiner spektakulären Seebühne wurde gezeigt, das alte Hafenbecken von Lindau, dann die Insel Mainau und schließlich Konstanz. Der Sprecher kommentierte Einstellungen vom Hafen mit seiner weißen Flotte, vom malerischen Inselhotel und von der pulsierenden Innenstadt mit seinen Cafés und flanierenden Besuchern. Inmitten all der Menschen erblickte David plötzlich ein Hand in Hand durch die Fußgängerzone schlenderndes Paar. Sie lachten sich an in einer Halbtotalen, und der

Mann fuhr seiner Begleiterin zärtlich durchs Haar, während die Kamera eine kleine Fahrt auf sie zu vollführte. David stockte der Atem. Er musste sich getäuscht haben. Das war unmöglich.

Fieberhaft schaltete er den Laptop ein, um in der Mediathek des Südwestdeutschen Rundfunks die Sendung aufzurufen. Er fand sie auf Anhieb und kurz darauf auch den Moment, in dem die Kamera das Paar erfasst hatte. Zitternd fror David das Bild ein, ließ es dann unzählige Male zurücklaufen, um es wieder und wieder zu betrachten, bevor sich die Gewissheit unwiderlegbar in ihn senkte. Er kannte sie beide, sowohl den Mann wie auch die Frau des so verliebt wirkenden Paares. Es waren Herr Hürlimann und Sophie.

19

Verhaftet

Die Erkenntnis kam wie ein Schock über ihn. Die anonyme Informantin, die den Steuerbehörden den Tipp über seine Finanzaktivitäten in Liechtenstein gegeben hatte, konnte niemand anderes als Sophie gewesen sein. Demnach hatte sein Instinkt ihn nicht getrogen, als er sie an jenem Tag vor dem Bankhaus in Vaduz gesehen zu haben glaubte. Rätselhaft allerdings blieb ihre Verbindung zu Herrn Hürlimann, der ihr, das schien ebenfalls klar, die ihn belastenden Details geliefert haben musste. David brummte der Kopf vor lauter Vermutungen, wie das alles zusammenpassen könnte. Die einzige aus den Vorfällen der letzten Tage resultierende Gewissheit war, dass Sophie in der Tat auch mehr als sieben Jahre nach Ende ihrer Beziehung immer noch von flammenden Rachegelüsten erfüllt war und ihm den Bruch niemals verziehen hatte.

Wie so oft in letzter Zeit bestürmten ihn Fragen über Fragen, auf die er keine Antworten wusste. War Sophie aus purem Zufall an jenem Tag in Vaduz gewesen oder hatte sie ihm gar nachgespürt? Wie konnte sie erfahren haben, dass er an eben diesem Tag die Bank aufsuchte? Niemand außer ihm selbst wusste davon. Hatte sie über seine Mobilfunknummer seine GPS-Daten ausgespäht und ihn dann verfolgt, in der Hoffnung ihm, auf welche Art auch immer, schaden zu können? Immerhin hätte sie ihn bis

Bregenz orten können, erst dort hatte er sein Handy ausgeschaltet. Und seit wann bestand ihre Verbindung zu Hürlimann? Hatte sie ihn aus Berechnung umgarnt, um ihn für ihre Rache zu missbrauchen, oder waren sie tatsächlich ein Liebespaar? David wollte nicht glauben, dass Sophie sich ernsthaft in einen nicht nur auf den ersten Blick völlig unscheinbaren und zudem zwanzig Jahre älteren Mann mit Buckel verliebt hatte. Er kannte sie gut genug, um ihre Beziehung als reines Kalkül zu durchschauen. Vermutlich war Hürlimann, zeitlebens durch sein Handicap von Frauen eher gemieden, den Avancen der deutlich jüngeren Sophie im Handumdrehen erlegen, hatte, wie Wachs in ihren Händen, ihr bereitwillig jegliche Auskunft erteilt und in seiner romantischen Verwirrung nicht einmal davor Halt gemacht, auch streng vertrauliche Bankinterna auszuplaudern. Diese Theorie wurde zudem gestützt durch die Tatsache, dass Hürlimann sich am fraglichen Tag krank gemeldet hatte.

David überlegte nach einer angemessenen Reaktion auf diesen gedoppelten Verrat. Er könnte bei Bankdirektor Imhof eine Beschwerde über die Indiskretion seines Mitarbeiters vom Stapel lassen, die Hürlimann mit Sicherheit auf der Stelle seinen Job kosten würde. Allerdings wollte David das um keinen Preis telefonisch tun, da er immer noch eine Überwachung durch die Steuerfahndung nicht völlig ausschließen konnte. Da diese ganze Affäre letztlich für ihn mehr als glimpflich ausgegangen war, erschien ihm der Aufwand, wegen Hürlimann eigens nach Liechtenstein zu fahren, zu groß, und zudem konnte ihm kaum daran gelegen sein, schlafende Hunde wieder zu wecken.

Auch zweifelte er, ob er bei seinem nächsten Besuch in Konstanz Sophie zur Rede stellen sollte. Aller Wahrscheinlichkeit nach hatte sie bereits von Hürlimann erfahren, dass ihr schändlicher Plan nicht aufgegangen war, und jede Form von Genugtuung über das Scheitern ihrer billigen Rache, die er ihr gegenüber demonstrieren würde, könnte sie zu weiteren Attacken gegen ihn anstacheln, zumal ein vor ihr ausgekosteter Triumph auch ein indirektes Schuldbekenntnis seinerseits enthalten würde. Ohnehin warteten hier im Moment weit vordringlichere Aufgaben auf ihn, und David konnte kaum absehen, wann er Julian und Hannah das nächste Mal besuchen und dann eventuell Gelegenheit zu einem Treffen mit Sophie finden würde. Wiederum mied der Schlaf ihn lange in dieser Nacht.

Am Morgen ging er zum Bäcker und kaufte zwei frische Croissants und die Morgenzeitung. Er wollte den Vormittag nutzen, um an den Bildern für Theresa zu malen. Das würde die chaotisch in ihm wirbelnden Gedanken auf andere Dinge lenken. In letzter Zeit war einfach zu viel geschehen, und er sehnte sich nach Abstand von all dem.

David strich Meersalzbutter und Lindenhonig auf das erste Croissant, das zweite aß er mit Imeldas Mirabellenmarmelade, die sie in jedem Jahr eigens für ihn einkochte. Er trank den zweiten Espresso, als er die Zeitung aufschlug. Die Titelseite brachte einen Artikel über den *Brexit*, der seit Monaten alle Nachrichten beherrschte. Wie allgemein im ganzen Land zu beobachten war, hatte sich auch Davids längst eine rapide fortschreitende Politikverdrossenheit bemächtigt, eine Folge der in allen Medien immer nur mit endlosen Ausreden aufwartenden Politiker. Die zum kategorischen Grundsatz erhobene Verweigerung konkreter Antworten auf drängende Fragen hatte bei den Vertretern der gestandenen Parteien eine Virtuosität perfektioniert, mit ausschweifenden Worten absolut nichts zu sagen, was unter der Ägide der in vierter Amtszeit nur noch sediert erscheinenden Regierung als hohe Kunst der Diplomatie deklariert wurde. Die Wähler jedoch trieb dieses inhaltsleere Dauergeschwafel scharenweise in die Arme rechter Populisten, die offenbar begriffen hatten, dass die Öffentlichkeit Klartext erwartete und diese Erkenntnis vor laufenden Kameras nahezu ohne Tabus und mit aggressiver Hetze genüsslich zelebrierten.

David interessierte der *Brexit* so wenig wie die darauf Bezug nehmenden Worthülsen des Außenministers. Er blätterte um und erstarrte. Die fett gedruckte Titelzeile auf der dritten Seite lautete:

Der nächste BioMondo-Skandal
-Erpresser fordert zwei Millionen-

Der darunter prangende Subtitel mokierte sich über die neuerlichen Schlagzeilen des ohnehin von Skandalen geschüttelten Konzerns:

Nach dem nach wie vor ungeklärten Öko-Desaster bei BioMondo wird das Unternehmen nunmehr von Erpressern bedroht.

Ein Bild in verwaschenen Farben zeigte das unscharf verschwommene Gesicht der Blondine im blauen Kleid, welche in der Münsteraner BioMondo-Filiale in einem winzigen, kaum sekundenlang andauernden Moment der Unachtsamkeit die Ladenkamera übersehen hatte. Von dem damals aufgenommenen Video hatten die Kriminaltechniker der Polizeibehörde anscheinend dieses Fahndungsfoto angefertigt, worauf es mit -als ermittlungstechnisch deklarierter- Verzögerung erst jetzt veröffentlicht worden war.

Der nachfolgende Bericht enthielt keine Neuigkeiten, sondern fasste lediglich die bisher bekannten und äußerst dürftigen Fakten zusammen, die David bereits durch Dorothea erfahren hatte. In mehreren über das gesamte Land verteilten BioMondo-Läden hatte ein oder hatten mehrere Erpresser Gläser mit Babynahrung und der Aufschrift *VORSICHT! GIFT!* in die Regale gestellt. Mittlerweile war auch eine schriftliche Forderung über zwei Millionen Euro bei dem Unternehmen eingegangen. Nach Auswertung der in den Filialen gefilmten Überwachungsvideos, die unzweifelhaft verschiedene Personen männlichen wie weiblichen Geschlechts dabei beobachtet hatten, wie sie die Gläser in die Regale stellten, gingen die Behörden von einer Gruppe von Öko-Terroristen aus, doch ermittelten sie in alle Richtungen, weil die Faktenlage noch allzu viel Raum für Spekulationen ließ. Befremdlich erschienen in diesem Zusammenhang die vorort zurückgelassenen Bekennerschreiben, die alle mit der *Rächer* unterschrieben waren, was eher auf einen Einzeltäter hinzudeuten schien. Aufgrund der/des überaus umsichtig agierenden Erpresser(s) gab nur ein einziges halbwegs taugliches Foto von ihm/ihr, so der Artikel weiter, welches eine Frau im geschätzten Alter von um die Dreißig zeigte, wegen der mangelnden Tiefenschärfe jedoch wenig Anhaltspunkte für eine Identitätsermittlung bieten würde.

David legte die Zeitung weg und atmete tief durch. Wieder beschlich ihn ein seltsames Gefühl, als machte ein Erdbeben den Boden unter seinen Füßen schwanken, als würde er sich selbst nicht mehr kennen. Das im Moment mit geballter Macht auf ihn einstürzende Geschehen begann ihm allmählich deutlich zu viel von seiner Energie zu rauben. Nochmals schaute er das Foto der Blondine im blauen Kleid an. Sie war sehr stark geschminkt, trug dick aufgetragenen Lippenstift, der ihre Mundpartie zu der einer Puppe verfremdete, und hinter den getönten Sonnengläsern waren ihre Augen nicht zu sehen. Dennoch erschien David irgendetwas, das er nicht zu benennen wusste, vertraut an ihr.

Er fuhr den Laptop hoch, um sich zum wiederholten Mal die Videos der Überwachungskameras aus den BioMondo-Filialen anzuschauen. Die blonde Frau war in der Tat die einzige Person in sämtlichen Filmaufzeichnungen, deren Gesicht, und auch nur einen ganz kurzen Moment lang, zu sehen war. Alle anderen hatten bewusst darauf geachtet, nicht von der Kamera erfasst zu werden. Aber wie bereits beim ersten Mal, als er die Videos gemeinsam mit Dorothea angeschaut hatte, konnte sich David des unbestimmten Verdachts nicht erwehren, dass nicht nur die Frau im blauen Kleid, sondern auch die anderen Täter irgendwann einmal seine Wege gekreuzt haben mussten. Die Lösung lag scheinbar zum Greifen nah, doch noch entzog sie sich ihm.

Während David sich den Kopf zerbrach über die Identität des selbsternannten Rächers, fuhr zur gleichen Zeit sein Bruder Julian auf der B33 stadtauswärts von Konstanz nach Allensbach, wo er, in trübe Gedanken versunken, trotz seiner genauen Ortskenntnis die vorgeschriebene Höchstgeschwindigkeit von siebzig Stundenkilometern unzulässig überschritt und von einer der kurz hinter dem kleinen Flugplatz aufgestellten Radarsäulen geblitzt wurde. Noch am gleichen Tag wechselte ein Mitarbeiter der Kreisverwaltung Konstanz die Kamera in der Säule und wertete die gespeicherten Daten aus.

Knapp achtundvierzig Stunden später, nachdem sein von der Radarkamera aufgenommenes Foto einen automatischen Datenabgleich bei der örtlichen Polizeibehörde durchlief, wurde Julian verhaftet.

20

Die Frau im blauen Kleid (II)

Es war nicht der Wecker, sondern das Klingeln seines Telefons, das David frühmorgens aus unruhigen Träumen riss. Hannah rief ihn an, aufgelöst in Tränen. Er hatte immer bewundert, welch scheinbar unerschütterliche Ruhe sie im Angesicht ihrer Erkrankung an den Tag legte, doch jetzt klang sie erregt, wie David sie nie zuvor erlebt hatte:

- Was soll ich nur tun? Die Polizei hat Julian festgenommen. Sie behaupten, er wäre der Erpresser von BioMondo, schluchzte sie.
- Das ist kein Thema für ein Telefongespräch, Hannah. Ich nehme die nächste Maschine nach Zürich. Kannst Du mich am Flughafen abholen? Ich gebe Dir die genaue Ankunftszeit durch, versuchte David sie zu beruhigen.

Er schaute auf die Uhr. Es war 7.25 Uhr. Online buchte er den Lufthansaflug um 9.35 Uhr, auf dem glücklicherweise noch freie Plätze waren, packte ein paar Sachen in seinen Bordcase, duschte und trank einen Espresso, während er auf das Taxi wartete.

Erst auf dem Weg zum Airport erlaubte er seinen Gedanken, sich auf das zu konzentrieren, was sein Unterbewusstsein ihm beim Betrachten der Videos die ganze Zeit eingegeben hatte und was er vermutlich ganz einfach nicht wahrhaben wollte: es handelte sich um keine Gruppe von Leuten, die hinter der Erpressung von BioMondo steckte, sondern es war Julian, ganz allein Julian. Verzweifelt über die Krebsdiagnose Hannahs, an welcher in seinem gequälten Geist das Unternehmen die Schuld trug, dessen vermeintlich kontaminierte Produkte sie seit Jahren gekauft hatten, war er selbst vor drastischen Maßnahmen nicht zurückgeschreckt, um den Konzern in der Öffentlichkeit in weiteren Misskredit zu bringen und zu guter Letzt obendrein Geld von ihm zu erpressen. Julian, sein Bruder Julian war der Mann, der sich der Rächer nannte. Er hatte sich aus Hannahs Kleiderfundus bedient, in wechselnder Kostümierung die Filialen aufgesucht und dort Gläser mit Babynahrung in die Regale gestellt. Es war seine Art sich zu bewegen, die David in den Videos vertraut vorgekommen war, Julians eigene, fließende Art des Gehens und seine typischen, dem Bruder vertrauten Gesten. Er fragte sich, warum er das nicht früher erkannt hatte, Vielleicht wäre es niemals so weit gekommen, wenn David ihn beizeiten entschiedener zur Vernunft gebracht hätte. Julian konnte sehr verbohrt sein, und von Hannahs Schicksal über alle Massen aufgewühlt, hatte er in seinem blinden Zorn Grenzen überschritten, welche jegliche Legalität ignorierten.

Als Hannah in dem Sanatorium am Niederrhein weilte und sein Bruder sich für drei Wochen bei ihm in Düsseldorf einquartierte, hatte er sich über die kaum einen Tag aussparende Aktivität gewundert, mit welcher Julian in dieser Zeit ohne Unterlass unterwegs gewesen war. In voller Absicht hatte er sein Mobiltelefon zurückgelassen, um für den Fall seiner Entdeckung eine beweiskräftige Ortung über seine GPS-Daten zu vermeiden. Zudem hatte Julian in Hannahs Mercedes Sprinter, der für den vorher gedrehten TV-Spot in Frankfurt voll beladen war mit Garderobe und Accessoires, genügend Verkleidung für seine Scharaden gefunden. Damit hatte David auch das Rätsel um das blaue Kleid gelöst. Wie der Zufall so spielte, hatten Dorothea und er am gleichen Abend erst Julians TV-Spot und anschließend die Videos der Überwachungskameras aus den BioMondo-Läden gesehen. Zu dem Zeitpunkt jedoch hatte David die logische Verbindung zu der in Münster gefilmten Frau im blauen Kleid noch nicht herstellen können.

Hannah wartete am Züricher Airport in der Ankunftshalle auf ihn. David nahm sie fest in seine Arme, wo sie haltlos zu schluchzen begann.

- Es wird alles gut, sagte er.
- Es ist so furchtbar. Bitte hilf ihm da raus! bat sie unter Tränen.

Während der Fahrt von Zürich nach Konstanz redeten sie wenig. Hannahs Gemütszustand war nahe an Hysterie, und sie beruhigte sich kaum. Immer wieder schnäuzte sie sich in ihr Taschentuch.

Zuhause setzte sie Teewasser auf. Lisa war bei Freunden. Dann saßen sie in der Küche und sprachen endlich.

- Der Kummer ist ein schlechter Ratgeber. Jetzt atmen wir erst einmal tief aus, und du erzählst mir, was genau sich zugetragen hat, sagte David.
- Es waren drei Polizisten, zwei Uniformierte, einer in Zivil. Sie haben Julian in aller Frühe abgeholt und die ganze Wohnung durchsucht nach Hinweisen. Die Kleiderschränke aufgerissen, sein Handy beschlagnahmt und den Computer mitgenommen, nachdem sie zuvor ein beschriebenes Blatt zum Test ausgedruckt haben, antwortete Hannah.
- Sie gleichen Euren Drucker ab mit den Bekennerschreiben des Erpressers. Den PC durchforsten sie nach solchen möglicherweise darauf verfassten Schreiben. Das Telefon ist unter anderem wegen der GPS-Daten von Interesse. Und natürlich suchen sie die Kleidung, welche der oder die Erpresser getragen haben könnten. Aber wie ist die Polizei ausgerechnet auf Julian gekommen? fragte David.

Hannah berichtete von der Radarfalle und dem automatischen Datenabgleich.

- Also haben sie gar nichts Konkretes gegen Julian in der Hand, überlegte David.
- Doch, die hohe Übereinstimmung der biometrischen Daten von Radarkamera und der Videoaufnahme der Frau im blauen Kleid, entgegnete Hannah.

- Das reicht allenfalls für ein Verhör, aber ganz sicher nicht für eine Untersuchungshaft. Kein Haftrichter wird aufgrund einer derart dürftigen Beweislage eine solche anordnen.
- Deinen Optimismus möchte ich haben, meinte Hannah mit Bitterkeit in der Stimme.
- Hannah, jetzt höre mir bitte mal genau zu! Ich weiß nicht, ob er je mit dir darüber gesprochen hat, aber Julian hat das getan, er hat diese angeblich vergifteten Gläser in die Läden gestellt und sich dabei, um nicht erkannt zu werden, jedes Mal anders verkleidet. Ich habe die Videos von den BioMondo-Überwachungskameras gesehen, und ich bin mir sicher, es war Julian. Ich habe es erst nach deinem Anruf heute begriffen. Er hat diese Riesendummheit verbrochen aus Verzweiflung über deine Krankheit, und wir müssen ihm irgendwie helfen, aus diesem Schlamassel wieder herauszukommen, sagte David.
- Ich habe geahnt, dass er irgendetwas im Schilde führt, aber nicht, dass er so weit gehen würde, sagte Hannah und begann wieder zu schluchzen.
- Vor allem ist es jetzt wichtig, dass sich der Anfangsverdacht gegen ihn nicht erhärten lässt, das heißt, wir müssen dafür sorgen, dass sie nichts weiter finden, argumentierte David.
- Was sollen wir deiner Meinung nach tun? fragte Hannah.

- Zunächst einmal darf die Polizei nichts von deinem Lager in Tägerwilen erfahren.
- Ich habe die Scheune ganz inoffiziell von dem Bauern angemietet, der ein Cousin zweiten Grades meiner Mutter ist. Das weiß kaum jemand. Außerdem befindet sich das Lager samt dem kleinen Büro auf Schweizer Boden, das werden die deutschen Behörden kaum nachverfolgen können, schon aus dem Grund, weil es keinen Mietvertrag gibt.
- Gut! Dann hoffen wir nur, dass Julian die Bekennerschreiben in deinem dortigen Büro verfasst und ausgedruckt hat und nicht von eurem Drucker hier. Was ist mit deinem Transporter? Wenn sie weiter ermitteln, werden sie den durchsuchen. Hast du Kleidung geladen?
- Zurzeit nicht. Es ist alles im Lager in Tägerwilen.
- Lass uns da gleich einmal hinfahren, ich beginne gerade einen ganz verrückten Plan zu fassen, sagte David und lächelte vor sich hin.

Wegen der landesweiten Brisanz des BioMondo-Skandals sah sich Hauptkommissar Füger von der Polizei in Konstanz plötzlich von zwei Beamten sowohl des Landeskriminalamtes wie auch des Bundeskriminalamtes flankiert, die sich, von der Festnahme eines dringend Tatverdächtigen umgehend verständigt, in seine soeben erst beginnenden Ermittlungen einmischten. Beide übernahmen, was Füger sichtlich verdross, abwechselnd die

Befragung beim Verhör des der Erpressung von BioMondo beschuldigten Julian Beckett, dessen bei einer Geschwindigkeitsüberschreitung von einer Radarkamera aufgenommenes Foto eine hohe Übereinstimmung der biometrischen Daten mit denen der Blondine im blauen Kleid aufwies, die in der BioMondo-Filiale in Münster erfasst worden war. Julian schwieg zu allen Fragen und starrte lediglich vor sich hin.

Zur etwa gleichen Zeit, in welcher das an diesem Tag zweite Verhör Julians begann, betrat eine überaus attraktive Blondine die örtliche Filiale von BioMondo in Singen. Sie trug ein enganliegendes blaues Sommerkleid, weiße Handschuhe, einen weit ausladenden Schlapphut und eine große Sonnenbrille. Ihre fast goldenen Locken wellten sich weit auf den Rücken hinab, und ihr Alter war schwer zu bestimmen.

Ohne Hast ging sie durch die Gänge mit den Regalen und schaute sich um wie eine noch unentschlossene Käuferin. Mit geübtem Blick hatten ihre Augen, verborgen hinter den dunklen Gläsern, die im Laden zum Schutz gegen Diebstahl angebrachten Überwachungskameras ausgemacht. Scheinbar zufällig drehte sie, während sie noch, die Hand am Kinn, über ihre Einkäufe nachzudenken schien, ihr durch Hutschatten, Haare und Brille kaum zu ergründendes Gesicht kurz in die Kamera. Dann nahm sie unauffällig ein Glas mit Babynahrung aus ihrer Handtasche, stellte es ins Regal und verließ mit einem

Schulterzucken und einem freundlichen Lächeln für die Kassiererin das Ladenlokal.

Als eine weitere Mitarbeiterin von BioMondo kurz darauf am Nachmittag das Regal mit der Babynahrung auffüllen wollte, fiel ihr ein Glas mit der Aufschrift *VORSICHT GIFT!* in die Hand, welches sie auf der Stelle ins Büro des Marktleiters brachte. Dabei befand sich ein mit *Der Rächer* unterschriebener Zettel. Der Leiter der Filiale sah keine andere Möglichkeit, als den Laden auf der Stelle zu schließen. Daraufhin untersuchten sämtliche Dienst tuenden Angestellten fieberhaft die Warenbestände, ohne jedoch weitere Hinweise auf Sabotage zu finden.

In den Büros der von Hauptkommissar Füger einberufenen Konstanzer Sonderkommission sorgte die auf der Stelle dorthin übermittelte Videoaufzeichnung, welche die Blondine im blauen Kleid einwandfrei als die für den neuerlichen Vorfall verantwortliche Täterin identifizierte, für erhebliche Missstimmung. Die vorliegenden Bilder entlasteten den Hauptverdächtigen Julian Beckett, der zur Tatzeit in einer Arrestzelle des Polizeipräsidiums verhört worden war und damit ein hieb- und stichfestes Alibi vorweisen konnte. Ohnehin hatte die kriminaltechnische Untersuchung seines Handys, seines Computers wie auch der Testdruck aus seinem privaten Drucker keine Bestätigung des Anfangsverdachts gegeben. Ebenso war die kurzfristige Durchsuchung von Julians Büro und seinem Sekretariat an der Universität Konstanz ergebnislos geblieben.

Hauptkommissar Füger unterdrückte seinen Frust. Umgehend verständigte er die Beamten von Landes- und Bundeskriminalamt, die gerade mit einem Sechsgangmenü im noblen *San Martino* ihre Spesenrechnung in die Höhe trieben, und veranlasste noch einmal einen Abgleich der biometrischen Einzelheiten: die unscharfe Aufzeichnung der Blondine aus Münster mit der im Video für das Auge absolut identischen Blondine aus Singen und schließlich mit Julians polizeidienstlich erfassten physiognomischen Daten. Als er das Ergebnis begutachtete und eine aufgrund Verkleidung und Make-up obendrein relativierte Übereinstimmung von weniger als siebzig Prozent zwischen Julian und der Blondine feststellte, verfluchte er die Errungenschaften moderner Technologie und sah sich schließlich mangels schlüssiger Beweise und mit der ausdrücklichen Autorisierung von Landes- und Bundeskriminalbeamten gezwungen, Julian aus der vorläufigen Haft zu entlassen, da sich der von Beginn an auf tönernen Füßen stehende Verdacht gegen ihn nicht länger aufrecht erhalten ließ.

21

Die Demission des Rächers

- Ich bin mir sicher, es muss genetischen Ursprungs sein, flachste Hannah augenzwinkernd.

David und Julian schauten sich fragend an.

- Ich meine diese Zwillingsbrüder mit einem derart kriminellen Potential: der eine hinterzieht mit hochprofessioneller Attitüde Steuern, der andere legt eine steile Karriere als Erpresser hin. So etwas kann eigentlich nur in den Genen verankert sein, ergänzte sie lachend.
- Das eröffnet dann ja blendende Prognosen für Lisa, bei dem Vater und dem Onkel, pflichtete Julian ihr bei.
- Aber diese durchtriebenen Gauner sind auch in höchstem Maße clever, denn ihre genialen Coups lassen sich ihnen niemals nachweisen, fiel David ein.
- Diese elenden Halunken sind vor allem mit einem blauen Auge davon gekommen, weil sie nun einmal so nichtsnutzige Zwillinge sind, warf Hannah ein.
- Einigen wir uns auf durchtriebene Zwillinge, schlug David vor, und nach den Ereignissen der letzten Tage lachten alle drei erleichtert auf.

Sie saßen bei einer Flasche Champagner, die Hannah zur Feier des Tages geöffnet hatte, und schauten gemeinsam auf Davids Mobiltelefon die Überwachungsvideos aus den BioMondo-Läden, die Julian in seinen diversen Verkleidungen zeigten. Lisa schlief. Bei der Rückkehr von seiner Vernehmung im Polizeipräsidium hatte Julian zu seinem Erstaunen David vorgefunden und mit wachsender Begeisterung dem Bericht gelauscht, mit welch simplem Kriegsplan seine Frau und sein Bruder für seine Entlastung gesorgt hatten.

- Während du dich in den blutrünstigen Fängen der örtlichen Kripo befandest, hat eine atemberaubend sexy Blondine in einem blauen Kleid die BioMondo-Filiale in Singen aufgesucht, dort ein Glas mit Babynahrung und ein Bekennerschreiben des Rächers hinterlassen und beim Hinausgehen die dortige Überwachungskamera mit ihrem aufreizenden Lächeln beglückt. Es war nur eine Frage der Zeit, bis diese gefilmte kleine Komödie die zuständige Polizeibehörde erreichen und den vorläufig festgenommenen Hauptverdächtigen restlos von den ihm zur Last gelegten Vorwürfen freisprechen würde, schilderte David mit betontem Ernst ihr gelungenes Täuschungsmanöver.

- Und welche atemberaubend sexy Blondine soll das gewesen sein? Ich dachte immer, auf diesem Planeten gibt es lediglich eine, sagte Julian mit Schalk in den Augen und zeigte auf sich.

- Wer sonst als dein Zwillingsbruder, platzte Hannah los.
- Es musste doch echt sein, versuchte David mit gespielter Zerknirschung seine Travestie zu entschuldigen.
- Wir sind nach Tägerwilen gefahren, ich habe ihn in den blauen Fummel gesteckt und ihm Make-up verpasst, Brille, Perücke und Schlapphut drauf – fertig! Am Bürocomputer ein Bekennerschreiben aufgesetzt und ausgedruckt, ein Glas aus deinem dort reichlich vorhandenen und vorsorglich etikettierten Fundus mit Babynahrung genommen, und dann sind wir ab nach Singen in den Laden.
- Dieser geniale Plan hätte von mir sein können, meinte Julian und leerte sein Glas in einem Zug.

Früh am nächsten Morgen nahm David die erste Maschine von Zürich zurück nach Düsseldorf. Wie immer wäre er gern noch ein paar Tage geblieben, doch das nicht eingeplante Intermezzo von Julians Verhaftung hatte ihn ebenso wie die unverhoffte Liechtenstein-Reise wertvolle Zeit gekostet, und er brannte darauf, die immer noch nicht vollständig aufgeklärte Affäre um BioMondo zu Ende zu bringen.

Sein Bruder chauffierte ihn zum Flughafen. Auf der Fahrt sprachen sie über die Vorfälle bei dem Öko-

Konzern, und David ließ Julian am Stand seiner Erkenntnisse teilhaben.

- Der vermeintliche Skandal bei BioMondo beruht auf nichts als gezielt in die Medien lancierten Falschmeldungen. Es handelte sich um einen bewussten Sabotageakt, bei dem Textilien in zwei Großlagern mit einer nicht den Richtlinien entsprechenden Flüssigkeit besprüht worden sind. Dann hat der Auftraggeber dieser Schweinerei anonym die Behörden informiert, worauf die bei den sofort anberaumten Kontrollen natürlich die Unregelmäßigkeiten entdeckt haben. Um das Ganze noch voranzutreiben, tauchten urplötzlich aus dem Nichts ebenso falsche Gerüchte auf, BioMondo hätte seit Jahren mit all seinen Produkten getrickst, eine Behauptung, die jedweder Grundlage entbehrt. Ich vermute stark, es geht um eine gezielte Manipulation des Börsenkurses von BioMondo, mittels derer sich jemand bereichern will. Was ich damit sagen will, ist dass dieser obskure Rächer keinerlei begründeten Anlass zur Rache hatte, sondern in seinem Glauben an die Unfehlbarkeit der Medien ganz naiv deren effektheischend kolportierten Fehlinformationen aufgesessen ist. Es gibt keinen Zusammenhang zwischen Hannahs Erkrankung und verunreinigten oder gar mit Gift versetzten Produkten bei BioMondo. Die gab es nie. Die Firma ist redlich.

Julian schwieg eine Weile nach diesem Vortrag. Seine Kaumuskeln zuckten, ein sicheres Indiz dafür, dass das Gehörte langsam in sein logisches Denken vordrang. Dann sagte er:

- Es tut mir leid, dass ich so einen Mist gebaut habe. Ich habe Hannah und Lisa leichtfertig in Gefahr gebracht. Ich darf gar nicht daran denken, was sie gemacht hätten, wenn ich tatsächlich erwischt worden wäre.
- Späte Einsicht ist besser als keine Einsicht. Also können wir davon ausgehen, dass der Rächer nunmehr Geschichte ist? fragte David.
- Ich verspreche es hoch und heilig, gelobte Julian.

Wie immer herrschte in der Abflughalle ein hektisches Menschengewimmel und ein der Internationalität der Fluggäste geschuldeter, hoher Geräuschpegel nahezu babylonischer Sprachverwirrung. David checkte am Lufthansaschalter ein und passierte dann mit seinem Bordcase die elektronischen Kontrollschleusen. Als er sich zu seinem Gate begeben wollte, sah er mit einem Mal Sophie aus dem Duty-free-Shop kommen. Auch sie hatte ihn fast gleichzeitig erblickt. David sah, wie sie erschrak. Es erschien ihm ratsam, sie nach den Vorfällen der letzten Zeit nicht zu ignorieren, und so ging er in spontanem Impuls geradewegs auf sie zu.

- Sophie, was für ein netter Zufall, schön dich zu sehen. Wie lange ist das jetzt her? sagte er, sein strahlendstes Lächeln für sie herbeizaubernd.

Er bemerkte ihre deutliche Verunsicherung über das Treffen und nicht minder über seine herzlich vorgetragenen Worte. Einen Moment lang wusste sie nicht, wie sie ihrer Irritation Herr werden sollte. Dann fing sie sich wieder und entgegnete bissig:

- Wie lange? Nicht lange genug für mich. Und ich finde es keineswegs nett, dich zu sehen. Ich wollte, du würdest in der Hölle verrecken.
- Ich weiß nicht, was ich dir jemals getan habe, dass du so etwas sagst. Ich dachte immer, wir wären als Freunde auseinander gegangen, sagte David gleichermaßen erstaunt wie konsterniert.
- Wir sind niemals auseinander gegangen. Ich habe dich aus meinem Leben entfernt, weil du mich nie geliebt hast und weil du mit dieser alten Fotze rumgemacht hast, die dich mit ihrem Geld gekauft hat, erhob Sophie urplötzlich ihre Stimme zu schrillem Diskant.
- Es tut mir leid, dass du so viel Groll gegen mich aufgestaut hast. Ich wollte dich niemals verletzen, sagte David leise.
- Und guck dich an, was aus dir geworden ist, eine männliche Nutte, ein billiger Gigolo, den sich jede

Tussi für Geld in ihr Bett holen kann, ereiferte Sophie sich weiter.

Jegliche in der Öffentlichkeit Aufsehen erregende Szenen waren David verhasst. Zum Glück hatten die zu ihren Fliegern eilenden Passanten wenig Zeit und schauten im Vorüberhasten nur kurz befremdet auf diese Frau, die sich nicht unter Kontrolle hatte.

- Wie kannst du dir anmaßen, über mein Leben zu urteilen? Es findet seit langem ohne dich statt, entgegnete David auf ihre Beleidigung.
- Und niemand ist so froh darüber wie ich! wütete Sophie.
- Ich beginne gerade, ebenso froh darüber zu sein, sagte David kalt.
- Und was für ein unverschämtes Schwein du hast! Ich wollte dich fertig machen, so richtig fertig, verstehst du, für alles, was du mir angetan hast. Ich habe dich im Sommer in Bregenz gesehen, ganz zufällig. Du hast deinen Wagen dort geparkt und bist mit dem Taxi los, nach Vaduz, und ich bin dir hinterher gefahren, bis zu der Bank, wo du dein Schwarzgeld gebunkert hast, zischte Sophie gehässig.

Je mehr sie sich in Wut redete, umso kühler reagierte David.

- Du musst mich verwechselt haben. Ich hatte niemals ein Konto in Liechtenstein, entgegnete er bestimmt.

- Ich hab dich nicht verwechselt. Das warst du! Du hattest bei dieser Bank in Liechtenstein ein Schließfach. Ich weiß es genau. Ich kenne sogar die Nummer des Faches, es ist die 218. Um an diese Information zu kommen, habe ich mich von einem buckeligen Banker nageln lassen, und als er ausgespuckt hat, was ich wissen wollte, habe ich dich bei den deutschen Steuerbehörden verpfiffen. Und was passiert? Nichts passiert! Der feine Herr kommt ungeschoren davon! Wie hast du das gemacht, sag mir wie! Ich weiß, du hast Dreck am Stecken, schrie Sophie ihm mit sich überschlagender Stimme ins Gesicht und stampfte mit dem Fuß auf den Marmorboden der Abflughalle.

- Du sprichst in absoluten Rätseln, ich habe nicht die geringste Ahnung, wovon du redest. Das einzige, was ich sehe, ist eine Frau, deren Wahrnehmung durch ihren grundlosen Hass ganz und gar verblendet scheint, sagte David und fühlte mit einem Mal eine Leere sich in ihm Raum schaffen.

- Du Schwein! geiferte sie.

- Ich würde dir unbedingt raten, professionelle Hilfe zu suchen, sagte David, müde von diesem Disput und wandte sich ab, um den Weg zu seinem Gate wieder aufzunehmen.

- Du glaubst, ich bin fertig mit dir, das bin ich nicht, noch lange nicht, rief Sophie ihm noch nach, dann nahm ihn der Lärm des Flughafens in seine Arme.

Eine knappe Stunde später, beim Betreten des Flugzeugs, reichte ihm die Stewardess lächelnd ein Hochglanzmagazin, das er, nachdem er seinen Bordcase verstaut hatte, gedankenlos in das Gepäcknetz des Sitzes vor ihm stopfte. Sophie wollte ihm nicht aus dem Kopf gehen, und ihm war nicht nach Lesen zumute. Die wild und geradezu unbezähmbar lodernde Glut ihres Hasses machte ihn traurig, aber zur gleichen Zeit auch wachsam. Er wollte sich nicht ausmalen, zu welchen Dingen sie in diesem emotionalen Ausnahmezustand noch in der Lage war.

Als die Maschine ihre Reisehöhe erreicht hatte und David den Sicherheitsgurt ausklinkte, servierte das Bordpersonal Getränke. Er nahm einen Gin Tonic auf Eis. Allmählich beruhigte sich sein von der Begegnung mit Sophie aufgewühltes Gemüt. Ohne große Lust und vor allem um seine Gedanken in andere Bahnen zu lenken, schlug er das Magazin auf.

Es war ein Gesellschaftsjournal, das über Luxusimmobilien, Kulturereignisse und gerade im Trend liegende Restaurants berichtete. Ganzseitige Anzeigen von Schweizer Uhren, hochwertigem Schmuck oder teurer

Kosmetik wechselten mit regionalem Klatsch aus Köln und Düsseldorf. David blätterte durch die von Belanglosigkeit strotzenden Beiträge, bis er in der Rubrik Gesellschaft auf eine Fotostrecke der Schönen und der Reichen stieß, die sich in ihrer bodenlosen Eitelkeit bereitwillig ablichten ließen, während sie Society-Veranstaltungen beiwohnten. Amüsiert schaute er die Bilder an und scannte sie nach seinen Kunden ab, denn das hier war die Klientel, die ihn buchte. Er entdeckte niemanden, den er persönlich kannte, bis er mit einem Male an einem Foto innehielt.

Es zeigte zwei Frauen, die in Abendrobe mit erhobenen Sektgläsern in die Kamera lachten. Die eine der beiden Frauen trug ein tief dekolletiertes, bodenlanges Kleid ohne Ärmel, und man sah ihre über und über von Tätowierungen bedeckte Haut, ein überaus störendes Detail, das zu ihrem eleganten Kleid ebenso wenig passte wie ihre Glatze. Darunter stand in Kursivschrift die Legende zu diesem Foto: Die bekannte Schauspielerin Karsta von Tuchfeld und ihre Lebensgefährtin Viola Dalbeck amüsierten sich großartig auf dem Charity-Event im Alten Wartesaal in Köln zugunsten der Opfer häuslicher Gewalt.

David erstarrte. Es war Viola, ganz ohne Zweifel, er hatte sie gleich erkannt, auch ohne den Hinweis. Aber gänzlich neu für ihn war ihr Familienname: Dalbeck, der ihm bisher nicht geläufig gewesen war. Damals bei ihrem Besuch im Penthouse hatte sie sich nur mit ihrem Vornamen vorgestellt, und auch die Schmucknadel, die sie dort verloren hatte, hatte er lediglich an ihre Kölner Bar mit dem Vermerk *zu Händen Viola* adressiert.

Er erinnerte sich an die erschütternden Dinge, die Viola ihm über das Verhältnis zu ihrem Vater erzählt hatte. Noch war es nur eine eher auf Intuition beruhende Vermutung, mehr eine zart aufkeimende Theorie als eine gesicherte Erkenntnis, aber bei allem, was er über Harald Dalbeck wusste, erschien ihm die Möglichkeit, dass er der Vater von Viola sein könnte, keineswegs abwegig.

David wurde klar, er sollte Viola baldmöglichst anrufen.

22

Der Investor

Nach den überraschenden und, wenngleich letztlich alles zu einem glimpflichen Ende geführt hatte, so überaus unwillkommenen Verzögerungen der vergangenen Tage bestand Davids vorrangige Absicht darin, noch einmal Pit Dietrich in den Räumen seiner schäbigen Detektei aufzusuchen, um ihn mit der Existenz der in den Logistikzentren von BioMondo von ihm selbst sichergestellten Filmaufnahmen zu konfrontieren. Wie bei seinem ersten Besuch bat er Slobodan, ihn zu begleiten.

Sie fuhren in Slobodans Morgan nach Bilk und hielten in dem kleinen Hinterhof. Die Birke warf nach dem heißen Sommer bereits ihre Blätter ab. Ein leichter Nieselregen fiel. Der von Pferdestärken lauthals röhrende Motor des Wagens kündigte ihr Kommen von weitem an, und David sah beim Aussteigen auf der Beifahrerseite, wie sich die Gardine in Dietrichs Bürofenster bewegte. Der Detektiv hatte also bemerkt, wer ihm da einen Besuch abstatten wollte.

Offenbar legte er keinen Wert auf eine nochmalige Unterhaltung mit David und Slobodan, denn auf den Klang der Türglocke reagierte er nicht. David klopfte an die Eisentür und sagte laut vernehmlich:

- Herr Dietrich, wir wissen, dass Sie da sind. Bitte öffnen Sie! Wir wollen nur mit Ihnen reden.

Der Detektiv rührte sich nicht. David zog sein Handy hervor, suchte die Nummer von Dietrichs Mobiltelefon und schickte ihm eine Textnachricht mit der angehängten Videodatei, die unleugbar ihn beim Einbruch in das Logistikzentrum zeigte. Dann rief er abermals durch die verschlossene Tür:

- Schauen Sie sich die Nachricht an, die soeben bei Ihnen eingegangen ist, dann werden Sie sich nicht länger weigern, mit uns zu sprechen!

Es verging keine Minute, als Dietrich die Tür öffnete und seine Besucher widerstrebend einließ. Unter seinem nicht zugeknöpften Sakko lugte eine in den Hosenbund seiner Jeans gesteckte Pistole hervor.

- Was soll das? Was wollen Sie noch von mir? Ich kann Ihnen nicht weiterhelfen. Ich sagte Ihnen schon, dass ich den Namen meines Auftragsgebers nicht kenne, blaffte er los.

David setzte sich auf einen der beiden Stühle, die, gedacht für Kunden, vor dem Schreibtisch standen. Er würde heute die Verhandlung führen. Slobodan blieb hinter ihm stehen, allein seine physische Präsenz enthielt eine unterschwellige Drohgebärde. Auch Dietrich setzte sich nicht. Er hatte die Daumen in seinen Gürtel gehakt, um seine Pistole sofort zur Hand zu haben, falls die Situation brenzlig werden würde.

- Das ist eine glatte Lüge, Sie wissen ganz genau, wer Ihr Auftraggeber ist, und wir wissen das inzwischen auch, widersprach David.
- Und wenn schon! Meine Kunden bezahlen mich auch für meine Diskretion, wandte Dietrich ein.
- Sehr löblich, diese Einstellung! Und vermutlich zahlen Ihre Kunden noch ein bisschen mehr, wenn sie Opfer einer kleinen Erpressung werden, fuhr David fort.
- Ich habe keine Ahnung, worauf Sie hinaus wollen, sagte der Detektiv mit Anzeichen wachsender Nervosität.
- Nun, Sie haben doch Harald Dalbeck, der Ihr Auftraggeber ist, acht Videodateien zukommen lassen, welche Sie und Ihre Kumpane beim nächtlichen Einbruch in zwei Großlager von BioMondo zeigt, wo Sie dann die dortigen Bestände von Öko-Textilien kontaminiert haben. Zunächst dienten die Videos ausschließlich zu Dalbecks Information, dass Sie seinen Auftrag minutiös ausgeführt haben. Doch dann sind Sie auf die Idee verfallen, damit ein Druckmittel gegen ihn in der Hand zu haben. Unterm Strich jedoch haben Sie damit eine geradezu hirnrissige Riesendummheit begangen, denn diese Filme beweisen eindeutig nur eines: die von Ihnen und Ihren Helfershelfern durchgeführte kriminelle Sabotage.

In keinem Moment taucht Dalbeck darin auf, und wenn er alles abstreitet, haben Sie allein das auszubaden. Ich bin sehr gespannt, was die Staatsanwaltschaft dazu sagen wird.

Pit Dietrich erbleichte und suchte nach Worten. Hörbar schnaufend ließ er sich in seinen Bürosessel fallen.

- Wie kommen Sie an dieses Video? Woher wissen Sie das alles? Das sind doch alles nur Mutmaßungen. Sie können mir gar nichts beweisen, sagte er. Mit zitternden Händen griff er nach einer auf dem Schreibtisch liegenden Zigarettenschachtel, legte sie dann aber wieder zurück.
- Na ja, wir wissen so einiges. Ihre möglicherweise beabsichtigte Erpressung Dalbecks können wir natürlich nicht beweisen, aber das interessiert uns auch weniger. Außer Zweifel dagegen steht Ihre detailliert und beweiskräftig in acht mir vorliegenden Filmdateien dokumentierte Sabotageaktion bei BioMondo, und wenn das bis zu den ermittelnden Behörden dringt, verlieren Sie nicht nur Ihre Lizenz als Detektiv, sondern wandern auch für ein paar Jahre hinter Gitter. Das garantiert schon allein die mediale Aufmerksamkeit dieses von Ihnen mit verantworteten Skandals, antwortete David.

Der Detektiv überlegte angestrengt. Seine Nerven beruhigten sich allmählich. Er sah, diese Besucher verfolgten ganz klar einen genauen Plan. Sie wollten etwas von ihm, er wusste nur noch nicht was. Wie ein in die Enge getriebenes Tier witterte er plötzlich einen Ausweg.

- Und was wollen Sie jetzt noch von mir? Warum haben Sie mich nicht längst angezeigt, wenn Sie das alles wissen? fragte er lauernd.
- Ich biete Ihnen die Möglichkeit, völlig unbeschadet aus dieser misslichen Angelegenheit hervorzugehen. Wir werden Ihre kriminellen Aktivitäten äußerst diskret behandeln. Nichts von alledem erfahren die Behörden, das sichern wir Ihnen zu. Alles was wir von Ihnen verlangen, ist Ihre uneingeschränkte Kooperation, sagte David und erklärte Pit Dietrich im Detail, was er von ihm erwartete.

Eine halbe Stunde später fuhren Slobodan und er im Morgan zurück in die Inselstraße. Ihre Mission hätte nicht erfolgreicher sein können. Pit Dietrich hatte angesichts der ihm drohenden Alternativen gehorsam wie ein dressiertes Hündchen alle Vorgaben äußerst bereitwillig erfüllt. Der Tag, an dem Harald Dalbeck sich für seine Vergehen verantworten musste, rückte unaufhaltsam näher.

Völlig überraschend erreichte David zurück im Penthouse eine Nachricht von Prinz Rashid, dass sein Privatjet soeben in Lohausen gelandet war. Er teilte ihm mit, er plane für vier Wochen in der Stadt zu weilen, um einmal mehr die Ärzte der Klinik im *Breidenbacher Hof* zu konsultieren, und würde sich während dieser Zeit über seine Gesellschaft glücklich schätzen. David verfluchte den

Zeitpunkt. Er hatte gerade jetzt vordringlich andere Dinge zu erledigen, war sich aber im Klaren, dass er Rashid eine in jeder Form bevorzugte Behandlung angedeihen lassen musste. Ihm würde nichts anderes übrig bleiben, als dem Prinzen reinen Wein einzuschenken über seine derzeitig ihn in Anspruch nehmenden Aktivitäten. Rashid würde sicherlich Verständnis aufbringen, zumal das vermutlich eine einmalige Ausnahme bleiben würde.

Der Wagenmeister des *Breidenbacher Hofes* begrüßte ihn wie einen alten Bekannten. David drückte ihm einen Zwanzigeuroschein in die Hand und gab ihm den Schlüssel für den Maserati. An der Rezeption meldete der Concierge über das Haustelefon seine Ankunft in die Suite des Prinzen.

Rashid lag auf seinem Bett, neben sich einen prall gefüllten Korb mit Datteln der Sorte Ajwa, welche der mündlichen Tradition nach die Lieblingssorte des Propheten gewesen war. Die Freude über das Wiedersehen war ihm ins Gesicht geschrieben.

- Verzeih mir, mein Freund, dass ich mich nicht erhebe, sagte er in seinem wohlklingenden Oxford-Idiom.
- Heute ist ein Tag großer Freude für mich. Gesegnet sei deine Zeit in meiner Stadt, antwortete David in der blumigen Weise der Orientalen und überreichte ihm das mitgebrachte Geschenk.

Es war ein kleines Fläschchen gefüllt mit Sand. Auf Rashids fragenden Blick erklärte David:

- Du hast mir so viel über den Sand deiner Heimat erzählt, ich möchte dir gern diesen Sand aus meiner Heimat schenken. Er stammt vom Ufer des Sees, an dem ich geboren wurde.
- Ich danke dir sehr. Er wird mich immer an meinen Freund erinnern, antwortete der Prinz, sichtlich bewegt über die kleine Geste.

Er klatschte zweimal in die Hände, worauf sich die Tür zum Nebenzimmer öffnete und ein Diener in arabischer Landestracht ein Tablett mit zwei Tassen dampfendem Mokka brachte. Sie nippten schlürfend an dem heißen Gebräu und aßen Datteln dazu. Dann verkündete der Prinz stolz die freudige Neuigkeit, dass drei seiner sieben Ehefrauen schwanger und daher in Riad geblieben waren. Bevor David sich wundern konnte über das anatomische Mysterium weiblicher Vereinigung mit diesem in seinem Körperfett ertrinkenden Wesen, erklärte Rashid ihm freimütig, dass ihm dic Ärzte ein Reagenzglas über seine rudimentäre Männlichkeit gestülpt hatten, worauf ihn seine Ehefrauen so lange kitzelten, bis im Glas ein Ergebnis zu verzeichnen war. Mit der kleinen Phiole sodann hatten sich die drei gerade ihre fruchtbaren Tage durchlebenden seiner sieben Ehefrauen unmittelbar in ihre Privatgemächer zurück begeben, und jetzt sah er dreifachem Vaterglück entgegen. David gratulierte ihm und lächelte vergnügt angesichts der findigen und letztlich erfolgreichen Strategie, die er insgeheim schon länger angedacht hatte.

Später forderte der Prinz ihn auf zu berichten, was sich während seiner Abwesenheit ereignet hatte. David erwiderte lachend, für diese Geschichte reichte tausendundeine Nacht nicht aus. Rashids Neugier war geweckt, und als David ihm in Kurzform sämtliche Vorfälle um BioMondo schilderte, hörte er aufmerksam zu und kam aus dem Staunen kaum noch heraus. Sein messerscharfer Verstand des genialen Wirtschaftsexperten jedoch filterte aus dem Gehörten auch auf der Stelle heraus, wie ein geschickter Investor aus der derzeit angeschlagenen Situation des Unternehmens möglicherweise Kapital schlagen konnte. Rashids seit langem gepflegte Angewohnheit war es, ausschließlich in großen Dimensionen zu denken, was bei den ihm zur Verfügung stehenden und nahezu unbegrenzten Möglichkeiten wenig verwunderte.

Am frühen Abend verabschiedete David sich mit einer Übereinkunft: der Prinz wollte in den nächsten Tagen die online verfügbaren Unternehmensbilanzen und Börsencharts von BioMondo studieren, sowie von seinem Büro eine sorgfältige Analyse aller wichtigen Daten wie KGV, Marktkapitalisierung, Unternehmensbewertung und Indexgewichtung erstellen lassen, während er selbst seinen Plan zur Beendigung des Skandals umsetzen würde. Dann erst stand David ihm in seiner Zeit uneingeschränkt zur Verfügung.

Das Schwerste aber, das wusste David, lag noch vor ihm. Alles in ihm widerstrebte das zu tun. Er fuhr mit dem Aufzug hinab in die Lobby des Hotels. Dort steuerte er auf die Ledersitzgruppe zu und nahm Platz. Einen Augenblick lang zögerte er. Dann nahm er sein Telefon zur Hand. Unter seinen Kontakten suchte er nach ihrem vor kurzem gespeicherten Namen, rief ihn auf und drückte die grüne Anruftaste. Es klingelte dreimal, dann meldete sich ihre leise Stimme:

- Hallo, hier ist Viola!

23

Strategien

Aufgrund der mit geballter Macht über ihn hereinbrechenden Turbulenzen der vergangenen Tage hatte David zwei lukrative Kundentermine nicht wahrnehmen können und ebenso wenig das geringste Zeitfenster zum Malen gefunden. Fünf der von Theresa Hansen in Auftrag gegebenen Bilder betrachtete er als vollendet, und da er der umtriebigen Fondsmanagerin eine gewichtige Rolle bei seinem Feldzug gegen Harald Dalbeck zugedacht hatte und dringend mit ihr sprechen wollte, griff er kurzentschlossen zum Telefon und bot ihr an, die bereits fertigen Gemälde vorbei zu bringen.

Am nächsten Tag holte er bei der Autovermietung einen Lieferwagen ab, in welchen er die fünf teils großformatigen Bilder lud. Theresa empfing ihn in den Räumen ihres Unternehmens mit nahezu knisternder Spannung. Als sie Davids Werk begutachtete, kannte ihre Begeisterung kein Halten mehr.

- Wow, Darling, das ist so unglaublich geil, das ist genial! Davon habe ich lange geträumt. Genau so hatte ich es mir vorgestellt. Ich rufe sofort den Hausservice an, dann hängen wir die Schinken zusammen auf.

Selbst David, der die eigenen Malversuche eher mit einer objektiven Skepsis beurteilte, musste gestehen, dass, als der herbeigerufene Hausmeister mit seiner Werkzeugkiste wieder gegangen war, alle fünf Bilder an den von ihm dafür vorgesehenen Wänden überaus wirkungsvoll zur Geltung kamen und die zuvor steril scheinenden Räume erheblich aufwerteten. Theresa schien schlichtweg überwältigt.

- Ich weiß nicht, was ich sagen soll! Diese kleine Investition hat sich dermaßen gelohnt. Die Büros sind mit einem Mal voll repräsentativ. Von nun an signalisiert Hansen Fonds jedem Besucher gleich bei der Ankunft, dass der Laden in der ersten Liga spielt, lachte sie.
- Diese kleine Investition beläuft sich immerhin auf dreiunddreißigtausend Euro, da darf man wohl ein Mindestmaß an Repräsentativität erwarten, konterte David und fügte noch an:
- Und den Maler freut deine Euphorie.
- Ich kann es kaum erwarten, bis die übrigen Schinken fertig sind, sagte Theresa.
- Ich beeile mich, versprach David feierlich.

Dann kam er auf den zweiten Grund seines Kommens zu sprechen. Seine Augen blitzten im Schalk, als er sie fragte:

- Was würde Hansen Fonds denn grundsätzlich zum Vorschlag einer etwas größeren Investition sagen? Wir reden hier von einem völlig ohne Risiko getätigten Einsatz von zehn Millionen Euro, die jedoch einen vorläufigen Wert von sechzig Millionen haben, mit Option auf weiterhin schnelles Wachstum.

- Das kann wohl kaum dein Ernst sein. Es klingt wie eine Bedienungsanleitung zu unseriöser Zockerei, aber ich bin neugierig. Erzähl schon! forderte Theresa ihn auf.

Und David erklärte genau, worum es ging. Theresa hörte gespannt zu und lachte dann ihr heiseres Lachen.

- Darling, du bist echt ein Glücksfall! Ich bin dabei, sagte sie vergnügt.
- Da wäre dann noch, falls wir das unter Dach und Fach bringen, die Frage meiner Provision zu klären. Ich verlange drei Prozent, antwortete David.
- Wenn wir diesen Deal stemmen, Darling, dann gebe ich dir aus freien Stücken fünf Prozent, denn so einen satten Reibach mache ich doch nur einmal im Leben, und das dank dir allein, flötete Theresa, und dann besiegelten sie das Ganze mit Handschlag.

Im Verlauf der letzten Tage war sein Plan, wie er die kriminellen Machenschaften von Harald Dalbeck aufdecken konnte, endgültig ausgereift. Was ihm noch fehlte, war die Einwilligung zweier Hauptpersonen in diesem durchaus riskanten Spiel, die Dorotheas und die von Albert Ritter, der den Untersuchungsausschuss zur

BioMondo-Affäre leitete. Zuallererst jedoch musste er mit Dorothea sprechen.

David erreichte sie auf ihrem Handy und fragte an, ob sie geneigt sei, abends eine Einladung in sein italienisches Lieblingsrestaurant anzunehmen. Wenn Dorothea erstaunt war, ließ sie sich nichts anmerken. Er würde sie gegen 19.30 Uhr abholen, sagte er und legte auf.

Sie trug eines ihrer bezaubernden *Givenchy*-Kleider, ein schwarzer Hauch aus anschmiegsamer Seide, der um ihre Figur eines jungen Mädchens zu fließen schien wie ein Wasserfall bei Nacht. David schaute sie bewundernd an, als er ihr die Tür des Maserati offen hielt.

- Was? Du schaust mich an, als hättest du diese Mutti noch nie zuvor gesehen? sagte Dorothea lächelnd, aber er bemerkte, wie seine Blicke ihr schmeichelten.
- Ich habe diese Mutti so lange nicht gesehen, dass ich fast vergessen hätte, wie schön und wie jung sie ist, antwortete David.

Sie fuhren nach Pempelfort ins *Su Nuraghe Due.* Inhaber und Crew des Restaurants waren allesamt Sarden und zauberten mit Leidenschaft wahre Glanzlichter der italienischen Küche für ihre Gäste. David war seit Jahren hier Stammgast. Nördlich der Alpen hatte er niemals eine bessere Pizza gegessen, und die Pasta war zum Niederknien.

Dorothea trank ein Glas Prosecco, während sie die Speisekarte studierte. David verzichtete meist auf Alkohol, wenn er mit dem Wagen unterwegs war. Sie bestellten Fettucine mit Lachs und Safransauce und danach Pizza mit Gorgonzola und Krabben. Dazu orderte David eine Flasche Wasser und ein Glas des vortrefflichen Lugana für Dorothea.

Nach dem Essen fragte sie:

- Wieso war ich noch nie zuvor hier? Das Essen ist wahrhaft göttlich.
- Vielleicht weil es hier bodenständig zugeht, ohne Chichi und feine Gesellschaft, entgegnete David.
- Du tust gerade so, als würde ich jeden Tag nur Hummer und Kaviar essen, mokierte sie sich spaßhaft.
- Nicht? Ich dachte immer, als *society lady* hat man einen gewissen Ruf zu wahren, antwortete David in gespieltem Ernst.
- Auf jeden Fall möchte ich wieder herkommen, sagte Dorothea.
- Jederzeit. Wann immer du mich dabei haben willst, ich stehe zur Verfügung, sagte er fröhlich.

Als sie beim Espresso saßen und Dorothea noch eine Grappa vom Haus serviert bekam, lenkte David das Gespräch endlich auf das ihm unter den Nägeln brennende Thema. Stück für Stück brachte er sie auf den neuesten Stand seiner Ermittlungen, berichtete vom

Einbruch Pit Dietrichs in die beiden Großlager, von dem illegalen Börsencoup Dalbecks und von dem in seinem Auftrag gehackten Emailkonto. Dorothea sagte nichts, aber ihr Atem ging schwer. David ließ ihr Zeit, das Gehörte zu verarbeiten. Sie brauchte eine Weile, um den Aufruhr ihrer Gefühle in den Griff zu bekommen. Als sie schließlich die Fassung wieder gewonnen hatte, fuhr er fort und erzählte ihr von seinem akribischen Zusammentragen der Beweise gegen Dalbeck und wie sein Plan aussah.

- Das klingt alles so einfach. Du glaubst, dass er sich so ohne weiteres einverstanden erklärt mit deinem Vorhaben? Ich sage dir, er ist eine ganz harte Nuss, die knackt man nicht mal so eben im Vorbeigehen, gab Dorothea zu bedenken.
- Für diesen Fall habe ich noch einen kleinen Extra-Trumpf im Ärmel, antwortete David siegesgewiss.
- Und den würdest du mir unter keinen Umständen auch nur andeuten? fragte Dorothea neckisch.
- Ich möchte dir doch nicht die Überraschung verderben. Vertraue mir einfach! Ich bin sicher, ich habe Dalbeck im Sack, sagte David.
- Dann müssen wir nur noch Albert Ritter auf unsere Seite bekommen, aber ich denke, das ist lediglich eine Formalität. Ich habe sehr guten Kontakt zu ihm, sagte Dorothea.
- Ich auch, lachte David nicht ohne Anzüglichkeit.
- Wie bitte? Nein, das glaube ich jetzt nicht! Du willst nicht etwa andeuten, er ist ein Kunde von dir, fragte sie mit großen Augen.

- Das Geschäftsmodell des die heutige Zeche begleichenden Jungunternehmers beruht vor allem anderen auf absoluter Diskretion, erklärte David todernst.
- Ich würde, wenn es dem Herrn Unternehmer kommod ist, gern mehr über dieses außerordentliche Geschäftsmodell erfahren, vielleicht noch im weiteren Verlauf des Abends bei einem Absacker in den Geschäftsräumen, schlug Dorothea mit leicht verruchtem Lächeln vor, das in David unverzüglich flammende Hitze ausbrechen ließ.

Zum ersten Mal blieb sie bei ihm im Penthouse. In der klaren Nacht ergoss der Mond sein zauberisches Licht über die friedlich neben ihm Schlafende, deren Konturen unter der grauen Seidenbettwäsche seinen Herzschlag beschleunigten, und David konnte seine Augen von ihrem Anblick kaum lösen. Erst früh am nächsten Morgen rief sie ihren Chauffeur an, der sie mit dem Rolls in der Inselstraße abholte.

Und dieses Mal hatte sie beim Abschied nicht wie üblich sein Honorar unter die *Lalique*-Vase gelegt.

Abgesehen von den Wochenenden, an denen er als vorbildlicher Christdemokrat mit der gesamten Familie den Sonntagsgottesdienst besuchte, sich mit seinen Rotarierfreunden traf und Opernmatinéen oder Theaterpremieren besuchte, war der Tagesablauf des

Landtagsabgeordneten Albert Ritter schwer vorherzusehen. Er konnte sich in Berlin aufhalten, im Untersuchungsausschuss, oder ebenso gut im Düsseldorfer Landtag sitzen, er konnte sich jedoch auch gerade eben in den Pornokinos am Hauptbahnhof herumtreiben, um sich dort für zwanzig Euro mit einem rumänischen Stricher beim Oralverkehr zu vergnügen. Um keinesfalls bei seinem momentanen Treiben zu stören, schickte David ihm eine kurze Textnachricht mit dem Vermerk *DRINGEND*, in welcher er ihn um baldigen Anruf bat.

Eine Stunde später rief Albert ihn an.

- Werde ich da etwa schmerzlich vermisst? Oder was sonst ist so dringend? fragte er lakonisch.
- Meine treuesten Kunden vermisse ich immer, antwortete David.

Albert stöhnte theatralisch:

- Du sprichst mit einem Mann auf dem einsamen Gipfel der Zerknirschung. Ich komme vor lauter überflüssigen Terminen kaum noch zu den wirklich wichtigen Dingen des Lebens.
- Und du sprichst mit einem Mann, der deinen permanenten Termindruck dauerhaft zu entschlacken in der Lage wäre, wenn du ihm eine Stunde deiner kostbaren Zeit widmest, ausnahmsweise nicht für die Dinge, mit denen wir uns sonst dieselbe vertreiben, sagte David.
- Du machst mich neugierig, wenn du so kryptische Sätze von dir gibst. Ich komme morgen Nachmittag zurück aus Berlin und könnte, falls der

Flieger keine Verspätung hat, gegen fünf Uhr bei dir sein, bot Albert an.

- Das klingt perfekt. Ich warte auf dich.

Pünktlich am nächsten Tag traf Albert im Penthouse ein. Er war verschwitzt und wollte unbedingt duschen. Natürlich nahm er danach als erstes die lang entbehrten Dienstleistungen seiner Verabredung in Anspruch. Seine chronische Unersättlichkeit bescherte ihm kurz nacheinander zwei schnelle Höhepunkte. In der folgenden kleinen Atempause saßen sie nackt auf der Couchgarnitur. Albert trank ein Glas Bourbon, als David seinem staunenden Zuhörer schließlich das Notwendigste über den aktuellen Stand der BioMondo-Affäre mitteilte und ihm ein baldiges Ende seiner Berlinflüge prophezeite.

- Dein Wort in Gottes Ohr, sagte Albert, nahm einen kräftigen Schluck Bourbon und schaute dann demonstrativ hinab auf seine Körpermitte, wo seine Dauererektion begierig zuckte.

Als er weit nach neun Uhr das Penthouse verließ, hatte er David trotz der ihm eigenen, fortdauernden Zeitnot drei alternative Termine für dessen Vorhaben gegeben. Albert war ein wichtiger Faktor in dem bevorstehenden Kräftemessen, und in seiner Funktion als Leiter des Untersuchungsausschusses derjenige, welcher die aus dem Ruder gelaufenen Dinge zu einem alle befriedigenden, offiziellen Ende bringen konnte. Es war überaus beruhigend, auch ihn an Bord zu wissen.

24

Die Versammlung

Der Mittelpunkt und unwillkürliche Blickfang des Raumes, in welchem für gewöhnlich die Sitzungen des Aufsichtsrates von Immacula stattfanden, war ein elliptisch geformter Tisch aus geflammtem Mahagoni, ein im Wert kaum zu bezifferndes Möbel, welches der berühmte Designer Peter Behrens im Jahr 1948 nach einem Entwurf von Ernst Berendonks Vater angefertigt hatte. Rings um dieses Prunkstück von Tisch standen zwanzig mit schwarzem Veloursleder vom indischen Wasserbüffel gepolsterte Armlehnstühle, die eher Sesseln glichen. An drei der ebenso wie die Decke mit kieselgrau gebeiztem Ahornholz getafelten Wände hingen Gemälde der von Ernst Berendonk leidenschaftlich gesammelten Düsseldorfer Schule. Vor der vierten Wand erhob sich ein überdimensional großer und fast die gesamte Stirnseite des Raumes einnehmender LED-Monitor. Der fensterlose kleine Saal verströmte eine unaufdringliche Gediegenheit, die durch das dezente Licht der ultramodernen Karbonstrahler noch unterstrichen wurde.

Gleich nebenan befanden sich die weitläufigen Räumlichkeiten der Aufsichtsratsvorsitzenden Dorothea Berendonk, gegliedert in Vorzimmer, Empfangszimmer und Büro. Soeben trat David aus dem Sitzungsraum, wo er acht mit den Namen der Beteiligten versehene

Büttenkärtchen in der von ihm geplanten Sitzordnung auf dem Tisch platziert hatte, zurück in Dorotheas privates Büro. Auch hier stach die unaufdringlich gediegene Eleganz der Einrichtung mit ihren Bauhausklassikern ins Auge. Dorothea wartete in Begleitung Dr. Rabensteins, des langjährigen Justitiars der Firma Immacula. Es war 9.30 Uhr und der Termin für 10 Uhr anberaumt. Durch die imposante Fensterfront sah David, dass sich am Himmel über Düsseldorf die Sonne hinter dichten Wolken verbarg. Der Kalender zeigte den 21. August 2019.

Dorotheas Anblick in ihrem dunkelgrauen Kostüm und der weißen Bluse, über die sie eine schlichte Perlenkette trug, ließ seinen Atem stocken. David, den die Erfahrung gelehrt hatte, dass Kleider Leute machen, hatte sich angesichts der Bedeutung des heutigen Termins für das volle Ornat entschieden: dunkelblauen *Brioni*-Anzug, weißes Hemd, goldgefasste Manschettenknöpfe aus Rauchtopas, gold-blau gestreifte Clubkrawatte und schwarze Brogues.

Nach einem kurzen Klopfen an der Tür führte Dorotheas Sekretärin Slobodan herein. David hatte ihn um Beistand gebeten, denn bei ihrer bevorstehenden kleinen Runde, deren Verlauf er zuvor im Geiste mehrfach durchgegangen war, glaubte er auf ihn nicht verzichten zu können. Kurz darauf trafen nacheinander Albert Ritter, Leiter des von der Bundesregierung zur Aufklärung des BioMondo-Skandals eingesetzten Untersuchungsausschusses, und Theresa Hansen ein. Die Fondsmanagerin befand sich in Gesellschaft des für ihr Unternehmen tätigen Anwalts, Rodolfo Brenner. Inzwischen zeigte die Uhr viertel vor zehn.

David stellte alle Anwesenden, sofern sie sich noch nicht kannten, einander vor. Einen Augenblick lang dachte er darüber nach, dass in diesem Raum gerade vier seiner Kunden versammelt waren, eine surreal anmutende Situation, die ihn zu einem anderen Zeitpunkt amüsiert hätte. Dann konzentrierte er sich wieder auf die vor ihm liegende Aufgabe und skizzierte vor den aufmerksamen Zuhörern kurz den von ihm geplanten Ablauf der gleich beginnenden Sitzung. Mit Ausnahme von Dorothea und Slobodan, die beide mit den meisten Details vertraut waren, würde auf die anderen hier Versammelten eine Lawine größerer Überraschungen hernieder gehen. Dr. Rabenstein entnahm seinem Aktenkoffer ein auf Davids Initiative aufgesetztes Schreiben in zweifacher Ausführung und sagte:

- Es handelt sich lediglich um eine kleine Formalität, aber ich darf Sie alle bitten, über das gleich in diesem Raum Besprochene absolutes Stillschweigen zu bewahren. Ihre Unterschrift unter diese dahingehende Erklärung gilt mir als Gewährleistung dafür.

Dann las er den Wortlaut kurz vor, reichte anschließend das Blatt herum und steckte es, nachdem alle Anwesenden unterschrieben hatten, zurück in seinen Koffer, während David aus dem Fenster auf den tief unter ihm liegenden

Parkplatz schaute, wo in diesem Moment Harald Dalbeck in seinem schwarzen Daimler vorfuhr.

- Es kann losgehen, Dalbeck kommt soeben an, sagte er dann, die leichte Anspannung in seiner Stimme kaum zu hören.
- Dann darf ich Sie alle nach nebenan in den Sitzungssaal bitten, sagte Dorothea und ging voraus.

Im Aufsichtsratszimmer, wo Kannen mit Kaffee und ein Bataillon von Flaschen mit Säften und Wasser der Eintretenden harrten, nahm sie mit unnachahmlicher Autorität ihren Platz vor Kopf des Tisches ein. An der linken Längsseite hatte David die Namenskärtchen von Dr. Rabenstein, Theresa Hansen und Rodolfo Brenner aufgestellt, rechter Hand saßen Albert Ritter, Slobodan und er selbst mit dem Rücken zur Tür. Der Platz unmittelbar rechts neben ihm war für Harald Dalbeck reserviert. Es war still, niemand sagte ein Wort, bis sich die Tür öffnete und Dalbeck eintrat.

Er grüßte und überflog die Anwesenden mit kurzem Blick, in den sich unverhohlenes Erstaunen mischte, als er David erkannte.

- Ich war der Ansicht, hier findet um 10 Uhr eine Aufsichtsratssitzung zum Thema BioMondo-Skandal statt, wo also sind die Herrschaften? Und was für eine Truppe ist das stattdessen hier? fragte er in Richtung Dorothea.

- Bitte setze Dich erst einmal, antwortete Dorothea und wies mit der Hand auf den Stuhl neben David.

Dann fuhr sie fort, während Dalbeck, sein Telefon aus der Tasche ziehend und vor sich auf die Tischplatte legend, sichtbar unmutig ihrer Aufforderung nachkam:

- Du wirst mir die kleine Falschinformation nachsehen, ich war nicht sicher, ob Du bei Kenntnis der heute tatsächlich zu verhandelnden Dinge gekommen wärst, lächelte Dorothea.

Dalbeck wollte antworten, doch sie ließ ihn nicht zu Wort kommen:

- Meine Dame, meine Herren, ich darf Ihnen Harald Dalbeck vorstellen, den Vorstandsvorsitzenden unseres Tochterunternehmens BioMondo. Wir haben uns hier und heute zusammen gefunden, um zuallererst in diesem internen Kreis Licht in die leidigen Vorgänge um BioMondo zu bringen und sodann im weiteren Verlauf des Vormittags eine den seit Wochen hohe Wellen schlagenden Skandal hoffentlich abschließende Pressekonferenz zu geben, jenen Skandal, der, wie alle Sie wissen, auch die Firma Immacula in jüngster Vergangenheit bis ins innerste Mark getroffen hat.

Sie machte eine kleine Pause und schaute dabei jeden der Anwesenden kurz an. Einzig auf Harald Dalbeck verweilte ihr Blick einen Moment länger. Dann fuhr Dorothea fort:

- Ich danke Ihnen allen für Ihr Erscheinen und Ihre für Immacula und BioMondo so überaus wertvolle Unterstützung in dieser Angelegenheit. Vor allem anderen und bevor wir hier dringend erforderliche Lösungen aus der momentanen Krise aufzeigen, ist es mir unbedingt ein Bedürfnis, Sie im Detail mit der konkreten Faktenlage bekannt machen, und dazu darf ich jetzt Herrn Beckett bitten, die weiteren Ausführungen zu übernehmen. David Beckett hat in meinem Auftrag sorgfältig recherchiert, und niemand ist mit den Interna besser vertraut als er.

Alle Versammelten, sogar Dalbeck, dankten der Sprecherin durch ein beifälliges Klopfen auf die Tischplatte. David schob seinen Stuhl zurück und erhob sich, seine lederne Aktenmappe in der Hand. Gleichzeitig erhob sich auch Slobodan und trat einige Schritte vom Tisch fort in den Hintergrund. Harald Dalbeck saß mit einem Mal isoliert von den Übrigen. Seine Oberlippe zierte ein frisch erblühter Herpes unter der Fettschicht einer dick aufgetragenen Salbe. Mehr denn je erinnerte seine brutale Visage an einen Waran. Davids empfindliche Nase bemerkte an ihm den penetranten Zitrusduft von Brillantine, mittels derer Dalbeck seine schwarz gefärbten Locken streng aus der Stirn frisiert hatte. Dann konzentrierte er sich auf seinen Vortrag.

- Auch ich möchte Sie begrüßen, meine Damen und Herren. Im Namen der Firma Immacula danke ich für Ihr Erscheinen. Ich gedenke nicht, Sie durch lange Einleitungen zu langweilen, daher komme ich gleich zum entscheidenden Punkt. Ich werde hier den Versuch unternehmen, für jedermann plausible Beweise zu erbringen, wer die Verantwortung trägt für den Ihnen allen zur Genüge bekannten BioMondo-Skandal. Dazu benötige ich, Herr Dalbeck wird es verzeihen, sein Telefon, auf dem alle relevanten Daten zur Aufklärung des Skandals gespeichert sind.

Slobodan trat blitzartig aus dem Rücken Harald Dalbecks hervor und hatte mit schnellem Griff seiner Linken das vor ihm auf dem Tisch liegende Smartphone ergriffen. Der so Beraubte wollte aufspringen und es sich zurückholen, aber Slobodan drückte ihn mit dem eisernen Druck seiner Rechten, gegen den er nicht ankam, zurück in den Sitz. Dalbeck schäumte vor Wut.

- Das wird Konsequenzen haben. Ich verlange sofort mein Eigentum zurück, ansonsten verständige ich die Security, blaffte er.
- Der Aufgabenbereich der Security liegt auf Wunsch des Aufsichtsrates für den heutigen Vormittag in den Händen von Herrn Gassmann, und ich gebe Ihnen in Ihrem eigenen Interesse den Rat, ihn nicht anzugehen. Das würde Ihnen schlecht bekommen. Er hat eine Ausbildung als Kampftaucher bei einer Eliteeinheit der Bundeswehr, sagte David überaus ruhig zu Dalbeck gewandt.

- Dorothea, mach etwas! Ich protestiere energisch! Das kann unmöglich mit deiner Einwilligung geschehen, empörte sich Dalbeck.

Die so Angesprochene tat seine Einwände mit einem Wink lässig ab. David schaute Slobodan an und nickte ihm aufmunternd zu. Slobodan trat mit Dalbecks Telefon an den LED-Monitor an der Stirnseite des Saales, und David gab ihm die Information:

- Der Code zum Entsperren lautet 1-9-1-1.
- Woher weißt du Schwein das? schrie Dalbeck mit hochrotem Gesicht.

Bei diesem unkontrollierten Ausbruch hob Justitiar Dr. Rabenstein begütigend die Hände:

- Herr Dalbeck, ich darf Sie dringend bitten, die Haltung nicht zu verlieren! Was haben Sie zu befürchten, wenn Daten von Ihrem Telefon bekannt werden? Ihr unorthodoxes Betragen lässt durchaus Rückschlüsse zu.
- Es sind private Daten, und die gehen niemand etwas an, niemand, verstehen Sie! protestierte Dalbeck laut.

Slobodan hatte bei dem kleinen Disput das Telefon entriegelt und suchte die Bluetooth-Funktion mit der des Monitors zu koordinieren. Dann erschien auf dem Bildschirm der *BioM–night cam* betitelte Ordner mit den acht Videodateien von den Einbrüchen in die beiden

Logistikzentren. Auf Davids Zeichen spielte er den ersten kleinen Film ab, sodann auch die Videos Nummer Zwei bis Vier. Während die Aufnahmen liefen, erklärte David die Vorgänge.

- Sie werden hier Zeugen, wie in der Nacht vom 14. Mai 2019 drei Männer widerrechtlich in das zentrale Auslieferungslager Nord der Firma BioMondo eindringen und die dort gelagerte Bekleidung, alles Hängeware wie Jacken, Hemden, Blusen, Westen und Ähnliches, in vorsätzlicher Sabotage mit einer Flüssigkeit aus Spraydosen kontaminieren. Bei einer nur dem Schein nach zufälligen, in Wirklichkeit jedoch durch einen anonymen Hinweis gezielt ausgelösten und flächendeckenden Qualitätskontrolle, welche nach der Auslieferung der betroffenen Ware an die Filialen von BioMondo erfolgte, stellten die kontrollierenden Behörden einen groben Verstoß gegen die Umweltverordnungen fest. Seither wird unter Hochdruck an der Aufklärung des Vorfalls gearbeitet. Wie Sie im zweiten Video gesehen haben, war einer der Einbrecher so dreist, sein Gesicht der Kamera zu präsentieren, worauf wir glücklicherweise in der Lage waren, seine Identität zu ermitteln. Es handelt sich um den Herrn Gassmann und mir persönlich bekannten Pit Dietrich, den Inhaber einer Detektei in Bilk. Die auf Harald Dalbecks Handy gespeicherten Filme nun lassen den eindeutigen Rückschluss zu, dass ihm diese illegale Aktion bekannt war. Die Frage allerdings ist, warum informierte er darüber weder Vorstand und Aufsichtsrat der Muttergesellschaft Immacula noch die Polizei noch die Umweltbehörde. Und vor allem, was war der Grund, dass Harald Dalbeck allen Medien gegenüber immer wieder behauptet hat, die Schuld für die Auslieferung der beanstandeten Ware läge nicht in seiner Verantwortung, sondern in der von Immacula, das heißt letztendlich Dorothea Berendonk? All diese ungeklärten Zusammenhänge münden schließlich in die eine große Frage, deren Antwort die Lösung des Rätsels bereit hält: wer profitiert von einer solchen auf den ersten Blick sinnlosen Sabotage?

David hielt ein mit seinem Vortrag und versuchte eine Resonanz bei seinen Zuhörern zu erkennen. Alle zeigten gespanntes Interesse. Harald Dalbeck verhielt sich äußerlich ruhig, aber auch ihm war die Anspannung anzumerken.

Aus seiner ledernen Aktenmappe, die er nicht aus der Hand gelegt hatte, seit Dalbeck den Raum betreten hatte, zog David ein Dokument hervor. Dann sagte er:

- Ich habe hier eine eidesstattliche und notariell beglaubigte Erklärung von Pit Dietrich, der zufolge er im Auftrag Harald Dalbecks in der Nacht vom 14. Mai 2019 im Logistikzentrum Nord der Firma BioMondo in Braunschweig die dort wenige Tage später zur Auslieferung an sämtlichen norddeutschen Filialen bestimmten Textilien mit dem Wirkstoff PFC, das sind Fluorcarbonharze, kontaminiert hat. PFC findet sich in einer gängigen und für jedermann zugänglichen Form beispielsweise in Imprägniersprays. Laut Umweltbundesamt gelten Fluorcarbonharze zwar nicht als erwiesen toxisch, stehen aber im Verdacht Allergien auszulösen und sind daher als Bestandteil in Öko-Textilien nicht zulässig.

Er hielt mit seinem Vortag kurz inne und schenkte sich aus einer der bereitgestellten Flaschen ein Glas Wasser ein, aus dem er einen Schluck nahm. Dann fuhr er fort:

- Am darauf folgenden Tag geschah eben dieselbe Aktion im Logistikzentrum Süd von BioMondo in Ludwigshafen. Auch dort wurden von Pit Dietrich und seinen beiden Handlangern im Auftrag Harald Dalbecks in einer Nacht-und-Nebel-Aktion mehrere Tausend kurz vor der Auslieferung stehende Textilien ganz simpel mit Imprägnierspray verseucht. Im Anschluss manipulierte Dietrich die Aufzeichnung der in beiden Zentrallagern installierten Überwachungskameras, speicherte jedoch, vermutlich als potentielles Druckmittel gegenüber seinem Auftraggeber, die von ihm gelöschten Teile der Überwachung auf einem Datenträger.

David machte eine Pause, um den Eindruck des soeben Demonstrierten auf die Anwesenden einwirken zu lassen.

Wieder schaute er kurz in die Runde und sah in betretene Gesichter. Allein Harald Dalbeck zeigte sich scheinbar völlig unbeeindruckt und nahm die Herausforderung an:

- Das sind alles nur hirnrissige Spekulationen eines unheilbaren Fantasten. Aus welchem Grund sollte ich das von mir geleitete Unternehmen auf solch absurde Weise in Misskredit bringen? bellte er David an, die Adern an seinen Schläfen zum Platzen gespannt.

David griff in seinen Aktenordner und holte ein zweites Blatt hervor, das er wie das Geständnis des Detektivs Dr. Rabenstein überreichte.

- Ich habe hier ferner eine eidesstattliche und notariell beglaubigte Erklärung von Konstantin Braunagel, von Beruf Broker und der bei der Privatbank Bernsau, Dittmann & Co., bei welcher Harald Dalbeck Konten unterhält, für ihn zuständige Banker. Darin gibt der Unterzeichner zu Protokoll, im Auftrag Harald Dalbecks am 21. Juni 2019 Aktien der Firma BioMondo im Wert von sechzig Millionen Euro erworben zu haben. Die Kauforder lautete dahingehend, diese erst bei einem Kurs von weniger als zweiunddreißig Euro zu tätigen. Vor dem von den gesamten europäischen Medien in aller Breite behandelten Skandal betrug der Wert der Aktie mehr als neunundsechzig Euro und befand sich im Mehrjahreschart auf unaufhaltsamem Höhenflug. Ein Kurseinbruch, zumal ein von ihm selbst derart gezielt lancierter, ermöglichte einem Insider, ein Aktienpaket zu deutlich verminderten Konditionen zu erwerben, mit der Option sein Vermögen mehr als zu verdoppeln, nachdem sich die Wogen des Skandals geglättet hätten, und genau das war der Plan Harald Dalbecks.

Wieder legte David eine Pause ein. Mit Ausnahme von Dorothea, Slobodan und Dalbeck, die ausnahmslos mit dem eben Vorgetragenen vollständig vertraut waren, erhoben alle anderen Anwesenden ein unverständliches und empört klingendes Gemurmel. David ergriff wiederum das Wort:

- Um diesem raffinierten Plan zusätzlich zu befeuern, wurde zunächst die Umweltbehörde mit einem anonymen Hinweis über die Verletzung der Öko-Standards bei BioMondo informiert, ebenso wie kurz darauf natürlich ebenfalls anonym bei allen wichtigen Pressediensten Meldungen eingingen, dass nicht nur Textilien betroffen waren, sondern ein Großteil der Produktpalette des Unternehmens. Dort war die Rede von vorsätzlicher Nichtbeachtung der ökologischen Richtlinien mit der Absicht schneller Gewinnmaximierung. Diese ganz offensichtlich gezielt platzierten Falschinformationen dienten dazu, den nach einem solch unerhörten Skandal unausweichlichen und drastischen Kursverfall der Aktie zu beschleunigen, und entsprechen in keiner Weise den Tatsachen.

- Unglaublich! Welch eine Perfidie! ließ sich Albert Ritter vernehmen.
- Möchten Sie sich dazu äußern, wandte sich David unmittelbar an Dalbeck.
- Das hast du dir alles schön aus den Fingern gesogen, um deiner *sugar mama* den Arsch zu retten. Aber du Drecksau von Stricher machst mich nicht fertig. Ich hatte die exakte Anweisung zu all dem von Dorothea Berendonk persönlich, polterte der los und bleckte wütend die Zähne.

David schaute bei diesen Worten kurz herüber zu Dorothea. Zu seiner Beruhigung schien sie überaus gelassen und zog amüsiert ihre linke Braue in die Höhe. Aber Dr. Rabenstein war es, der in die peinliche Stille hinein Dalbeck abermals in die Schranken wies:

- Ich muss doch entschieden bitten, Herr Dalbeck! Mäßigen Sie Ihre Ausdrucksweise!
- Wenn Sie hier auf die Karte moralischer Fragwürdigkeit setzen, dann halten Sie auf diesem Gebiet selbst alle Trümpfe in der Hand, denn in Ihrem Keller haben die Leichen allmählich keinen Platz mehr, konterte David den Ausbruch elegant.

Dalbeck ließ ein höhnisches Lachen hören, in das sich eine deutlich vernehmbare, gereizte Nervosität mischte. Dann erhob er sich von seinem Stuhl und erklärte laut:

- Ich werde mir diesen Blödsinn keinen Moment länger anhören. Ich verlasse diese absurde

Veranstaltung auf der Stelle. Geben Sie mein Telefon heraus!

Slobodan bewegte sich gedankenschnell auf die Tür zu, um Dalbeck am Gehen zu hindern, aber das wäre gar nicht nötig gewesen, denn im gleichen Moment ertönte ein Machtwort von Dorothea, deren schneidende Stimme keinen Widerspruch duldete:

- Du bleibst, wenn Du diesen Raum als freier Mann verlassen willst!

Harald Dalbeck senkte einen langen Moment seinen Blick direkt in ihre Augen und ließ sich dann zurück in seinen Stuhl sinken. Seine Zunge tastete die Herpesbläschen auf seiner Lippe ab.

- Ich darf Herrn Beckett bitten fortzufahren, sagte sie dann, ihre Stimme wieder einem leisen Windhauch gleich.

David holte einige weitere Blätter aus seiner Aktenmappe hervor. Er nickte Slobodan zu, worauf der Dalbecks Mailkorrespondenz auf dem Monitor einspielte.

- Sie sehen hier eine Mail Harald Dalbecks in seiner Eigenschaft als Vorstandsvorsitzender von BioMondo an Dorothea Berendonk, Aufsichtsratsvorsitzende von Immacula und damit Dalbeck vorgesetzt und weisungsbefugt. Darin setzt er sie in Kenntnis über die Ihnen soeben dargestellte und in seinen Worten 'versehentliche' Kontaminierung der Textilien und vermeldet gleichzeitig einen voraussichtlichen Schaden in

Millionenhöhe. Das nächste Bild zeigt die Antwort Dorothea Berendonks, worin sie eindeutige Anweisung gibt, die kontaminierte Ware trotz der Verunreinigung unverzüglich an die Läden auszuliefern.

Wieder erhob sich eine Unruhe unter den versammelten Zuhörern. Diese Wendung hatte niemand erwartet. Allein Dorothea selbst, die hier allem Anschein massiv Beschuldigte, thronte mit unerschütterlicher Souveränität in ihrem Sessel. Ihre unverminderte Gelassenheit war nahezu aufreizend. Aber Dalbeck spürte plötzlich Rückenwind und lachte hämisch, seine Visage eines Reptils grotesk verzerrt:

- Womit wir endlich den klaren Beweis hätten, dass nicht ich, sondern sie allein die Verantwortung trägt für den Bio-Mondo-Skandal. Ich habe lediglich auf Weisung von ihr gehandelt.

David überreichte Dr. Rabenstein wortlos die ausgedruckte Mailkorrespondenz und zog dann wiederum ein Blatt aus seiner Mappe.

- Das ist zumindest ein Teilgeständnis von Herrn Dalbeck, dass ihm die Verunreinigung bekannt war. Nun habe ich hier abermals ein eidesstattliches und notariell beglaubigtes Geständnis, dieses Mal von Herrn Tobias Rettig, in der Hackerszene auch bekannt unter dem Spitznamen *Belsazer*. Herr Rettig bestätigt darin, dass er im Auftrag der Detektei Pit Dietrich, die wiederum von Harald Dalbeck beauftragt wurde, das Passwort des Mailkontos *dorothea.berendonk@immacula.com* geknackt hat und anschließend seinem Auftraggeber für ein Honorar von dreihundert Euro verkaufte. Dieses Geständnis stimmt überein mit der bereits vorliegenden Aussage Pit Dietrichs. Ich bitte Herrn Dr. Rabenstein, das ebenso zu den Akten zu nehmen.

- Das ist alles fauler Zauber. Das können Sie mir nie anhängen. Ich kenne diesen Hacker gar nicht, sagte Dalbeck verächtlich.
- Ausnahmsweise entspricht das sogar der Wahrheit, weil der Kontakt über Ihren Mittelsmann Pit Dietrich abgewickelt wurde, stimmte David zu, um dann seine Ausführungen wieder aufzunehmen:
- Ein satter Aktiengewinn war jedoch nicht Harald Dalbecks einzige Veranlassung für diese hochkriminellen Taten. Was den meisten von Ihnen nicht bekannt sein dürfte, ist die Tatsache, dass er als illegitimer Sohn Ernst Berendonks, hervorgegangen aus einer kurzen Liaison mit seiner ehemaligen Sekretärin, in maßloser Selbstüberschätzung glaubte, Anspruch auf die Nachfolge seines Vaters bei der Firmenleitung zu haben und aus diesem Grund Dorothea Berendonk als Vorsitzende des Aufsichtsrates diffamieren wollte, um so ihre Position einzunehmen. Daher fälschte er unter ihrem Namen Emails, welche den alleinigen Zweck

verfolgten, sie für den Konzern als untragbar erscheinen zu lassen.

Bei diesen Worten verfärbten sich Harald Dalbecks Züge in flammender Zornesröte. Mühsam rang er um Fassung. Schwer atmend sagte er dann:

- Das alles ist doch nichts als ein fein ausgetüfteltes Komplott der lustigen Witwe und ihres *loverboys*, um sich aus der Verantwortung zu stehlen. Ich gebe hier nicht den Sündenbock! Damit kommen Sie niemals durch, niemals, verstehen Sie!
- Ich bin mir nicht sicher, ob Sie diese Überzeugung noch hegen, wenn wir den Fall der Staatsanwaltschaft übergeben, sagte David betont ruhig.
- Was haben Sie denn schon in der Hand gegen mich? Indizien ohne Beweiskraft, nichts als Indizien, die Sie geschickt zusammen konstruieren, tönte Dalbeck mit unterdrückter Wut.
- Wollen Sie es wirklich darauf ankommen lassen? Ich garantiere Ihnen die sofortige Entbindung von all Ihren Funktionen im Konzern, ferner die vom Staat veranlasste Konfiszierung Ihres kompletten Aktienpaketes von sechzig Millionen wegen kriminellen Insiderhandels sowie einen im medialen Fokus stehenden, langwierigen Strafprozess wegen vorsätzlicher Sabotage. Selbst wenn Ihre Anwälte tricksen und Sie dort mit

Bewährung und Geldstrafe heraus kommen sollten, sind Sie erledigt.

- Darauf lasse ich es gern ankommen, antwortete Dalbeck mit mühsam unter Kontrolle gehaltenem Gesicht.

David schaute ihn fast mitleidig an.

- Andererseits hat die Konzernleitung mich gebeten, Ihnen Vorschläge zu unterbreiten, wie Sie unter Umständen halbwegs unbeschadet die Ihnen unausweichlich drohenden Konsequenzen umgehen können, führte David aus.

Dalbeck sagte nichts, sondern wartete, was da kommen würde. David fuhr fort. Bis jetzt lief alles nach Plan.

- Der erste Vorschlag läuft darauf hinaus, dass Sie hier und jetzt die von Dr. Rabenstein vorbereitete Erklärung unterzeichnen, nach der Sie Ihren Vorstandsvorsitz bei BioMondo niederlegen und das Unternehmen sofort verlassen.
- Das ist absolut lächerlich, aber ich bin doch neugierig auf weitere Vorschläge, lachte Dalbeck auf.
- Vorschlag Nummer Zwei lautet: Sie treten im Anschluss an diese Unterredung vor die in der Lobby einberufenen Vertreter der Medien und übernehmen die Alleinschuld an der Kontaminierung von BioMondo-Textilien, worauf Sie offiziell Ihren unmittelbaren Rücktritt bekannt geben. Die von Dr. Rabenstein zu diesem Zweck

bereits vorformulierte Presseerklärung beinhaltet keinerlei Eingeständnis Ihrer illegalen Aktivitäten, sondern lediglich das Bekenntnis von Versäumnissen, für welche Sie Verantwortung tragen. Sollten Sie diesem Vorschlag zustimmen, wird die Rechtsabteilung von Immacula in Absprache mit dem Leiter des Untersuchungsausschusses auf juristische Schritte verzichten. Anhand dieser offiziellen Version wird der Herr Abgeordnete Albert Ritter in Berlin die Untersuchung zum Abschluss bringen, so dass der BioMondo-Skandal endgültig zu den Akten gelegt und für die Zukunft ein bleibender Schaden von der Firma abgewendet werden kann. Niemandem, auch in höchsten Berliner Regierungskreisen, ist daran gelegen, noch weiteren Staub in dieser Angelegenheit aufzuwirbeln.

Dalbeck schwieg. Krampfhaft verarbeitete sein Gehirn das Gehörte und schien seine Chancen abwägen zu wollen. Als er den Blick Dorotheas suchte, sah er nichts als Kälte. David wusste, der entscheidende Moment stand unmittelbar bevor.

- Und nun zum dritten Angebot. Sie sind sich sicher darüber im Klaren, dass der Insiderhandel von Aktien streng geahndet wird, zumal wenn ihm eine derart kriminelle Beeinflussung des Kurses vorher gegangen ist. Sollte Ihre Manipulation ruchbar werden, und glauben Sie mir, bei einer Weigerung Ihrerseits würde sie das, würden Sie das gesamte

Aktienpaket von sechzig Millionen verlieren und obendrein eine Anklage zu erwarten haben.

David bemerkte zu seiner Genugtuung an Dalbeck alle Anzeichen eines in die Enge getriebenen Mannes. Allmählich begann er die Situation zu genießen, und das, obwohl sein letzter Trumpf noch nicht einmal ausgereizt war. Langsam zog er die Schlinge weiter zu:

- Der Aufsichtsrat von Immacula hat ohne Ihr Beisein lange und intensiv erörtert, auf welche Art sich die von Ihnen verursachte gravierende Schädigung des Unternehmens rückgängig machen ließe und ist zu dem Entschluss gelangt, Ihnen eine für beide Seiten gleichermaßen akzeptable Lösung zu offerieren. In Kooperation mit dem Fondsmanagement von Theresa Hansen, die Sie hier an der Seite ihres Rechtsbeistandes Rodolfo Brenner sehen, bieten wir Ihnen die Summe von zehn Millionen Euro für Ihre Anteile an BioMondo an. Frau Hansen wird die in Ihrem Besitz befindlichen Anteile komplett übernehmen und hat alle dazu notwendigen Vertragsunterlagen von ihrem Anwalt vorbereiten lassen. Sie müssen lediglich unterschreiben.
- Ich muss lediglich unterschreiben? Sind Sie wahnsinnig? Lediglich unterschreiben? Ich soll mal eben fünfzig Millionen in den Wind schießen? Einfach so, auf Ihre lächerlichen Anschuldigungen hin, die meine Anwälte im Handumdrehen zerpflücken werden, hören Sie: zerpflücken! schrie

Harald Dalbeck und sprang in nicht länger zurückgehaltener Wut von seinem Stuhl hoch.

- Nun, wir haben Ihren Mangel an Einsicht bereits einkalkuliert und sind darauf nicht gänzlich unvorbereitet, wie Sie gleich sehen werden. Wenn Sie uns noch ein klein wenig Ihrer geschätzten Aufmerksamkeit schenken, dann lernen Sie vielleicht doch noch ein Umdenken, sagte David, und seine Stimme wurde eiskalt.

Dann gab er Slobodan das Zeichen. Und Slobodan zog umgehend einen USB-Stick aus der Tasche und schob ihn in den dafür vorgesehenen Steckplatz an der Seitenkante des LED-Monitors.

25

Die Aussage

Slobodan ergriff die Fernbedienung des Fernsehgerätes, scrollte auf dem Bildschirm zum Menü "Externes Medium" und rief sodann die einzige sich auf dem USB-Stick befindende Datei auf. Es war eine Videodatei mit dem Titel "Aussage VD".

Auf dem Bildschirm erschien ein leicht abgedunkelter Raum, in dem eine junge Frau vor einem von atmosphärischem Licht erhelltem Hintergrund auf einem Barhocker saß. An der Wand hinter ihr hingen gerahmte Fotos, das Poster einer Ausstellung der Kunst des alten Babylon im Pergamonmuseum Berlin und eine lilafarbene Neonreklame mit dem geschwungenen Schriftzug *Sappho.* Seitlich von den Bildern standen Flaschen mit alkoholischen Getränken in gläsernen Regalen.

Die Frau war sehr ernst. Über ihrem harten, aber nicht unschönen Gesicht lag ein tiefer, fast traurig anmutender Ernst gebreitet. Ihre Haare waren zu einer Glatze geschoren, und ihre leeren Augen schauten nicht in die Kamera, sondern wie in Gedanken verloren daran vorbei. Über einem weißen T-Shirt trug sie eine militärische Lederjacke mit goldenen Epauletten, welche ihre betont männliche Ausstrahlung unterstrich.

Sämtliche Anwesenden verharrten in gespanntem Schweigen, was da kommen würde. Keiner von ihnen kannte die junge Frau, mit Ausnahme von David und mit Ausnahme auch von Harald Dalbeck. Die Frau auf dem Bildschirm war seine Tochter Viola.

Bei seinem Anruf, für den er einigen Mut aufbringen musste, hatte David sie sehr behutsam gefragt, ob sie verwandt sei mit dem Vorstandsvorsitzenden von BioMondo. Viola hatte das ebenso zögernd wie widerwillig bestätigt, aber auch mit ohnmächtiger Wut in der Stimme, mit derselben Wut, die er damals an ihr gesehen hatte, als sie ihm vom Missbrauch durch ihren Vater erzählt hatte. David hatte sie daraufhin um ein Treffen gebeten, immer der Möglichkeit gewärtig, dass sie, wenn sie erst den Grund für sein Kommen erfuhr, ablehnen würde. Als sie jedoch ohne Ausflüchte sogleich einwilligte, war er am nächsten Vormittag nach Köln gefahren, nachdem er sich von Slobodan dessen Camcorder nebst Stativ erbeten hatte.

Viola erwartete ihn in ihrer tagsüber geschlossenen Bar *La roitelette de Cologne*, wo sie einen Espresso tranken, bei dem David sie dann in groben Zügen über die Machenschaften Harald Dalbecks aufklärte und ihr zu verstehen gab, dass er fest gewillt sei, dem kriminellen Treiben ihres Vaters Einhalt zu gebieten. Dann bat er sie um etwas, das er kaum auszusprechen wagte. Er fragte sie, ob sie vor laufender Kamera über ihren Missbrauch und den vom Vater vorangetriebenen Selbstmord ihrer Mutter erzählen würde.

- Ich weiß, ich verlange nahezu Unmögliches von dir, hatte er gesagt, mit belegter Stimme und laut pochendem Herzen.
- Ich mach's! hatte Viola nur geantwortet, mit düsterem Blick, aber auch mit tödlicher Entschlossenheit, und dann hatte er Slobodans Kamera vor dem Bartresen aufgebaut und sie gefilmt.

Das Resultat dieser Videoaufnahme lief soeben auf dem Monitor ab. David beobachtete aus den Augenwinkeln Harald Dalbeck, um dessen Reaktion auf das völlig unverhoffte Erscheinen seiner Tochter zu sehen.

Dalbeck stierte auf das Bild, als wollte er es durch Hypnose einfrieren. Dann sprang er auf, lief um den Tisch herum auf den Fernseher zu und wollte den USB-Stick herausziehen, doch Slobodan war schneller. Mit eisernem Griff packte er Dalbecks Faust und drückte sie zusammen, dass der vor Schmerz aufschrie.

- Sie wollen bestimmt nicht, dass ich Ihnen die Hand breche, oder? sagte Slobodan ganz ruhig.

Dalbeck wand sich unter seinem Griff, hatte jedoch keine Chance gegen den ehemaligen Elitesoldaten.

- Stoppen Sie sofort dieses Video, sofort, hören Sie! schrie er in höchster Erregung.

- Herr Dalbeck, ich muss doch abermals sehr bitten, ließ sich Dr. Rabenstein wieder vernehmen.
- Sie setzen sich jetzt zurück auf Ihren Platz, und wir alle gemeinsam schauen uns dieses Video bis zum Ende an. Danach reden wir weiter, sagte David zu Dalbeck gewandt und bedeutete Slobodan, den seiner physischen Übermacht willenlos Ausgelieferten zu seinem Stuhl zu begleiten.

Ächzend ließ Dalbeck sich zurück in den Stuhl fallen und massierte mit der Linken seine schmerzende rechte Hand, während Slobodan unmittelbar neben ihm Position bezog.

Im Video begann die junge Frau soeben zu sprechen:

- Mein Name ist Viola Dalbeck, ich bin die Tochter von Harald Dalbeck, dem Vorstandsvorsitzenden der Firma BioMondo.

Sie sprach leise, aber mit fester Stimme, und machte eine kleine Pause, während der ihre Zuschauer ein augenscheinlich von Überraschung kündendes Gemurmel verlauten ließen.

- Ich war zwölf Jahre alt, als meine Mutter mit einer Blinddarmentzündung in ein Krankenhaus eingeliefert wurde, fuhr Viola fort.
- Aufhören, rief Harald Dalbeck, seine Stimme nur noch ein erbärmliches Wimmern.

Niemand schenkte dieser Aufforderung Beachtung. Mit versteinerten Mienen lauschten die Versammelten der erschütternden Erzählung Viola Dalbecks, die, immer wieder stockend und unter Tränen, Zeugnis davon ablegte, was ihr Vater ihr und ihrer Mutter angetan hatte. Als das Bild schließlich erlosch und nur der schwarze Monitor flirrte, stoppte Slobodan die Wiedergabe. Es herrschte eine unnatürliche Ruhe im Raum. Keiner der Anwesenden fand zunächst ein angemessenes Wort im Angesicht des Gesehenen. Harald Dalbeck hatte sein Gesicht in den Händen verborgen und war still.

Mit untrüglichem Gespür für den richtigen Moment ergriff schließlich Dorothea das Wort. Ihre Stimme durchschnitt den Saal wie ein Messer:

- Du bist eine Bestie in Menschengestalt. Die Gräueltaten, die du deiner Tochter und deiner Frau angetan hast, sind an Abscheulichkeit nicht zu überbieten. Und was viel wichtiger ist: sie sind keineswegs verjährt! Die Aussage Violas, die sie jederzeit vor Gericht bekräftigen würde, würde dich für lange, lange Jahre ins Gefängnis bringen. Dein Leben wäre am Ende, selbst nach deiner Entlassung.

Sie hielt inne, um ihre Worte auf Dalbeck einwirken zu lassen.

- Du hast jetzt die Wahl. Im Interesse der Firma bieten wir dir eine -sagen wir einmal- elegante Lösung an. Wenn du einsichtig bist und diese

Papiere unterzeichnest, mit denen du den sofortigen Rücktritt vom Vorstandsvorsitz erklärst und ferner dein Aktienpaket für die Summe von zehn Millionen Euro an Hansen Fonds überschreibst, haben im Gegenzug alle hier Anwesenden per Unterschrift ihre eidesstattliche Bestätigung abgegeben, dass das heute hier zu Tage Getretene diesen Raum nicht verlässt. Der Herr Abgeordnete Ritter wird dem Untersuchungsausschuss die offiziell abgesegnete Version übermitteln, nach welcher der von dir herbeigeführte Skandal entkräftet wird und sämtliche Ermittlungen gegen BioMondo und Immacula eingestellt werden. Ich denke, eine mit der Abfindung von zehn Millionen versüßte Garantie von völliger Straffreiheit sollte Anreiz genug für deine bedingungslose Kooperation sein.

Harald Dalbeck atmete mehrmals tief ein, als könnte die Zufuhr von Sauerstoff ihm einen Ausweg aus dieser Lage bieten. Dann sagte er heiser:

- Gib her! Ich unterschreibe.
- Eine weise Entscheidung! Und dann trittst du in der Lobby vor die Vertreter der Medien und verliest die von Dr. Rabenstein verfasste Presserklärung. Er wird dich hinunter begleiten, ordnete Dorothea weiter an.

Mit zitternden Händen unterzeichnete Dalbeck sämtliche ihm von Dr. Rabenstein und Rodolfo Brenner vorgelegten Dokumente, ohne auch nur einen Blick auf ihren Inhalt zu werfen. Als er in Begleitung Rabensteins den Sitzungssaal verlassen hatte, war die Erleichterung im Raum förmlich greifbar. Violas Schilderung hatte ihnen allen das Blut in den Adern gefrieren lassen, selbst David, der ihr Schicksal doch gekannt hatte, spürte immer noch große Anspannung.

Keiner sagte ein Wort, bis Slobodan den Fernseher wieder einschaltete und den Kanal für Wirtschaftsnachrichten aufrief, der die Live-Übertragung der Presseerklärung zeigen würde. Soeben kündigte ein Nachrichtensprecher aus der Berliner Sendezentrale die Live-Schaltung nach Düsseldorf zur Firma Immacula, dem Mutterkonzern von BioMondo, an. Er verwies auf neue Erkenntnisse den Skandal betreffend, der seit Monaten die Öffentlichkeit beunruhigt hatte. Diese seien anscheinend von solcher Relevanz, dass die Firmenleitung eine Pressekonferenz einberufen hatte.

Dann schaltete das Bild um auf die Totale der monumentalen Empfangshalle von Immacula. In dort aufgestellten Stuhlreihen warteten zahlreiche Vertreter der Medien mit Foto- und Filmkameras. Auf einem Podest erhob sich ein Stehpult mit davor befestigten Mikrofonen aller wichtigen Fernsehsender.

Die Einstellung wechselte auf die den Aufzug verlassenden Dr. Rabenstein und Harald Dalbeck. Gemeinsam traten sie hinter das Rednerpult, wo zunächst

Dr. Rabenstein die Reporter begrüßte. Das Bild zeigte in Großaufnahme seine von vollem weißem Haar gekrönten, ehrwürdigen Züge, ein Inbegriff unzweifelhafter Rechtschaffenheit. Ein Textinsert stellte ihn den Fernsehzuschauern als Dr. Jonas Rabenstein, Justitiar Immacula, vor. Nach einer kurzen, aber eindrucksvollen Einleitung übergab er das Wort an Harald Dalbeck.

Auch ihn stellte ein Insert vor als Harald Dalbeck, Vorstandsvorsitzender BioMondo. Scheinbar zögernd trat er vor die Mikrofone und schlug am Pult eine Mappe auf, der er ein einzelnes Blatt entnahm. Die Kamera fuhr auf eine Halbtotale, deren wenig schmeichelhaftes Licht selbst noch in einigem Abstand hektische rote Flecken auf den Wangen enthüllte. Der Herpes an seiner Oberlippe leuchtete wie ein Brandmal.

Dann räusperte Dalbeck sich kurz und begann den von Dr. Rabenstein verfassten Text vom Blatt abzulesen:

- Auch ich darf Sie alle im Namen der Firma BioMondo willkommen heißen. Wir haben Sie heute zu uns gebeten, um die seit Monaten andauernde Affäre um unser Unternehmen zu einem die Öffentlichkeit hoffentlich befriedigenden Abschluss zu bringen. Ich darf Ihnen versichern, dass BioMondo, um den durch die Ihnen allen bekannten Vorfälle lädierten Ruf nachhaltig wiederherzustellen, in den letzten Monaten in enger Zusammenarbeit mit den zuständigen Behörden unermüdlich die restlose Aufklärung des Skandals vorangetrieben hat. Zum heutigen Zeitpunkt kann ich Ihnen endlich den Erfolg unserer Bemühungen ankündigen. Unsere intensiven Recherchen haben Folgendes ergeben.

Dalbeck hielt mit seinem Vortrag inne, um einen Schluck Wasser aus dem auf dem Pult bereit gestellten Glas zu nehmen. Dann fuhr er mit seinem Vortrag fort:

- Die im Rahmen einer Routinekontrolle von den Umweltbehörden festgestellten Spuren von PFC, den laut den Standards für Öko-Produkte nicht zugelassenen, sogenannten Fluorcarbonharzen, sind zurückzuführen auf eine großflächige Kontaminierung in unserem Logistikzentrum. Dort lagerten Bio-Textilien, welche zur Auslieferung für das gesamte Bundesgebiet bestimmt waren. Im Rahmen einer massiven Bekämpfung von den im gesamten Gebäudekomplex des Zentrums aufgetretenen Schimmelpilzen kam es zu dieser äußerst bedauerlichen Verunreinigung. Alle weiteren Gerüchte über nicht eingehaltene gesetzliche Vorschriften bei Produkten der Firma BioMondo entbehren jedweder Grundlage und stellten sich nach Durchführung zahlreicher Stichproben in allen Produktsegmenten als haltlose Falschmeldungen heraus. Die fahrlässig kontaminierten Textilien wurden natürlich nach Bekanntwerden umgehend aus dem Handel genommen.

Wieder nahm Dalbeck einen Schluck Wasser aus dem Glas. Sein Adamsapfel hüpfte nervös, als er zum Ende seiner Ausführungen kam:

- Nach Abschluss der Ermittlungen habe ich auf der Stelle den Leiter des diesbezüglichen Untersuchungsausschusses verständigt, Herrn Abgeordneten Albert Ritter. Der Herr Abgeordnete zeigte sich mit dem ihm vorgelegten Resultat vollständig zufrieden und wird dem Ausschuss empfehlen, nunmehr auch die Untersuchung abzuschließen. Ferner bestätigte mir der Herr Abgeordnete, dass in seinen Augen der tadellose Ruf der Firma BioMondo ohne Einschränkung wiederhergestellt sei. Zum Ende meiner Ausführungen möchte ich Ihnen noch mitteilen, dass die den Skandal letztlich auslösende Verunreinigung mit PFC allein möglich war aufgrund des von mir angeordneten radikalen Vorgehens gegen den Schimmelbefall, das heißt also: ausschließlich in meinen Verantwortungsbereich fällt. Ich habe nach reiflicher Überlegung beschlossen, die nach meinem Dafürhalten unausweichlichen Konsequenzen zu ziehen, und trete daher mit sofortiger Wirkung von meinem Posten als Vorstandsvorsitzender der Firma BioMondo zurück. Ich bedanke mich für Ihre Aufmerksamkeit!

Dalbeck händigte Mappe und Blatt Dr. Rabenstein aus und begab sich, ohne weitere Fragen zuzulassen, im

Eilschritt hinaus zum Parkplatz. Sein Abgang wurde begleitet von lärmigem Erstaunen, auf das ein ebenso überstürzter Aufbruch der Medienvertreter erfolgte.

In der obersten Etage schaltete Slobodan den Fernseher aus. Dorothea erhob sich von ihrem Stuhl und verkündete fröhlich, dass dieses so überaus gelungene Ereignis in ihrem Büro mit einem Glas Champagner begossen werden müsse:

- Ich darf Sie also alle bitten.

Sie ließ Theresa, Rodolfo Brenner, Albert und Slobodan den Vortritt, bevor sie selbst folgte, an der Seite Davids, dessen Hand sie unbemerkt ergriff und drückte. Dabei schaute sie ihm lächelnd und voller Dankbarkeit ins Gesicht, und David war sich sicher, nie zuvor hatte sie ihn mit solch offener Zuneigung angestrahlt.

- Du warst großartig, flüsterte sie ihm zu.
- Du BIST großartig, flüsterte er zurück.

Auf dem Tisch lag noch die Kopie der eidesstattlichen Erklärung zum absoluten Stillschweigen über das heute in diesem Raum Verhandelte, deren Original Dalbeck eingesteckt hatte. Die Namen und Unterschriften aller Anwesenden standen darauf.

Aller - bis auf die von David.

26

Eine Milliarde

Kurz nach der Pressekonferenz gesellte sich Dr. Rabenstein wieder zu den nun in Dorotheas Büro Wartenden. Er kam geradewegs auf David zu und schüttelte seine Hand.

- Herr Beckett, ich weiß gar nicht, was ich sagen soll. Mein Respekt! War es schon unglaublich, dass dieses kriminelle Subjekt unter dem Dach unseres Konzerns völlig unbemerkt derartige Ränke spinnen konnte, so war es wirklich außergewöhnlich, mit welcher Konsequenz Sie ihm das Handwerk gelegt haben.
- Aber ich bitte Sie, ich hatte lediglich ein wenig Glück. Dalbeck hat irgendwann den Bogen überspannt und damit sich praktisch selbst entlarvt. Ich musste nur ein paar lose Enden verknüpfen, antwortete David.
- In jedem Fall sind die Firmen BioMondo und Immacula Ihnen zu allergrößtem Dank verpflichtet. Durch Ihr Zutun wird der zweifelsfreie Ruf unserer Bio-Sparte gänzlich wiederhergestellt werden. Ich wage mir gar nicht auszumalen, welchen schwerwiegenden Schaden dieser Skandal dem Konzern auf Dauer noch zugefügt haben

könnte, wenn er nicht aufgeklärt worden wäre, sagte Dr. Rabenstein.

Jemand klopfte David auf die Schulter. Es war Albert, der Rabensteins Worte unterstrich:

- Ich kann dem nur uneingeschränkt beipflichten. In den letzten Wochen und Monaten durfte ich hautnah mit erleben, wie die Emotionen in Berlin förmlich übergekocht sind. Das Ergebnis der heutigen Verhandlung wird dort jedermann zufrieden stellen, dafür garantiere ich. Gleich für übermorgen werde ich eine abschließende Sitzung des Untersuchungsausschusses einberufen.

Während Rodolfo Brenner, der Anwalt von Hansen Fonds Management, sich aus der kleinen Runde verabschiedete, brachte Dorotheas Sekretärin einen Eiskübel mit zwei Flaschen Champagner herein. Ein Tablett mit Gläsern und zwei Platten mit Kanapees folgten.

- Ich habe für uns einen kleinen Imbiss vorbereiten lassen. Herr Dr. Rabenstein, wären Sie als Gastgeber bitte so freundlich, die Gläser zu füllen. Ich denke, wir sollten unbedingt anstoßen auf den grandiosen Erfolg des heutigen Tages, sagte Dorothea.

Natürlich kreisten beim sich anschließenden Umtrunk die Gespräche um die ungeheuerlichen Vergehen Dalbecks. Einhellig bekundeten alle Anwesenden ihre

Genugtuung über seine geglückte Bloßstellung und Kapitulation. Allein Dorothea, obschon von einer drückenden Last befreit, bekundete ihr Bedauern, dass sie alle ihr Stillschweigen per Unterschrift besiegelt hatten und Dalbeck sogar wegen des zum Himmel schreienden Missbrauchs seiner Tochter ungeschoren davon kommen würde.

Bei diesen Worten begab sich Dr. Rabenstein in den Nebenraum und kam von dort zurück mit der Kopie der Vereinbarung. Sodann führte er lächelnd aus:

- Mit Verlaub: ich muss Frau Berendonk korrigieren. Auf der vorgeblich von allen unterzeichneten Vereinbarung fehlt beim genauen Hinschauen ein Name, nämlich der von Herrn Beckett. Es handelt sich um einen weiteren seiner überaus geschickten Schachzüge, denn er bat mich im Vorfeld, ihn nicht auf diese Liste zu setzen, da er der Ansicht war, dass es Dalbeck unter dem ihm aufgebürdeten Druck nicht weiter auffallen würde, und genau so traf es ein. Während im Interesse des Konzerns Dalbecks Sabotage und Börsenmanipulation nicht offiziell bekannt werden sollen, steht einer juristischen Konsequenz hinsichtlich dieses seines schlimmsten Verbrechens nichts im Weg. David Beckett hat die ausdrückliche Einwilligung von Viola Dalbeck, ihre Aussage der zuständigen Staatsanwaltschaft zu übergeben. Dalbeck wird sich verantworten müssen.

Rabensteins Worte gingen in den Beifallsbekundungen aller unter. Slobodan hob sein Glas und sagte:

- Auf dich, David! Ich glaube, Dalbeck wird den Tag verfluchen, an dem er die fatale Anweisung gab, dich auszuspionieren.

Im allgemeinen, gelösten Trubel trat David einen Moment an die große Fensterfront des Büros und schaute nachdenklich auf das unter ihm liegende Stadtpanorama und den hier oben so nah scheinenden Himmel, der sich während des Vormittags doch noch aufgehellt hatte. Er war überaus zufrieden mit dem heutigen Tag, der exakt so verlaufen war, wie er es sich erhofft hatte, mit Harald Dalbecks uneingeschränkter Niederlage und der vollständigen Rehabilitierung von Dorotheas Unternehmen. Und so ganz nebenbei, das wurde ihm soeben bewusst, hatte er gerade eine halbe Million verdient. Theresa schien seine Gedanken zu ahnen:

- Kein schlechter Stundenlohn, was? Schlappe fünfhundert Riesen Honorar für eine kleine Filmvorführung, lachte sie und biss in ein Lachshäppchen.
- Nach Abzug der Steuern bleibt vermutlich gerade mal die Hälfte, antwortete David stirnrunzelnd, da ihm just in diesem Moment der verbissene Fahnder Dr. Frantisek in den Sinn kam.

Theresa sah den fragenden Blick Dorotheas und beeilte sich, sie aufzuklären.

- Ich habe Herrn Beckett, falls er den Kauf von Dalbecks Aktienpaket für Hansen Fonds unter Dach und Fach bringt, fünf Prozent der Transfersumme zugesagt, lachte sie kauend.
- Fünf Prozent? Alle Achtung! Das ist mehr als generös! Sind nicht drei Prozent üblich?
- Ich habe freiwillig fünf geboten, denn der Gewinn für unsere Anleger ist wahrlich exorbitant, und ohne David wäre dieser Deal nie zustande gekommen, meinte Theresa.
- Wieso entdecke ich gerade mein Faible für großzügige Frauen? lachte David und nippte an seinem Champagner.
- Ich dachte, das wäre angeboren, lachte auch Dorothea.
- Und als wäre das nicht schon genug, fertigt dieses umtriebige kleine Multitalent in seinem Atelier auch noch elf Bilder für meine Geschäftsräume. Fünf davon hängen schon, und sie hauen einen um, sparte Theresa nicht mit Lob für David.

Dorothea schaute ihn mit einem schelmischen Seitenblick an.

- Ich glaube fast, ich sollte auch schnellstens eins seiner Bilder erwerben, bevor der Markt sie entdeckt und sie unerschwinglich werden, überlegte sie.
- Meine stümperhaften Klecksereien können unmöglich vor dem Urteil einer solchen Expertin

wie dir bestehen. Ich bin nur ein Anfänger, sagte David mit vollem Ernst.

- Stümperhafte Kleckserеien? So läuft also der Hase! Aber ganz dreist von mir dreitausend pro Bild verlangen, brach Theresa in schallendes Lachen aus.
- Zum Glück hast du auf Vorkasse bestanden, das heißt die Kohle ist im Sack und bleibt auch da, fiel David in ihr Lachen ein.
- Ich kenne bisher nur ein Bild von David, das welches im Penthouse hängt, aber es ist alles andere als stümperhaft, bekräftigte auch Slobodan, dessen aus seinen Beziehungen zur Kunstakademie resultierender Sachverstand überall in der Stadt berühmt war.

Später fuhr David, noch immer geladen von Adrenalin nach diesem so überaus denkwürdigen Tag, heim nach Kaiserswerth. Während der Fahrt im Auto rief Rashid, der über den heutigen Termin unterrichtet war, ihn an und erkundigte sich eingehend nach dem Verlauf des Treffens. Als David ihm in knappen Worten das Ergebnis schilderte, eröffnete der Prinz ihm einen ebenso überraschenden wie auch kühnen Plan und erbat dabei seine Unterstützung. David überlegte kurz das Für und Wider von Rashids Vorhaben und versprach dann, sein Möglichstes zu tun.

Gegen sechs Uhr abends erreichte ihn ein Anruf von Dorothea.

- Wie wäre es? Noch Lust auf ein kleines Abendessen nach dem heutigen Kraftakt? Die Mutti lädt ein, fragte sie.
- So einer sexy *sugar mama* kann ich doch unmöglich etwas abschlagen, sagte David erfreut.
- Ich komme mit dem Rolls, dann musst du nicht fahren, und wir können deinen Erfolg nochmal so richtig begießen, schlug sie vor.
- Einverstanden. Ich bin nicht im Penthouse, sondern in Kaiserwerth. Aber ich habe eine Bitte: könnten wir heute im *Breidenbacher Hof* dinieren? Es gibt einen wichtigen Grund dafür.
- Mysteriöse Worte eines mir immer mysteriöser erscheinenden Mannes! Ich bin in einer Stunde bei dir, antwortete Dorothea.
- Du hast mich gerade einen Mann genannt, lachte David und legte auf.

Als es um sieben Uhr an seiner Tür läutete, betätigte er die Gegensprechanlage und sagte, er käme sofort, doch Dorothea beschied ihm, sie wollte kurz hereinkommen. Überrascht drückte er den Türöffner und erwartete sie an der Wohnungstür.

- Ich habe noch nie deine privaten Räumlichkeiten inspiziert, ich hoffe, das ist dir nicht unangenehm, entschuldigte sie neckisch ihr Eindringen.
- Du bist immer und überall willkommen, und dein Interesse an meinen bescheidenen vier Wänden freut mich, antwortete er.

- Und vor allem möchte ich endlich dein viel gerühmtes Atelier sehen, bekannte sie.

Dorothea trug ein mitternachtsblaues Cocktailkleid aus Organza, das ihre Knie in lässigen Falten umspielte, Schuhe in der gleichen Farbe und auf goldene Scheiben gebettete Perlenohrringe. David hielt bei ihrem Anblick einmal mehr den Atem an.

- Na, dann darf ich hier lang bitten, sagte er und nahm sie an seine Hand.

Mit ganz offenkundigem Gefallen begutachtete sie die Einrichtung der Räume, eine Kombination von Antiquitäten und modernen Designklassikern. An den Wänden hingen einige seiner Bilder. Alles verriet Davids sehr persönliche Handschrift von Stilbewusstsein und unaufdringlichem Geschmack.

- Ich verstehe, warum du dich hier wohler fühlst als im Penthouse. Und jedes Mal, wenn ich dich sehe, entdecke ich noch unbekannte Facetten an dir, sagte Dorothea.
- Das ist raffiniertes Kalkül, denn nichts fürchte ich so wie die Aussicht, eines Tages langweilig für dich zu sein, erwiderte David spitzbübisch.
- Und deine Bilder gefallen mir wirklich, das sage ich nicht nur so. Spontane Malerei oder *action painting* ist durchaus eine weltweit anerkannte Methode. Natürlich schadet ein vorheriges Kunststudium nicht, aber letztlich geht es rein um die auf die

Leinwand transponierten Emotionen des Schaffenden, um den ekstatischen Moment des aus sich Heraustretens, ohne dass akademische Schranken ihn während des schöpferischen Aktes hemmen. Man könnte diese Kunstrichtung einem Happening vergleichen, mit dem Unterschied, dass *action painting* am Ende ein sichtbares und dauerhaftes Ergebnis vorweist.

- Dann erkühnt sich dieser von dir soeben mit profunder Expertise geadelte *action painter* jetzt, dir ein Bild zu verehren, das er eh nur für dich gemalt hat, antwortete David und deutete auf das auf seiner Staffelei stehende Gemälde.
- Für mich? fragte Dorothea erstaunt.
- Ich habe es am Tag nach unserem Rendezvous im Penthouse gemalt, weil dir doch mein Bild dort gut gefiel. Aber dann habe ich nicht den Mut aufgebracht, es dir anzubieten. Und es erfüllt alle Kriterien des spontanen Schaffensprozesses, die du gerade erwähnt hast. Als ich an jenem Tag vor der Leinwand war, wurde ich überwältigt von Emotionen. Ich dachte an dich, deinen Kummer über den Tod von Ernst, die verzwickte Situation von BioMondo, und alles das floss ein in diese rauschhafte Farborgie. Ich habe nie zuvor mit solcher Intensität gemalt.
- Hat es einen Titel? wollte sie wissen.

- Es heißt *Menetekel*, sagte David und wehrte sich nicht, als Dorothea ihm zum Dank einen langen Kuss gab.

Wie immer war das Dinner im *Breidenbacher Hof* vorzüglich. Sie hatten sich für Steinbutt und zuvor für ein Dutzend Austern entschieden. Die Weinauswahl überließ Dorothea David, und er hatte einen 2015er Meursault Premier Cru geordert. Natürlich ließ Direktor Herleß es sich nicht nehmen, die illustren Gäste persönlich zu begrüßen.

Beim Espresso sagte Dorothea zu David:

- Ich stehe tief in deiner Schuld. Du hast praktisch im Alleingang BioMondo aus der Krise geführt. Und du hast diesem Idioten Harry und seinem krankhaften Größenwahn die Grenzen aufgezeigt. Wie kann ich das jemals wieder gutmachen?
- Du hast überhaupt nichts gut zu machen. Ich stehe mindestens genau so sehr in deiner Schuld, bei allem, was du für mich getan hast, antwortete David.
- Ich habe das Gefühl, heute summieren sich die Gelegenheiten, zu denen wir die Gläser heben müssen, in wahrhaft eklatanter Vielzahl.
- Das klingt fast wie eine Beschwerde, sagte David lächelnd und nahm sein Glas.

Sie stießen an mit dem exquisiten Wein. Dorothea seufzte:

- Nein, es ist die pure Erleichterung über den guten Ausgang, aber machen wir uns nichts vor: dieser ganze Skandal wird den Ruf der Marke BioMondo noch lange belasten. Die Erfahrung lehrt, dass irgendetwas immer haften bleibt, wenn jemand mit Schmutz wirft. Mir wäre es fast am liebsten, ich könnte die gesamte Unternehmenssparte abstoßen, damit am Ende nicht auch noch Immacula in den anhaltenden Fokus von Kritik gerät.

David schaute Dorothea lange an, als wollte er sich ihre Züge in genau diesem Moment tief in sein Gedächtnis einprägen und ihre bevorstehende Reaktion um keinen Preis verpassen.

- Dein Geständnis bringt mich zu meiner noch ausstehenden Erklärung, aus welchem Grund ich heute Abend mit dir unbedingt hier speisen wollte, sagte er.

Dorothea erwiderte seinen Blick, erwartungsvoll und mit einem Glanz in ihren unergründlich blauen Augen. Dann fuhr David fort in einem Ton, der nicht den geringsten Zweifel an der Ernsthaftigkeit seiner Worte aufkommen ließ:

- Wenn ich richtig informiert bin, bist du im Besitz von einundfünfzig Prozent der BioMondo-Aktien.

Ich biete dir eine Milliarde für die komplette Aktienmehrheit.

27

Beauregard

Der Herbst, da hegte David keinerlei Zweifel, war die Jahreszeit, die er am See stets am meisten geliebt hatte. Im September steigerte sich das Licht zu unvergleichlicher Intensität, als wollte es noch die am hellsten strahlenden Diamanten beschämen. Alle Farben schienen miteinander zu wetteifern, um sich gegenseitig an Leuchtkraft zu übertreffen. Wie ein Klang lag es in der Luft, intoniert von einem großen Orchester und dennoch fast unhörbar, ein Rauschen der Stille. Und inmitten all dieser Pracht, im Herzen dieses überschäumenden Festes der Natur lag er, der See, majestätisch und von ewiger Schönheit, und trug das Abbild des unergründlichen Himmels auf sich.

In der Bucht von Konstanz sammelten sich im meteorologisch bereits Herbst genannten Altweibersommer die verschiedenen Vogelarten zu riesigen Schwärmen, die unbehelligt von anderen Artgenossen große Wasserflächen für sich in Anspruch nahmen. Vor der Hafeneinfahrt schwammen eintausend und mehr Blesshühner umher, die, wenn ein Schiff mit tutendem Horn ein- oder ausfuhr, mit den laut hallenden Schlägen ungezählter Füße das Wasser peitschten, um sich nach schwerfälligem Anlauf in die Luft zu erheben und einige Hundert Meter weiter draußen in einer ebenso linkischen Schlitterpartie wieder zu landen. Gegenüber vor der langgezogenen Seepromenade hielten Hunderte von im Sonnenlicht blendend weißen Schwänen ihr unangefochtenes Territorium besetzt. Auf der kleinen, dem Seeburgpark vorgelagerten Halbinsel saßen Dutzende von Reihern in den Uferbüschen. Und weiter hinten, am Yachthafen von Kreuzlingen, war der allein den Enten gehörende Bereich. Sanft schaukelten sie im Rhythmus der Wellen und erwarteten die in Bälde aus dem See steigenden Winternebel.

Seine Hoheit Prinz Rashid Ibn Abdel Malik al Naqbi war vor einer Woche aus Düsseldorf abgereist, nachdem seine Anwälte gemeinsam mit den Bevollmächtigten der Firma Immacula am Tag zuvor den Kauf von Dorothea Berendonks gesamten Anteilen am Konzern BioMondo erfolgreich abgewickelt hatten. Noch am Abend nach ihrem Dinner im *Breidenbacher Hof* hatte David Rashid und Dorothea in der Suite des Prinzen miteinander bekannt gemacht und damit den Weg geebnet für diesen in der gesamten Finanzwelt vielbeachteten Deal.

Der Prinz war überaus liebenswürdig gewesen, hatte Dorothea gegenüber seine tiefe Bewunderung für Ernst Berendonk zum Ausdruck gebracht, dem er leider niemals persönlich begegnet war, vor dessen Lebenswerk er sich jedoch in Demut verneige. Dann sezierte Rashid die harten Fakten. Der momentane Aktienkurs, so argumentierte er, spiegelte bei weitem nicht den tatsächlichen Wert des Unternehmens wieder. Dorotheas Aktienmehrheit von einundfünfzig Prozent, vor dem Skandal beziffert auf circa eineinhalb Milliarden Euro, hatte sich während der Monate andauernden Turbulenzen halbiert. Einer mittelfristigen Erholung jedoch stünde nach Beendigung der offiziellen Untersuchungen nichts im Weg, daher hätten seine Analysten ihm zu einem Angebot von einer runden Milliarde geraten, ein Preis, der deutlich über dem aktuellen Wert lag und die Aussicht auf einen Kursanstieg bereits beinhalte.

Dorothea war sichtlich beeindruckt von Rashids analytischem Verstand sowie seiner souveränen Art der Verhandlung und erbat sich einen Tag Bedenkzeit. Aber bereits als sie im Aufzug zurück in die Hotellobby fuhren, hatte David gemerkt, dass sie dem Angebot äußerst positiv gegenüber stand.

Und nun, nach dem glücklichen Abschluss des Geschäfts, war auf seinem Konto *en passant* der für ihn unvorstellbare Betrag von sechzig Millionen Euro gut geschrieben worden, bestehend aus jeweils drei Prozent Provision von Käufer und Verkäuferin des von ihm eingefädelten Milliardendeals. Spontan hatte David Dorothea daraufhin eingeladen, für eine Woche mit ihm nach Konstanz zu fahren.

- Dieser neureiche Multimillionär und angehende *sugar daddy* kann es sich leisten, junge und willige Frauen in Luxushotels zu entführen, sagte er.
- Und diese junge Frau ist überaus willig, wie sie dir beweisen wird, antwortete Dorothea.

Am ersten Abend verabredeten sie sich mit Julian und Hannah zum Dinner. Dorothea freute sich, die beiden endlich kennenzulernen. Zu viert nahmen sie den Aperitif in der Bar des Inselhotels. Natürlich war der in allen Medien abgehandelte Verkauf von BioMondo Gesprächsthema, und David berichtete lächelnd von seinem Coup.

- Unglaublich! Was fängst du mit der ganzen Kohle an? wollte Julian wissen.
- Zunächst einmal habe ich für zehn Millionen Aktien von BioMondo gekauft, zum Kurs von sechsunddreißig Euro. Ich bin fest überzeugt, dass unter dem straffen Management des Prinzen sich der Kurs binnen kürzester Zeit verdoppeln wird, bekannte David.
- Etwas dass du dem vorherigen Management offensichtlich nicht zugetraut hast, mokierte sich Dorothea schmunzelnd.
- Durchaus ja, aber mir fehlte damals das nötige Kleingeld für eine adäquate Investition in dessen Fähigkeiten, konterte David.
- Und die restlichen fünfzig Millionen? Was geschieht damit? Ich wüsste da ein momentan nicht belegtes Bankschließfach in Liechtenstein, es hat, glaube ich, die Nummer 218, scherzte Julian weiter.
- Damit mein nichtsnutziger Zwillingsbruder es durch einen Scan seiner Iris bei nächster Gelegenheit leerräumt? Vielen Dank, davon bin ich geheilt. Das Geld wird nach Abzug der Steuern mit

Verlaub meinem Lebensunterhalt dienen, denn mit sofortiger Wirkung erkläre ich den Abschied aus meinem bisherigen, von manchen doch als ein wenig anrüchig angesehenem Metier, verkündete David feierlich.

- Was für wunderbare Neuigkeiten! Ich habe nie begriffen, wie ein Mann von deinen Prinzipien dieser Arbeit nachgehen konnte, sagte Hannah leise.
- Das verdanke ich allein dem schändlichen Einfluss der Dame an meiner Seite. Sie hat mich praktisch in diesen Job genötigt, erwiderte David grinsend.
- Die besagte Dame bekennt sich schuldig im Sinne der Anklage, plädiert jedoch auf mildernde Umstände, denn sie war schlussendlich nicht gänzlich unbeteiligt, dass dieses lose Subjekt noch so gerade eben rechtzeitig den Absprung geschafft hat. Immerhin musste sie sich dafür von ihrer geliebten Aktienmehrheit trennen, ein wahrhaft schmerzlicher Abschied, meinte Dorothea lächelnd.

Für das anschließende Dinner hatte Julian einen Tisch reserviert in der von Einheimischen wie von Touristen gleichermaßen frequentierten Weinstube *Zum Guten Hirten* in der Zollernstraße. Das gutbürgerliche Gasthaus war berühmt für den weit und breit besten Kartoffelsalat, und Dorothea, ansonsten eher heimisch in der Spitzengastronomie, war die Vorfreude auf bodenständige Küche anzumerken.

Als sie nach kurzem Fußweg die Weinstube erreichten und eben eintreten wollten, öffnete sich die Tür, und ein Paar mittleren Alters verließ den Schankraum. Julian schien nicht weniger überrascht über die Begegnung als der ihm höflich die Tür aufhaltende Mann.

- Ah, guten Abend, Herr Hauptkommissar! Welch unverhoffte Freude Sie zu sehen, sagte Julian nicht ohne eine Prise Spott.

Hauptkommissar Füger erkannte den ehemals von ihm Verdächtigten auf der Stelle. Er deutete eine leichte Verbeugung an, murmelte einen Gruß und schaute dann, die Etikette wahrend, auf Julians Begleiter. Als er David ansah, zuckte es wie ein Blitz über sein Gesicht. Hin und her zwischen den Zwillingen ging sein Blick, in sichtbar aufkeimendem Zweifel. Seiner kriminalistischen Intuition schienen sehr allmählich Zusammenhänge aufzudämmern, auf welch simple Art man ihn womöglich an der Nase herumgeführt haben könnte.

- Oh, wie unverzeihlich von mir, ich habe die Herrschaften noch gar nicht vorgestellt. Das ist Herr Hauptkommissar Füger, der mich vor kurzem verhaftet hat, weil er in mir den Rächer genannten Erpresser von BioMondo zu sehen glaubte. Meine Frau kennen Sie ja bereits, das sind mein Bruder David und Dorothea Berendonk, die Besitzerin, genauer gesagt ehemalige Besitzerin des inzwischen verkauften Unternehmens BioMondo, erläuterte Julian.

- Ich hatte keine Ahnung, dass Sie einen Zwillingsbruder haben, sagte Füger und zog ein betroffenes Gesicht.
- Nun, ich hoffe, Sie werten diese Tatsache für sich nicht bereits als kriminelles Delikt und verhaften mich gleich wieder, lachte Julian.
- Und dann befinden Sie sich in Gesellschaft Frau Berendonks? Ich weiß noch gar nicht, wie ich das beurteilen soll. Am Ende entpuppt sich diese Ihnen damals nicht nachzuweisende Erpressung womöglich als eine vom Unternehmen selbst inszenierte PR-Aktion, äußerte Füger seinen sich verdichtenden Argwohn.
- Aber Herr Hauptkommissar, sind Sie denn niemals außer Dienst? Ihrer Frau Gemahlin wird das kaum gefallen, antwortete Julian mit einem Lächeln, das die Überzeugung seiner Unantastbarkeit verriet.

Die Dame in Fügers Begleitung, wohl seine Ehefrau, hielt sich dezent im Hintergrund, doch Dorothea hielt den Moment gekommen, in das Gespräch einzugreifen:

- Herr Hauptkommissar, ich muss Sie doch herzlich bitten! Ich war eine Weile nicht in Ihrem schönen Konstanz und durfte erst heute Abend von Julian die unglaubliche Geschichte seiner Verhaftung erfahren, zu meinem größten Bedauern, wie ich gestehen muss. Ihr Verdacht gegen ihn erklimmt wirklich den Gipfel der Absurdität. Julian Beckett und seine Familie sind langjährige Freunde von mir, und ihm, einem respektablen Dozenten der Universität Konstanz, diese Erpressung meiner ehemaligen Firma und überhaupt eine Straftat zuzutrauen, ist völlig an den Haaren herbeigezogen. Und jetzt klingt in Ihren Worten obendrein an, BioMondo und damit auch meine Person hätten Öffentlichkeit und Polizei bewusst genarrt. Wie ich durch ein Telefonat mit der Justizministerin erfahren durfte, ist doch, da weitere Erpressungsversuche ausgeblieben sind, die Ermittlungsakte zum Fall des sogenannten Rächers inzwischen geschlossen. Sie sollten es unbedingt dabei belassen. Ich würde wirklich ungern die Ministerin informieren, dass Sie eine Wiederaufnahme der Ermittlungen für notwendig halten. Und jetzt entschuldigen Sie uns bitte, wir sind hungrig.

Hauptkommissar Füger schien keineswegs erbaut über diese harsche Zurechtweisung. David jedoch war amüsiert. Die Ermittlungen zu diesem Fall waren, wie Dorothea richtig gesagt hatte, abgeschlossen, und niemand würde Julian und ihm noch etwas nachweisen können.

Sie betraten die Weinstube und ließen sich den für sie reservierten Tisch zuweisen. Als alle bei einem Glas Wein saßen, kam Dorothea nochmals auf den Erpresser zu sprechen:

- Endlich lerne ich auch einmal die mysteriöse Frau im blauen Kleid persönlich kennen, sagte sie zu Julian gewandt.
- Pssst! Sie ist heute inkognito hier, denn das Pflaster für sie ist, wie du gerade erfahren durftest, immer noch kochend heiß, antwortete er augenzwinkernd.
- Eigentlich waren es ja zwei Frauen im blauen Kleid, eine schöner als die andere, fiel Hannah fröhlich ein.

Dorothea lachte amüsiert auf.

- Ja, David hat mir von seiner kleinen Verkleidung erzählt. Was für ausgekochte Halunken Ihr doch seid!
- Halunken hat so einen kriminellen Beigeschmack, könnten wir uns auf Schlitzohren einigen, frotzelte David.
- Es tut mir so leid, dass ich Deinem Unternehmen so viele Schwierigkeiten bereitet habe, murmelte Julian betroffen.
- Dein kleiner Bruder hat das ja zum Glück alles in Wohlgefallen aufgelöst, beruhigte ihn Dorothea.
- Klein? Wann nimmt mir hier endlich einmal jemand meine wahre Größe ab? protestierte David maulend und hob sein Glas:
- Auf uns! Und auf das Glück mit Euch gemeinsam heute hier zu sein!

Alle vier bestellten sie Felchenfilet mit Kartoffelsalat, einem der Klassiker auf der Speisekarte. Dorothea war begeistert.

- Also das ist absolut köstlich. Ich bin viel zu selten in solch gutbürgerlichen Örtlichkeiten, beschwerte sie sich.
- Hört, hört, eine Aristokratin aus dem Geldadel beschwert sich über zu wenig Volksnähe, schmunzelte David, Schalk in den Augen.

Dorothea drohte ihm scherzhaft mit erhobenem Zeigefinger.

- Diese Aristokratin genießt soeben wahrhaft das Abtauchen in die Anonymität. Es war in den letzten Monaten einfach zu viel Trubel um meine Person. Überall Kameras: Kameras, die mein Privatleben ausspionieren wollten, Fernsehkameras, Überwachungskameras, ich bin es so leid. In meinem Kopf wirbeln alle die von ihnen produzierten Bilder umher. Ich bin heilfroh, nach dem Verkauf der Firma nicht länger im Fokus der Öffentlichkeit zu stehen.

Nach dem Essen schaute Julian fragend zu Dorothea und David, und als beide lächelnd nickten, nahm er Hannahs Hand in seine und sagte liebevoll:

- Hannah, Liebes, ich glaube, jetzt ist der perfekte Zeitpunkt gekommen, um die kleine Überraschung des heutigen Abends nicht länger zu hinaus zu zögern. Aber das sollen dir David und Dorothea besser selbst erzählen.

Hannah sah staunend reihum. David ergriff das Wort:

- Einer der zahlreichen Vorteile, eine Frau wie Dorothea zu kennen, ist neben der endlos langen Liste ihrer ins Auge stechenden Vorzüge die globale Vernetzung mit bedeutenden Koryphäen ihres jeweiligen Fachs. In Dorotheas privilegierten Kreisen…

David wurde unterbrochen, als Dorothea ihn bei diesen Worten mit der Faust scherzhaft in die Seite boxte. David wich lachend aus und fuhr fort:

- In ihren privilegierten Kreisen hat man Zugang zu Möglichkeiten, die uns normalen Sterblichen allezeit verwehrt bleiben. Ein langjähriger Freund von Dorotheas verstorbenem Mann ist Professor Emerson Beauregard, der in den vergangenen Jahren für seine bahnbrechende und innovative Krebstherapie immer mal wieder als Nobelpreisträger für Medizin gehandelt wurde. Er hat sein in der ganzen Welt renommiertes Institut an der Louisiana State University of New Orleans, genauer gesagt am dortigen Health Sciences Center. Diesen alten Freund ihrer Familie hat Dorothea auf meine Bitte hin kontaktiert und bei ihm angefragt, ob er dich als Patientin aufnehmen würde.

Hannah rang nach Worten, sichtlich bewegt. Ihre Augen schimmerten verdächtig. David erzählte weiter:

- Du wirst deinem Gatten sicherlich verzeihen, dass er klammheimlich hinter deinem Rücken deine Krankenakte zunächst am Anglistischen Institut der Uni übersetzen ließ und dann an Professor Beauregard geschickt hat. Julian wollte keine falschen Hoffnungen wecken. Doch heute müssen wir dir unsere kleine Verschwörung endlich beichten, denn der Professor hat zugesagt. Anscheinend beurteilt er deinen Fall mit verhaltenem, aber letztlich kaum unbegründetem Optimismus. Dein Flug geht am Samstag.

Alle schauten auf Hannah die ihre Tränen nicht länger zurückhalten konnte. Julian nahm sie in die Arme, und Dorothea tastete ergriffen nach Davids Hand.

- Ich finde keine Worte. Ich…ich danke euch! Euch allen, stammelte Hannah bewegt und tupfte mit der Serviette ihr Gesicht ab.
- Du wirst ganz gesund werden, ich spüre es deutlich, sagte Julian im Brustton der Überzeugung und strich ihr zärtlich über die Wange.
- Ich habe ja nie die Hoffnung verloren, und es erscheint mir wie ein Wunder, dass ich dort hin kann, aber ich muss gerade daran denken, was die Behandlung durch so einen berühmten Mediziner verschlingen wird, warf Hannah ein.

- Da muss dein dich vergötternder Gemahl wohl etwas tiefer in die Tasche greifen, grinste David und schaute Julian an.
- Das sollte kein Problem darstellen, denn zu diesem Zweck befindet sich der Schlüssel zu einem prall gefüllten Bankschließfach in meiner Obhut, sagte der.
- Aber das dort gelagerte Geld ist doch deins, es dient deiner Altersvorsorge, sagte Hannah zu David.
- Meine Altersvorsorge ist gerade neu geregelt worden, das Geld im Schließfach ist daher gedacht für anderweitig dringend benötigte Verwendung, erklärte er.
- Schon wieder so ein Schließfach. Klärt mich bitte mal jemand auf, was es damit für eine Bewandtnis hat? wollte Dorothea wissen.
- Es handelt sich um eine kleinere Jugendsünde des genialen, weil niemals auch nur des geringsten Vergehens überführten Steuerhinterziehers David B., der eine unbedeutende Barschaft von zwei Millionen aus einem Schließfach in Vaduz in ein ebensolches nach Konstanz transferieren ließ, kaum weiter erwähnenswert, grinste David.
- Ich fasse mal kurz zusammen: Erpressung, willentliche Irreführung der Behörden, Prostitution und jetzt auch noch Steuerhinterziehung - mit was für einer kriminellen Familie habe ich es bloß zu

tun? Was wird da noch ans Tageslicht kommen? fragte Dorothea mit gespieltem Entsetzen.

- Diese phänomenale Familie ist soeben auf den direkten Weg zu unverbrüchlicher Tugend und Rechtschaffenheit eingeschwenkt, und die Verwendung von Steuergeldern zur Genesung einer am System schwer erkrankten Frau ist wahrlich ein würdiger Beginn, ging David auf ihre kleine Komödie ein.
- Lasst uns darauf trinken: auf den Beginn der Rechtschaffenheit und vor allem die vollständige Genesung Hannahs, sagte Dorothea.

Die Morgensonne flutete das Schlafzimmer der Suite mit goldenem Licht. Von seinem Bett aus sah David geradewegs auf den See, dessen frühes Blau sich mit keinem Wort beschreiben ließ. Eben schlug Dorothea die Augen auf.

- Guten Morgen, sagte sie leise.
- Guten Morgen, gut geschlafen? fragte David.
- Ich hatte einen seltsamen Traum, flüsterte sie noch schlaftrunken.
- Doch wohl von mir, neckte David sie.
- Ich habe im Euphrat gebadet, ganz nah bei einer großen Stadt. Das Wasser war tief und reißend, und ich bekam Angst und schwamm zurück an Land. Als ich aus den Fluten ans Ufer stieg, sah ich plötzlich, dass ich nackt war. Und oben auf der Stadtmauer, vor einem bis an den Himmel

reichenden Turm aber stand ein Mann mit einer Kamera und machte Fotos von mir. Mein Traum sagte mir, die Stadt war Babylon, und der Mann war der König Nebukadnezar, erzählte Dorothea noch ganz schläfrig.

David schlang zärtlich seine Arme um sie und küsste sie auf das vom Schlaf durcheinander gebrachte Haar. Dann widersprach er leise:

- Die in der letzten Zeit allgegenwärtigen Kameras verfolgen dich schon bis in den Schlaf. Das kann ich unmöglich zulassen, und ebenso wie ich im wirklichen Leben verhindert habe, dass irgendjemand frivole Bilder von dieser schönen Frau macht, werde ich dich auch in deinen Träumen davor beschützen.
- Wie willst du das anstellen, wo Träume doch ihrer ganz eigenen Logik gehorchen? fragte Dorothea lächelnd.
- Indem ich dich jetzt und hier, im Halbschlaf zwischen Tag und Traum, darüber aufkläre, dass es keinesfalls der König Nebukadnezar gewesen sein kann, der dich fotografiert hat, denn zu seinen Zeiten, vor nunmehr zweitausendfünfhundert Jahren im alten Babylon, war die Kamera noch gar nicht erfunden.

ENDE

Danksagung

Roman Polanskis Film *Chinatown* war hilfreich bei der Titelfindung des Romans.

Passagen in Kapitel 2 *Der Sand der Heimat* wurden inspiriert von Michael Ondaatjes poetischer Schilderung der Wüstenwinde in *Der Englische Patient.*

Wikipedia, die bei weitem umfangreichste enzyklopädische Wissenssammlung dieses Planeten, ist immer wieder ein unerschöpflicher (und meist auch verlässlicher) Quell bei der Recherche.

Mein besonderer Dank gilt:

David Rygula, der in mir die Liebe zum Bodensee weckte.

Herbert Anton, der mir wie kein anderer den Zugang zum geschriebenen Wort gezeigt hat.

Petra Krall, Susanne Schärer, Anne Scharffetter, Petra Stamm, Yasemin Pekdur Yavuz und Dieter Engelhard für… (sie kennen den Grund).

Ruth Liepman und Petra Christina Hardt für die Ermunterung zur rechten Zeit.

Peter Marx vom Hummelshain Verlag für seine Begeisterung.

Wilhelm und Maria Meiswinkel für alles.

Wim Martin im Hummelshain Verlag

Das schlagende Herz
Roman

Taschenbuch Originalausgabe, 234 Seiten
Hummelshain Verlag 2018
€ 12,80

1
Gerlind – September

Anfangs war es ihr sonderbar erschienen, dass der Spiegel in ihrem Schlafzimmer die Bilder aufbewahrte, doch im Lauf der Jahre hatte sie sich daran gewöhnt. Manchmal blickte sie hinein und sah, flackernd wie in einem holprig montierten Stummfilm, wie Rudolf in höchster Erregung hinter ihr stand. Er hatte sich die Regie ausbedungen bei ihren Liebesspielen, mochte es, wenn sie auf allen Vieren an der Bettkante kniete und ihm den hochgereckten Steiß entbot. Dann nahm er sie stehend, wobei er sich lustvoll über ihren Rücken warf und sie behutsam in den Nacken biss, wie ein von ungekannter Zärtlichkeit übermanntes Raubtier. Die Zeit ungetrübten Glückes endete abrupt, als Rudolf in seinem vierundvierzigsten Lebensjahr einem Herzleiden erlag. Seit fast dreißig Jahren war sie nun Witwe, und ohne den Spiegel, den unbestechlichen Zeugen ihrer seligen Jahre, wäre die Erinnerung an den einzigen Mann in ihrem Leben, an seine geliebten Züge, seine Gestalt, längst verblasst, umso mehr, als nahezu alle Fotos von ihm damals verbrannt waren.

Im Zwielicht der Morgendämmerung, aber auch in den blauen Stunden, wenn die Dunkelheit ins Zimmer kroch wie Bodennebel, zeigten sich tief unter der silbrigen Oberfläche des Spiegels die stillen Bilder der Vergangenheit. Unbekümmert und fröhlich und verspielt wie Tiere waren sie gewesen. Halb neckisch, halb zärtlich hatte Rudolf an ihrem Ohrläppchen genuckelt und heiser geflüstert:

- Oh Gerlind, du mein süßes Füllen!

Sie schaute die alten Filme im Spiegel an mit einem Zittern ihrer Seele, und für eine kurze Weile schien das Leben sie zu beschenken. Es ist, dachte sie, wie mit den weit entfernten Sternen, deren Licht vor Jahrtausenden verglüht ist, bevor es uns erreicht, ein Zauber, der die Zeit überdauert.

Nahe Engel, von fern: Musik
Gedichte

Hardcover, 84 Seiten
Hummelshain Verlag 2019
€ 12.-

TAUSENDUNDEINE NACHT

Auf schwanken Barkassen kommt das Fieber den Fluss hinauf
Ein Gebet verhallt stumm über den Zinnen
Ich fahr zu Deinem Haus, obwohl ich weiß, Du bist nicht da

Die Lüfte sind prall von Safran und Anis
Draußen in der Einöde heulen die Schakale
Laut tönt der Rhythmus der Zimbeln durch den Palast

Im Glanz der Gestirne liegt Bagdad die Schöne
Die Nachtigall singt ein Lied ohne Worte
Wie poetisch zu glauben, Poesie könne Berge versetzen

Ein Gleichnis der Zeit nur ist der rinnende Sand
Dem lärmenden Donner aber folgen die Adler
Der Kalif ist tot

Ach dass, erzählt in banger Nacht, ein Märchen mein Leben wäre